聞いて覚える韓国語単語帳

キクタン

韓国語

【上級編】

はじめに

「キクタン韓国語」シリーズとは

■ ベストセラー「キクタン」の韓国語版

単語を聞いて覚える「聞く単語集」、すなわち「キクタン」。「キクタン」シリーズはアルクの英単語学習教材として始まりました。本シリーズは、音楽のリズムに乗りながら楽しく語彙を学ぶ「チャンツ」という学習法を採用し、受験生からTOEIC® のスコアアップを狙う社会人まで、幅広いユーザーの支持を受けています。本書は、この「キクタン」をベースにした韓国語の単語帳です。

■ 覚えた単語を実践で役立てるために

せっかく蓄えた「知っている」ボキャブラリーでも、音声で正しく認識していなければ、相手の言葉を聞き取ることも、相手に自分の言葉を伝えることも、難しくなるでしょう。特に韓国語の発音には、表記と音声が一致しない「発音変化」という現象があります。そこで私たちが提案するのが、単語を音声から学ぶことです。しかし、単に読み上げられた単語をただただ聞き続けるのは、退屈なことです。

本書では、音楽に合わせてリズミカルに発音される単語を聞くことにより、楽しく単語の音声に触れることができます。そして、ネーティブスピーカーの発音を体に染み込ませることができるのです。

■ ハングル能力検定試験 2 級に出る語彙から重要単語を選定

本書では、ハングル能力検定協会が公表している『「ハングル」検定公式ガイド　新装版合格トウミ【上級編】』の語彙リストから、ハングル能力検定試験 2 級レベルの重要単語をピックアップ。名詞、動詞、形容詞、副詞、慣用句、四字熟語を計 1120 語収録しています。語彙の選定に当たっては、過去 6 年分（12 回分）の過去問を徹底的に分析し、頻出単語・表現を厳選しました。

だから「効果的に学べる」!

本書の4大特長

1 ハングル能力検定試験の出題基準に準拠!

ハングル能力検定試験2級の6年分（12回）の過去問を徹底分析。試験に出る確率の高い頻出単語・表現をピックアップしているので、万全な試験対策ができます。

2 「耳」と「目」をフル活用して覚える!

耳で聞いて覚えて、さらに文字で確認することで学習効果が倍増。「音声+本」のセットで学習を進めるのが基本ですが、音声のみ、本のみでも学習が進められる点も魅力的です。また、例文も活用すると、どんなシチュエーションで、どのような単語を組み合わせてよく使われるかが分かり、さらに単語を覚えやすくなります（例文すべての読み上げ音声をご用意。【見出し語+日本語訳】に続き、例文を読み上げるパターン。チャンツ形式ではありません）。

3 1日16語、10週間のカリキュラム学習!

「無理なく続けられること」を前提に、1日の学習語彙数は常に同じ16語にしてあります。これを10週間、計70日続けて確実に覚えていけば、2級レベルの名詞、動詞、形容詞、副詞、慣用句、四字熟語を1120語マスターできます。ご自分のペースに合わせて、1日の学習語彙数を調整してもよいでしょう。

4 副詞や慣用句、四字熟語も、耳から親しめる!

多くの学習者がつまずきがちな「単語を覚えづらい」という壁も、キクタンシリーズなら突破できます!　チャンツに乗り、発音された音を耳で覚えていけばOK!　覚えにくい副詞や慣用句、四字熟語も楽々覚えられます。また、特に注意したい「発音変化」には発音を併記しているので、確認しながら確実に学習を進めることができます。

目次

1日16 語、10 週間でハングル能力検定2級レベルの1120 語をマスター!

本書の音声について

本書の収録音声は、すべて無料でダウンロードしていただけます（CDやCD-ROMはついていません）。
アルクのダウンロードセンター（https://www.alc.co.jp/dl/）からパソコンにダウンロードする方法と、アプリ（語学のオトモALCO）を用いてスマートフォンに直接ダウンロードする方法があります。詳しくは9ページをご覧ください。

本書の構成

1日の学習量は16語。本は2見開き4ページ、音声トラックは2つ（本編の単語チャンツ1つ、例文1つ）が1日分となります。音声の構成については、8ページを参照してください。

見出し語

辞書に掲載されている形で示しています。また、注意が必要な変則活用の場合は、<ㅂ>のように表記しています。単語の上の数字は「掲載番号」です。索引などにもこの掲載番号を使用します。

意味

単語の日本語訳をメイン（大きな字）、サブ（小さな字）に分けて掲載しました。音声では、メイン訳のみ読み上げています（カッコ内の文字は読み上げていません）。

tips

見出し語で取り上げた単語の「ちょっと知っておきたいこと」をまとめました。

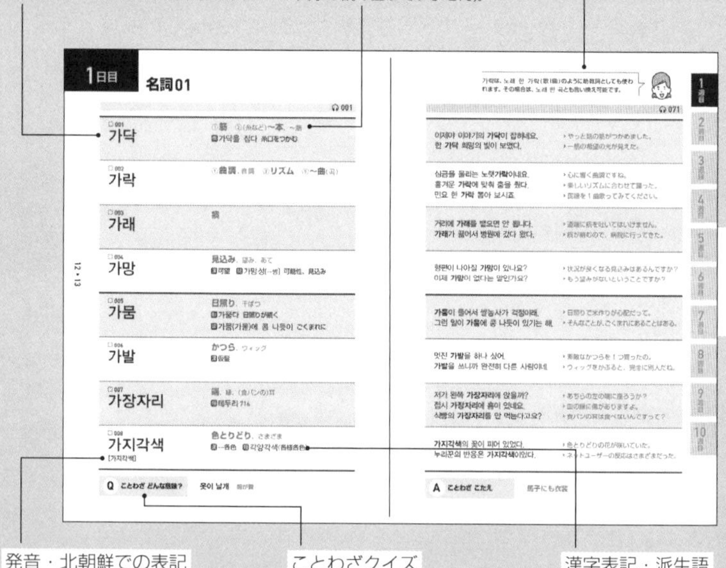

1日目 名詞01

001

001 가닥	①筋 ②(糸など)〜本、〜筋 가닥을 잡다 糸口をつかむ
002 가락	①曲調、音調 ②リズム ③〜曲(곡)
003 가래	痰
004 가망	見込み、望み、あて 可望 가망성[--썽] 可能性、見込み
005 가뭄	日照り、干ばつ 가물다 日照りが続く 가뭄(가물)에 콩 나듯이 ごくまれに
006 가발	かつら、ウィッグ 仮髪
007 가장자리	端、縁、(食パンの)耳 테두리 716
008 가지각색 [가지각쌕]	色とりどり、さまざま --各色 각양각색(各様各色)

Q ことわざ どんな意味？ 옷이 날개 服が翼

12・13

가락は、노래 한 가락（歌1曲）のように助数詞としても使われます。その場合は、노래 한 곡とも言い換え可能です。

071

이제야 이야기의 가닥이 잡히네요. 한 가닥 희망의 빛이 보였다.	やっと話の筋がつかめました。 一筋の希望の光が見えた。
심금을 울리는 노랫가락이네요. 흥겨운 가락에 맞춰 춤을 췄다. 민요 한 가락 뽑아 보시죠.	心に響く曲調ですね。 楽しいリズムに合わせて踊った。 民謡を1曲歌ってみてください。
거리에 가래를 뱉으면 안 됩니다. 가래가 끓어서 병원에 갔다 왔다.	道端に痰を吐いてはいけません。 痰が絡むので、病院に行ってきた。
형편이 나아질 가망이 있나요? 이제 가망이 없다는 말인가요?	状況が良くなる見込みはあるんですか？ もう望みがないということですか？
가뭄이 들어서 쌀농사가 걱정이래. 그런 일이 가뭄에 콩 나듯이 있기는 해.	日照りで米作りが心配だって。 そんなことが、ごくまれにあることはある。
멋진 가발을 하나 샀어. 가발을 쓰니까 완전히 다른 사람이네.	素敵なかつらを1つ買ったの。 ウィッグをかぶると、完全に別人だね。
저기 왼쪽 가장자리에 앉을까? 접시 가장자리에 흠이 있네요. 식빵의 가장자리를 안 먹는다고요?	あちらの左の端に座ろうか？ 皿の縁に傷がありますよ。 食パンの耳は食べないんですって？
가지각색의 꽃이 피어 있었다. 누리꾼의 반응은 가지각색이었다.	色とりどりの花が咲いていた。 ネットユーザーの反応はさまざまだった。

A ことわざ こたえ 馬子にも衣装

1週目 2週目 3週目 4週目 5週目 6週目 7週目 8週目 9週目 10週目

発音・北朝鮮での表記

発音変化のある単語のうち、特に注意したいものについては発音通りのハングルを掲載しました。また、北朝鮮での表記が異なる場合も、頭に★を付けてこの欄に掲載しています。

ことわざクイズ

ハングル能力検定試験2級レベルの、知っておきたいことわざを厳選。左ページに韓国のことわざとその日本語訳、右ページに解答として、韓国のことわざに相当する日本のことわざが掲載されています。

漢字表記・派生語

漢字語の場合は漢字を表記しています。また、見出し語が動詞化や形容詞化したもの、同義語、反対語、類語、関連語、同音異義語などの派生語を掲載しました。

本書で使用している記号

以下を参照して、学習に役立ててください。

🎧001：「音声トラック1に収録されています」という意味です。

★：北朝鮮で使用されている表記です。

［　　］：発音通りの表記を表します。

漢動名形同反類関音：順に、漢字表記、動詞、名詞、形容詞、同義語、反対語、類語、関連語、諺、同音異義語を表します。

音声マーク🎧

🎧が入っている部分は、音声を無料ダウンロードできます（詳しくは9ページ参照）。「キクタン」は単語を聞いて覚える「聞く単語集」ですので、音声を100%活用して単語を覚えていきましょう。

例文

見出し語または派生語を含む、自然な韓国語の例文と日本語訳を提示しています。日常生活で使える例文が多く、中には面白い例文もあるかも!?　なお、2級までの出題範囲外の文法や語彙が使われた例文もあります。

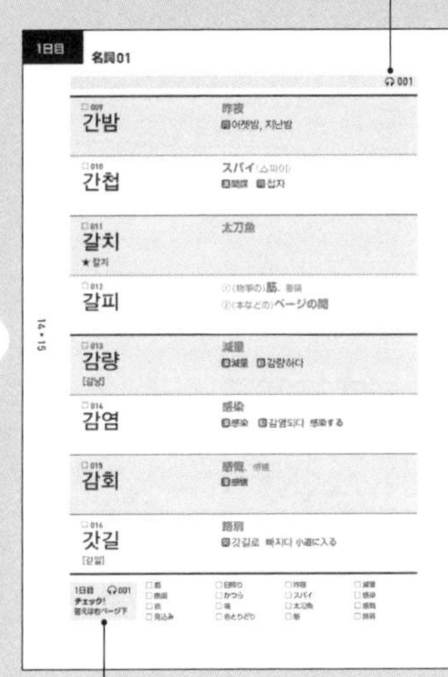

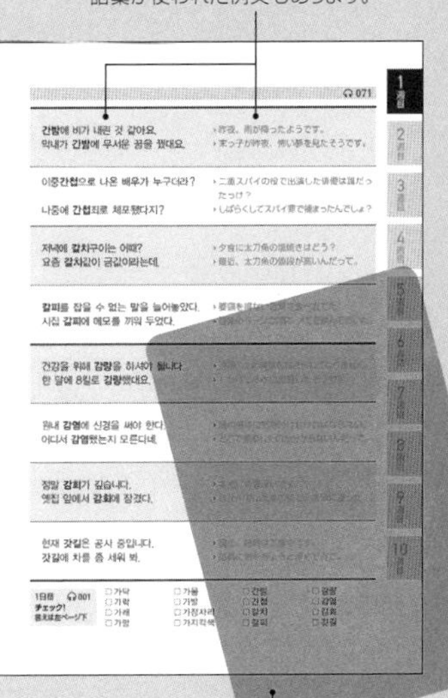

チェック

その日に学んだ単語や表現（一部の場合もあり）がどれだけ定着したか、チェックしてみましょう。左ページに日本語、右ページに韓国語が掲載されています。音と文字をつなげて、単語をどんどん自分のものにしていきましょう。

赤シート

本書には赤シートが付属しています。見出し語の意味や例文の日本語訳がすぐ口に出せるか、確認する際にご活用ください。

力試しドリル

1週間分の学習の締めくくりに「力試しドリル」を用意しています。4択パターンなので、サクサク確認できます。また、丁寧な解答・解説付きで、理解度を確認しつつさらに深く学べます。

音声の構成

本書では、「見出し語」「例文」の各音声データを提供しています。
各音声の構成は以下の通りです。

見出し語

チャンツに乗せて、見出し語を【韓国語→日本語（メイン訳）→韓国語】のパターンで読んでいます。

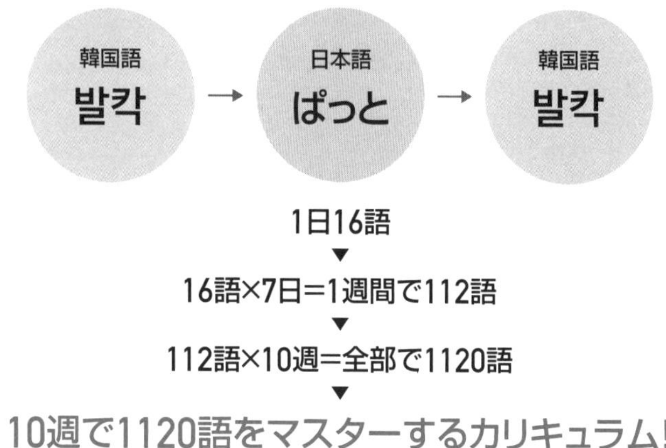

例文

本書では、例文すべての読み上げ音声をご用意しました（チャンツ形式ではありません）。【見出し語＋日本語訳】に続き、例文（2 文または 3 文）を読み上げるパターンです。見出し語とその意味を把握したうえで、例文を聞くことができるので、単語や例文の定着度アップが期待できます。

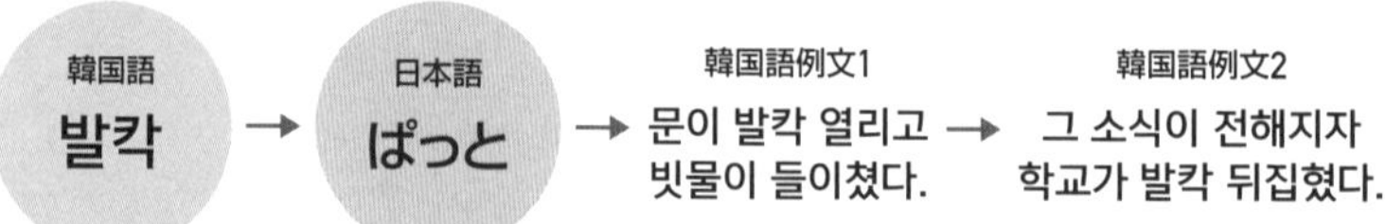

おすすめの学習モード

本書を活用するときにおすすめの学習モードをご紹介します。
ご自分のスタイルに合わせて、毎日の生活に組み込んでみましょう。継続は力なり!

見出し語だけを聞く「チャンツモード」

学習時間:1日2分
見出し語の音声を聞くだけ。音を聞いてから発音すると、より定着度がアップします。

見出し語も例文も聞く「しっかりモード」

学習時間:1日10〜15分
やるからにはしっかり取り組みたい人に。見出し語の音声を聞き、声に出して発音。その後、例文の音声を聞いて、リピーティング(例文を1文聞いたら音声を止めて、声に出して言う)、シャドーイング(音声に少し遅れて真似して言う)、ディクテーション(書き取り)をしたり、あるいは日本語に訳してみたりと、多角的なアプローチから学んでみてください。

音声のダウンロード方法

本書の収録音声は、すべて無料でダウンロードしていただけます。
CD/CD-ROMはついていません。
アルクのダウンロードセンター(https://portal-dlc.alc.co.jp)からパソコンにダウンロードする方法と、アプリ(booco)を用いてスマートフォンに直接ダウンロードする方法があります。
本サービスのご利用には、メールアドレスIDの登録/ログインが必要となります(無料)。あらかじめご了承ください。

【パソコンからダウンロード】

①アルクの「ダウンロードセンター」にアクセス
https://portal-dlc.alc.co.jp
②「ダウンロードのお申し込みはこちら」をクリック
③本のタイトルまたは商品コード(7020028)を検索

【boocoからダウンロード】

①App Store(iPhone)、Google Play(Android)からアプリ「booco」をダウンロード(ダウンロード済みの方は、QRコードを使えば以下②③④の操作が不要です)
②アプリを開いてログインする
③「ダウンロードセンター」へアクセス
④本のタイトルまたは商品コード(7020028)を検索。以下のQRコードを使うと便利です

※本サービス内容は、予告なく変更する場合がございます。あらかじめご了承ください。

ハングル能力検定試験について

ハングル能力検定試験（正式名称は「ハングル」能力検定試験）は、主に日本語を母語とする学習者を対象とした韓国・朝鮮語の検定試験です。春・秋の年2回、日本全国の35カ所の試験会場と準会場で実施され、準2級を含む5級から1級までの全6段階にレベルが分けられています。
本書は、ハングル能力検定試験2級レベルの単語帳です。2級のレベルと合格ラインは以下の通りです。

2級（100点満点中70点以上合格／マークシート方式／設問は韓国・朝鮮語）
幅広い場面で使われる韓国・朝鮮語を理解し、それらを用いて表現できる。

- 相手に対して失礼のないように表現を選び、適切にコミュニケーションを図ることができる。また、用件的に複雑な依頼や謝罪、批判などに関しても、適切に表現を選択し目的を果たすことができる。

- 単語や言い回し、イントネーションなどの選択に現れる話し手の感情（ニュアンス）もほぼ理解することができる。

- 公式な場面と非公式な場面の区別に即して適切な表現の選択が可能である。

- 幅広い話題について書かれた新聞や雑誌の記事・解説、平易な評論などを読んで内容を理解することができる。また、取り扱い説明書や契約書、請求書や見積書、広告やパンフレットなど実用的な文を読んで、その意味を具体的に把握することができる。

- 連語、慣用句、慣用表現はもちろん、ことわざや頻度の高い四字熟語についても理解し、使用できる。
  南北の言葉の違いなども多少理解することができる。

※詳しい情報については下記にお問い合わせください。

NPO法人ハングル能力検定協会

〒101-0051　東京都千代田区神田神保町2-22-5F
TEL：03-5858-9101　HP：https://www.hangul.or.jp/

キクタン韓国語

1週目

✓ 学習したらチェック!

- ■ 1日目　名詞01 [ㄱ]
- ■ 2日目　名詞02 [ㄱ]
- ■ 3日目　名詞03 [ㄱ]
- ■ 4日目　名詞04 [ㄱ]
- ■ 5日目　動詞01 [ㄱ]
- ■ 6日目　動詞02 [ㄱ]
- ■ 7日目　形容詞01 [ㄱ]

요가를 했더니 배의 군살이 빠졌어.

(例文の意味は 062 参照)

名詞01

001

□ 001
가닥
①**筋** ②(糸など)**〜本**、〜筋
慣 가닥을 잡다 糸口をつかむ

□ 002
가락
①**曲調**、音調 ②**リズム** ③**〜曲**(곡)

□ 003
가래
痰

□ 004
가망
見込み、望み、あて
漢 可望 関 가망성[--썽] 可能性、見込み

□ 005
가뭄
日照り、干ばつ
動 가물다 日照りが続く
諺 가뭄(가물)에 콩 나듯이 ごくまれに

□ 006
가발
かつら、ウィッグ
漢 仮髪

□ 007
가장자리
端、縁、(食パンの)耳
類 테두리 716

□ 008
가지각색
[가지각쌕]
色とりどり、さまざま
漢 --各色 類 각양각색(各様各色)

Q ことわざ どんな意味？ 옷이 날개 服が翼

가락は、노래 한 가락(歌1曲)のように助数詞としても使われます。その場合は、노래 한 곡とも言い換え可能です。

071

이제야 이야기의 **가닥**이 잡히네요. ▸やっと話の筋がつかめました。
한 **가닥** 희망의 빛이 보였다. ▸一筋の希望の光が見えた。

심금을 울리는 노랫**가락**이네요. ▸心に響く曲調ですね。
흥겨운 **가락**에 맞춰 춤을 췄다. ▸楽しいリズムに合わせて踊った。
민요 한 **가락** 뽑아 보시죠. ▸民謡を1曲歌ってみてください。

거리에 **가래**를 뱉으면 안 됩니다. ▸道端に痰を吐いてはいけません。
가래가 끓어서 병원에 갔다 왔다. ▸痰が絡むので、病院に行ってきた。

형편이 나아질 **가망**이 있나요? ▸状況が良くなる見込みはあるんですか？
이제 **가망**이 없다는 말인가요? ▸もう望みがないということですか？

가뭄이 들어서 쌀농사가 걱정이래. ▸日照りで米作りが心配だって。
그런 일이 **가뭄**에 콩 나듯이 있기는 해. ▸そんなことが、ごくまれにあることはある。

멋진 **가발**을 하나 샀어. ▸素敵なかつらを1つ買ったの。
가발을 쓰니까 완전히 다른 사람이네. ▸ウィッグをかぶると、完全に別人だね。

저기 왼쪽 **가장자리**에 앉을까? ▸あちらの左の端に座ろうか？
접시 **가장자리**에 흠이 있네요. ▸皿の縁に傷がありますよ。
식빵의 **가장자리**를 안 먹는다고요? ▸食パンの耳は食べないんですって？

가지각색의 꽃이 피어 있었다. ▸色とりどりの花が咲いていた。
누리꾼의 반응은 **가지각색**이었다. ▸ネットユーザーの反応はさまざまだった。

A ことわざ こたえ 馬子にも衣装

名詞01

001

□ 009
간밤

昨夜
同 어젯밤, 지난밤

□ 010
간첩

スパイ(스파이)
漢 間諜　同 첩자

□ 011
갈치
★ 칼치

太刀魚

□ 012
갈피

①(物事の)**筋**、要領
②(本などの)**ページの間**

□ 013
감량
[감냥]

減量
漢 減量　動 감량하다

□ 014
감염

感染
漢 感染　動 감염되다　感染する

□ 015
감회

感慨、感懐
漢 感懐

□ 016
갓길
[갇낄]

路肩
関 갓길로 빠지다 小道に入る

1日目　001
チェック!
答えは右ページ下

□ 筋	□ 日照り	□ 昨夜	□ 減量
□ 曲調	□ かつら	□ スパイ	□ 感染
□ 痰	□ 端	□ 太刀魚	□ 感慨
□ 見込み	□ 色とりどり	□ 筋	□ 路肩

간밤에 비가 내린 것 같아요. ▸昨夜、雨が降ったようです。
막내가 **간밤**에 무서운 꿈을 꿨대요. ▸末っ子が昨夜、怖い夢を見たそうです。

이중**간첩**으로 나온 배우가 누구더라? ▸二重スパイの役で出演した俳優は誰だったっけ?
나중에 **간첩**죄로 체포됐다지? ▸しばらくしてスパイ罪で捕まったんでしょ?

저녁에 **갈치**구이는 어때? ▸夕食に太刀魚の塩焼きはどう?
요즘 **갈치**값이 금값이라는데. ▸最近、太刀魚の値段が高いんだって。

갈피를 잡을 수 없는 말을 늘어놓았다. ▸要領を得ない言葉を並べ立てた。
시집 **갈피**에 메모를 끼워 두었다. ▸詩集のページの間に、メモを挟んでおいた。

건강을 위해 **감량**을 하셔야 됩니다. ▸健康のため減量をなさらねばなりません。
한 달에 8킬로 **감량**했대요. ▸1カ月で8キロ減量したそうです。

원내 **감염**에 신경을 써야 한다. ▸院内感染に気を付けなければならない。
어디서 **감염**됐는지 모른다네. ▸どこで感染したのか分からないんだって。

정말 **감회**가 깊습니다. ▸本当に感慨深いです。
옛집 앞에서 **감회**에 잠겼다. ▸昔住んでいた家の前で、感慨に浸った。

현재 **갓길**은 공사 중입니다. ▸現在、路肩は工事中です。
갓길에 차를 좀 세워 봐. ▸路肩に車をちょっと停めてみて。

1日目 001
チェック!
答えは左ページ下

□ 가닥	□ 가뭄	□ 간밤	□ 감량
□ 가락	□ 가발	□ 간첩	□ 감염
□ 가래	□ 가장자리	□ 갈치	□ 감회
□ 가망	□ 가지각색	□ 갈피	□ 갓길

名詞02

🎧 002

□ 017
강도
強盜
漢 強盜　関 날강도(-強盜) 悪辣な強盗、図々しく厚かましい人

□ 018
강수량
降水量
漢 降水量　同 강우량 降雨量　関 강수율(降水率) 降水確率

□ 019
개나리
レンギョウ
関 개나리꽃 レンギョウの花

□ 020
개똥
犬のふん、つまらないもの
慣 개똥도 모르다 何も分からない

□ 021
개똥벌레
★ 반디벌레
ホタル
同 반딧불이

□ 022
객지
[객찌]
他郷(타향)、異郷、旅先
漢 客地　反 고향 故郷
関 객지살이, 타향살이 異郷暮らし

□ 023
갱년기
更年期
漢 更年期

□ 024
갱신
更新
漢 更新　動 갱신하다

Q ことわざ どんな意味？　금강산도 식후경　金剛山の見物も食後に

개똥벌레を直訳すると「犬のふんの虫」。반딧불이のほうがホタルのイメージに近いかも。

072

옆집에 **강도**가 들었다네. ▸隣の家に強盗が入ったそうよ。
절대로 **강도**질을 해서는 안 된다. ▸絶対に強盗を働いてはいけない。

여긴 원래 **강수량**이 많은 지역이야. ▸ここは元々降水量が多い地域だよ。
작년보다 **강수량**이 적어 걱정입니다. ▸去年より降水量が少なくて心配です。

개나리가 피면 유원지에 가자. ▸レンギョウが咲いたら遊園地に行こう。
서울에는 노란 **개나리**꽃이 피었대. ▸ソウルには黄色いレンギョウが咲いたそうよ。

산책로에 **개똥**을 방치하면 안 된다. ▸散策路に犬のふんを放置してはいけない。
개똥 같은 소리 하고 있네. ▸くだらないことを言っているよ。

어릴 때 **개똥벌레**를 잡으러 다녔지. ▸子どもの頃、ホタルを捕りに行ったよね。
개똥벌레는 다 어디로 갔을까? ▸ホタルはみなどこへ行ったかしら？

객지를 떠돌다가 만년에 귀향했다. ▸他郷をさすらい晩年に故郷に戻った。
고향을 떠나 **객지**에서 오래 살았다. ▸故郷を離れて異郷で長く暮らした。

갱년기는 누구나 다 겪는 거야. ▸更年期は誰もがみな経験することだよ。
언니도 **갱년기** 장애로 고생했어. ▸姉さんも更年期障害で苦労したの。

계약 **갱신**이 언제죠? ▸契約の更新はいつですか？
여권을 **갱신**했더니 번호가 바뀌었다. ▸パスポートを更新したら番号が変わった。

A ことわざ こたえ 腹が減っては戦が出来ぬ、花より団子

名詞02

🎧 002

□ 025
거금
大金、巨額の金
漢 巨金　類 거액 巨額　類 큰돈 大金

□ 026
거취
去就、進退(진퇴)、なりゆき
漢 去就

□ 027
건달
ごろつき、よた者、遊び人
漢 乾達　関 건달패(乾達牌) よた者

□ 028
건더기
★ 건데기
①**スープの具**　②**内容**、中身(俗語)
反 국물 汁

□ 029
건망증
[건망쯩]
もの忘れ、健忘症
漢 健忘症

□ 030
건성 피부
乾燥肌
漢 乾性皮膚　反 지성 피부 脂性肌
関 민간성 피부 敏感肌

□ 031
건의
[거니]
建議、意見を出すこと
動 건의하다　関 건의함 意見箱

□ 032
걸림돌
[걸림똘]
障害物、妨げになる物や人
類 장애물(障碍物) 障害物

2日目　🎧 002
チェック!
答えは右ページ下

□ 強盗　□ ホタル　□ 大金　□ もの忘れ
□ 降水量　□ 他郷　□ 去就　□ 乾燥肌
□ レンギョウ　□ 更年期　□ ごろつき　□ 建議
□ 犬のふん　□ 更新　□ スープの具　□ 障害物

거금을 들여 집수리를 했다. ▸大金をかけて家の修理をした。
영화가 대박 나서 **거금**을 손에 쥐었다. ▸映画が大ヒットして巨額の金を手にした。

거취가 미정이라고 했다. ▸去就が未定だと言った。
거취를 분명히 하라는 연락이 왔다. ▸進退をはっきりしろという連絡が来た。

그 남자애는 **건달**이라서 안 돼. ▸あの男の子は遊び人だからだめよ。
건달패와 어울리다 사고를 냈다고? ▸よた者とつるんでいて事故を起こしたって?

건더기는 없고 국물만 있네. ▸具がなくて汁ばかりだね。
이번 발표에는 **건더기**가 없다. ▸今回の発表には内容がない。

엄마가 **건망증**이 심해서 걱정이야. ▸母がもの忘れがひどくて心配だわ。
건망증 치료를 받아 보라네. ▸健忘症の治療を受けてみなさいって。

건성 피부용 화장품을 찾고 있어요. ▸乾燥肌用の化粧品を探しています。
건성 피부에는 이 로션이 좋아요. ▸乾燥肌にはこのローションがいいですよ。

지난번에 **건의**를 하기는 했는데요. ▸前回、意見を出すには出したんですが。
건의함을 설치하자고 건의해 볼게. ▸意見箱を設置しようと言ってみるよ。

게으른 습관이 인생의 **걸림돌**입니다. ▸怠け癖は人生の障害物です。
제가 **걸림돌**이 되면 안 되니까요. ▸私が邪魔になってはいけませんから。

2日目 002
チェック!
答えは左ページ下

□ 강도	□ 개똥벌레	□ 거금	□ 건망증
□ 강수량	□ 객지	□ 거취	□ 건성 피부
□ 개나리	□ 갱년기	□ 건달	□ 건의
□ 개똥	□ 갱신	□ 건더기	□ 걸림돌

名詞03

🎧003

□ 033
걸작
[걸짝]

傑作
漢 傑作　関 졸작 拙作、駄作

□ 034
검열
[검녈/거멸]

検閲
動 검열하다　関 검열관 検閲官

□ 035
겨를

暇
類 틈 暇、隙間

□ 036
겨자

辛子(からし)
諺 울며 겨자 먹기 嫌なことをやむを得ずすること(泣きながら辛子を食べること)

□ 037
격려
[경녀]

励まし、激励
漢 激励　動 격려하다
関 격려사(激励辞) 激励の言葉

□ 038
격식
[격씩]

格式
漢 格式
関 격식을 갖추다 格式を備える

□ 039
견적

見積もり
漢 見積

□ 040
결판

決着、物事の是非を判定すること
漢 決判
関 결판을 내다 決着をつける

Q ことわざ どんな意味？　걱정도 팔자다　心配も運命

겨를は常に-ㄹ/을 겨를の形で使われます。注意しましょう。

073

인상파 **걸작**전에 같이 안 갈래?
걸작인지 졸작인지 어떻게 알아.

▸印象派の傑作展にいっしょに行かない？
▸傑作なのか拙作なのかどうしてわかるの？

사전 **검열**이 있었다고 한다.
검열에 대한 비난 여론이 높았다.

▸事前に検閲があったそうだ。
▸検閲に対する非難の世論が高かった。

바빠서 숨 쉴 **겨를**도 없다니까.
나도 한숨 돌릴 **겨를**이 없네.

▸忙しくて息つく暇もないんだってば。
▸私も一息つく暇がないわ。

겨자 소스를 만들어 봤어.
겨자 간장에 찍어 먹으면 맛있어.

▸辛子ソースを作ってみたの。
▸辛子醤油につけて食べたらおいしいよ。

지금부터 **격려**의 말씀을 듣겠습니다.
선수들을 **격려**하고 금일봉을 건넸다.

▸今から励ましのお言葉をいただきます。
▸選手たちを激励して金一封を渡した。

격식에 맞춘 옷으로 갈아입었다.
사장님은 **격식**을 차리는 분입니다.

▸格式に合った服に着替えた。
▸社長は格式にこだわる方なんです。

다음 주까지 **견적** 좀 내주세요.
견적서를 뽑아서 보내드리겠습니다.

▸来週までに見積もりを出してください。
▸見積書を出してお送りいたします。

이제 **결판**을 지읍시다.
곧 **결판**이 날 테니 기다려 봅시다.

▸もう決着をつけましょう。
▸まもなく決着がつくから待ってみましょう。

A ことわざ こたえ　他人の疝気（せんき）を頭痛に病む、心配性だ

名詞03

003

□ 041
경위
経緯
漢 経緯

□ 042
경의
[경이/경의]
敬意
漢 敬意

□ 043
경종
警鐘
漢 警鐘

□ 044
계층
階層
漢 階層

□ 045
고개[2]
峠
音 고개[1] 頭〔中級編028〕

□ 046
고뇌
苦悩
漢 苦悩　動 고뇌하다

□ 047
고등어
サバ
関 고등어구이 焼きサバ

□ 048
고비
山場
関 한고비 一山、正念場、山場

3日目　003
チェック!
答えは右ページ下

□ 傑作	□ 励まし	□ 経緯	□ 峠
□ 検閲	□ 格式	□ 敬意	□ 苦悩
□ 暇	□ 見積もり	□ 警鐘	□ サバ
□ 辛子	□ 決着	□ 階層	□ 山場

사건의 **경위**를 보고하라고 했다. ▸事件の経緯を報告するようにと言った。
경위가 어찌 됐든 사과드립니다. ▸いきさつはともあれ、申し訳ございません。

선수단에 **경의**를 표합니다. ▸選手団に敬意を表したいと思います。
작가 선생님께 **경의**의 말씀을 드린다. ▸作家の先生に敬意を申し上げる。

사회에 **경종**을 울린 사건이었다. ▸社会に警鐘を鳴らした事件だった。
자본주의에 대한 **경종**으로 받아들였다. ▸資本主義への警鐘として受け止めた。

계층 간의 갈등을 해결하라. ▸階層間の葛藤を解決しろ。
저소득**계층**을 위한 정책이라고 했다. ▸低所得層のための政策だと言った。

저 **고개** 너머에 살아요. ▸あの峠の向こうに住んでいます。
한 **고개**만 넘으면 마을이 있어요. ▸峠を１つだけ越えると村があります。

고뇌에 찬 표정으로 말을 이어갔다. ▸苦悩に満ちた表情で話し続けた。
오랫동안 **고뇌**의 날들을 보냈습니다. ▸長い間苦渋の日々を送りました。

고등어가 아주 싱싱하네요. ▸サバがとても新鮮ですね。
고등어조림은 이 집이 최고야. ▸サバの煮付けはこの店が最高だよ。

인생의 큰 **고비**를 맞이했다. ▸人生の大きな山場を迎えた。
수술이 무사히 끝나서 한**고비** 넘겼다. ▸手術が無事に終わり、一山越えた。

3日目 003
チェック!
答えは左ページ下

□ 걸작	□ 격려	□ 경위	□ 고개
□ 검열	□ 격식	□ 경의	□ 고뇌
□ 겨를	□ 견적	□ 경종	□ 고등어
□ 겨자	□ 결판	□ 계층	□ 고비

名詞04

🎧 004

□ 049
고사리
ワラビ
関고사리 같은 손 もみじのような小さい手
関고비 ゼンマイ

□ 050
고심
苦心
漢苦心 動고심하다 関고심분투 苦心奮闘

□ 051
고초
辛苦、苦難(고난)
漢苦楚

□ 052
고함
叫び声、大声
漢高喊 関고함치다 大声を上げる

□ 053
골
＊머리の俗語
脳、頭
慣골머리/골치가 아프다 頭が痛い
関골이 띵하다 頭がガンガンする

□ 054
공정
公正
漢公正 動공정하다 関공정성[--썽] 公正さ

□ 055
공주
姫、王女
漢公主 反왕자 王子 関공주병[--뼝] お姫様病

□ 056
과음
飲み過ぎ
漢過飲 動과음하다 飲み過ぎる

Q ことわざ どんな意味？
부부 싸움은 칼로 물 베기
夫婦喧嘩は包丁で水を切るようなもの

골이/골머리가/골치가 아프다は「人間関係などで頭が痛い」という意味で使われることが多いです。

074

고사리나물이 제일 맛있네요. ▸ワラビのナムルが一番おいしいですね。
고사리 삶는 법을 검색해 봤다. ▸ワラビの茹で方を検索してみた。

고심 끝에 내린 결론이야. ▸苦心の末に出した結論だよ。
고심한 보람이 있는 것 같아. ▸苦心した甲斐があると思う。

많은 **고초**를 겪었다고 한다. ▸多くの辛苦を経験したと言う。
고초를 안 당해 본 사람은 모른다. ▸苦難を味わったことのない人にはわからない。

아까 **고함** 소리 못 들었어? ▸さっきの叫び声、聞こえなかった？
왜 나한테 **고함**을 치고 그래. ▸どうして私に大声を上げたりするのよ。

골이 비었어? 진짜 왜 그래. ▸脳みそが空っぽなの？ まったくどうしたの？
또 **골** 아픈 일이 생겼어. ▸また、頭の痛い問題が生じたの。

공정거래위원회에서 나왔습니다. ▸公正取引委員会から来ました。
공정한 사회를 함께 만들어 갑시다. ▸公正な社会を共に作っていきましょう。

자기 딸을 **공주**라고 부른대. ▸自分の娘を姫と呼んでいるんだって。
아무래도 **공주**병에 걸린 것 같아. ▸どうもお姫様病にかかったみたい。

과음 때문에 골 아파 죽겠어. ▸飲み過ぎたせいで頭が痛くて死にそう。
그러니까 **과음**하지 말랬지? ▸だから飲み過ぎないようにって言ったでしょ？

A ことわざ こたえ 夫婦喧嘩は犬も食わぬ

名詞04

🎧004

□057
구김살
[구김쌀]

しわ
同구김 しわ　動구기다 093
慣구김살이 없다 無邪気だ、のびやかだ

□058
구두[2]

口頭
漢口頭
音구두[1] 靴〔初級編18〕

□059
구미

興味、好み
漢口味
慣구미가 당기다 興味がわく、心が引かれる

□060
구실

役目、役割(역할)

□061
군것질
[군걷찔]

買い食い、間食(간식)
動군것질하다

□062
군살

ぜい肉
※군-については巻末付録参照

□063
군소리

無駄口
同군말　動군소리하다 無駄口をたたく

□064
굴욕

屈辱
漢屈辱

4日目 🎧004
チェック!
答えは右ページ下

□ワラビ
□苦心
□辛苦
□叫び声
□脳
□公正
□姫
□飲み過ぎ
□しわ
□口頭
□興味
□役目
□買い食い
□ぜい肉
□無駄口
□屈辱

치마 **구김살** 펴는 법 좀 가르쳐 줘. ▸スカートのしわの伸ばし方を教えて。
마음의 **구김살** 하나 없이 밝게 자랐다. ▸心のしわ１つなく、のびやかに育った。

영어 **구두**시험이 있대. ▸英語の口頭試問があるって。
구두 지시로 변경시켰다고 한다. ▸口頭で指示して変更させたそうだ。

구미가 당기는 얘기네. ▸興味がそそられる話だね。
요리가 **구미**에 맞을지 모르겠네. ▸料理がお好みに合うかしら。

제**구실**도 못하면서 뭐라고? ▸自分の役目も果たせないくせに何だって？
안전판의 **구실**을 하는 부품이야. ▸安全弁の役割をする部品だよ。

군것질을 하면 안 됩니다. ▸買い食いしてはいけません。
밥을 안 먹고 **군것질**만 하면 안 돼. ▸ご飯を食べずに間食ばかりしてはだめよ。

나이 먹으니 **군살**이 찌네. ▸年を取ってぜい肉がついたわ。
요가를 했더니 배의 **군살**이 빠졌어. ▸ヨガをしたらお腹のぜい肉が落ちたよ。

군소리가 많으면 사람들이 안 좋아해. ▸無駄口が多いと人から嫌われるよ。
뭐든 **군소리** 없이 잘 먹어. ▸何でも文句を言わずによく食べるよ。

그때 **굴욕**을 당하고 결심했어. ▸あの時屈辱を受けて決心したの。
시합의 결과는 **굴욕**적이었다. ▸試合の結果は屈辱的だった。

4日目 004
チェック!
答えは左ページ下

□고사리	□골	□구김살	□군것질
□고심	□공정	□구두	□군살
□고초	□공주	□구미	□군소리
□고함	□과음	□구실	□굴욕

5日目 動詞01

005

□ 065
가다듬다
[가다듬따]
①(気を)**取り直す**、引き締める　②**整える**

□ 066
가두다
閉じ込める

□ 067
가로채다
横取りする、ひったくる

□ 068
가물거리다
①(光などが)**ちらちらする**
②**もうろうとする**
関 가물가물 ちらちら　関 가물가물하다 ちらちらする

□ 069
간주하다
(〜だと)**見なす**
漢 看做--　関 간주되다 見なされる

□ 070
갇히다
[가치다] ＊가두다の使役形
監禁される、閉じ込められる

□ 071
갈다²
研ぐ、磨く、すりおろす
関 갈고닦다 磨く、切磋琢磨する　関 이를 갈다 歯ぎしりをする　音 갈다¹ 替える〔中級編072〕

□ 072
감돌다
①**くねる**、うねる　②**漂う**

Q ことわざ どんな意味？
마른하늘에 날벼락
晴天に霹靂　＊청천벽력(晴天霹靂)とも

가로채다は、가로(横)と채다(急に強く引っ張る)からなる合成語。「急に横から強く引っ張る」というイメージです。

🎧 075

다시 마음을 **가다듬고** 열심히 하자. ▸また気を取り直して頑張ろう。
목소리를 **가다듬고** 시를 낭독했다. ▸声の調子を整えて詩を朗読した。

스스로를 틀에 **가두지** 말자. ▸自分を枠に閉じ込めないようにしよう。
아이를 방에 **가두고** 외출했대. ▸子どもを部屋に閉じ込めて外出したそうよ。

보조금을 **가로채려다가** 적발됐다. ▸補助金を横取りしようとして摘発された。
핸드백을 **가로채** 도망갔다고 한다. ▸ハンドバックをひったくって逃げたそうだ。

멀리 희미한 불빛이 **가물거렸다.** ▸遠くに薄い光がちらちらしていた。
정신이 **가물거리면서** 의식을 잃었다. ▸頭がもうろうとして気を失った。

연락이 없을 경우 승낙으로 **간주한다.** ▸連絡がない場合、承諾と見なす。
신고하지 않으면 증여로 **간주한대.** ▸申告をしないと贈与と見なすそうよ。

감옥에 **갇혔을** 때 쓴 책이래. ▸監獄に監禁されていた時、書いた本だって。
눈에 **갇혀서** 꼼짝도 못 해. ▸雪に閉ざされて身動きが取れないんだよ。

칼이 잘 안 들어서 **갈아야** 돼. ▸包丁が切れないから研がないとだめよ。
1년간 **갈고**닦은 실력을 발휘했다. ▸1年間磨いた実力を発揮した。
생강 좀 **갈아** 줄래? ▸ショウガをちょっとすりおろしてくれる?

강물은 산을 **감돌아** 바다로 흐른다. ▸川は山を曲がりくねって海へと流れる。
방 안에는 침묵만 **감돌** 뿐이었다. ▸部屋の中には沈黙だけが漂っていた。

A ことわざ こたえ 晴天の霹靂

動詞01

005

□ 073
감싸다
包み隠す、かばう
関 싸다 包む

□ 074
감안하다
勘案する、考え合わせる
漢 勘案--

□ 075
거닐다
ぶらつく、散歩する

□ 076
거들다
手伝う、手助けする
類 돕다 助ける

□ 077
거들떠보다
①**目を向ける**
②(否定表現とともに用いて)**見向きもしない**

□ 078
거르다 <ㄹ>
①**抜かす**、飛ばす
②(걸러の形で)**〜おきに**

□ 079
건드리다
触れる、刺激する(자극하다)
慣 벌집을 건드리다 蜂の巣をいじる

□ 080
건사하다
保管する(보관하다)、面倒を見る

5日目 005
チェック!
答えは右ページ下

□取り直す	□見なす	□包み隠す	□目を向ける
□閉じ込める	□監禁される	□勘案する	□抜かす
□横取りする	□研ぐ	□ぶらつく	□触れる
□ちらちらする	□くねる	□手伝う	□保管する

양손으로 얼굴을 **감싸고** 울고 있었다.
할아버지는 늘 나를 **감싸** 주셨다.

▸両手で顔を覆って泣いていた。
▸祖父はいつも私をかばってくれた。

환경 변화를 **감안해서** 대처하겠다.
현실을 **감안하면** 다른 해석도 가능하다.

▸環境の変化を勘案して対処する。
▸現実と考え合わせると異なる解釈も可能だ。

사이좋게 강변을 **거니는** 연인들.
저녁나절에 공원을 **거닐곤** 했다.

▸仲良く川辺をぶらついているカップルたち。
▸夕暮れに公園を散歩したりした。

집안일을 좀 **거들어** 주면 좋겠는데.
바쁠 때는 장사를 **거들기도** 했다.

▸家事を少し手伝ってくれたらいいのに。
▸忙しい時は商売を助けたりもした。

서류를 **거들떠보더니** 그냥 나갔다.
내 건 **거들떠보지도** 않더라고.

▸書類に目を向けるとそのまま出ていった。
▸私のには見向きもしなかったよ。

아침을 **거르는** 학생들이 많다고 한다.
요즘엔 이틀 **걸러** 야근이야.

▸朝食を抜く学生が多いそうだ。
▸最近は 2 日おきで夜勤なの。

핵심을 **건드리는** 게 중요하다.
자존심을 **건드리지** 말라고.

▸核心に触れるのが重要である。
▸プライドを刺激するなってば。

여권은 각자 잘 **건사해라**.
제 몸 하나도 **건사하지** 못한다.

▸パスポートは各自ちゃんと保管してね。
▸自分の身一つ持て余している。

5日目 005
チェック!
答えは左ページ下

□가다듬다	□간주하다	□감싸다	□거들떠보다
□가두다	□갇히다	□감안하다	□거르다
□가로채다	□갈다	□거닐다	□건드리다
□가물거리다	□감돌다	□거들다	□건사하다

動詞02

006

□ 081
걷다[2]
[걷따]

①(袖や裾を)**まくる**、巻き上げる ②(会費などを)**集める** ③(洗濯物を)**取り込む**
関 걷어붙이다 まくり上げる 音 걷다[1] 歩く〔入門編316〕

□ 082
걷어차다

①**蹴飛ばす** ②**拒否する**、はねつける
関 차다 蹴る

□ 083
걸머지다

背負う、背負い込む、担う
同 지다/짊어지다

□ 084
게을리하다

怠る、怠ける、おろそかにする
形 게으르다 怠けている

□ 085
겨누다

狙う、目標を決める
類 겨냥하다 狙う

□ 086
겨루다

競う、争う
関 힘겨루기 力比べ

□ 087
견주다

見比べる、比較する(비교하다)
慣 어깨를 견주다 肩を並べる

□ 088
결리다

(肩が)**こる**、ずきずきと痛む

Q ことわざ どんな意味？

비 온 뒤에 땅이 굳어진다
雨降った後に地固まる

걷어차다のイメージは、「裾をまくり蹴り上げる」。なので、「蹴飛ばす」という意味になりますね。

076

소매를 좀 **걷으면** 어떠니? ▸袖をちょっとまくったらどう？
지금부터 회비를 **걷겠습니다**. ▸今から会費を集めます。
이따가 빨래 좀 **걷어** 줄래? ▸後で洗濯物をちょっと取り込んでくれる？

홧김에 돌을 **걷어찼다**. ▸腹が立って石を蹴飛ばした。
기회를 스스로 **걷어차** 버리다니. ▸チャンスを自分で棒に振るなんて。

무거운 배낭을 **걸머진** 채 걸었다. ▸重いリュクサックを背負ったまま歩いた。
빚을 **걸머지고** 살 수는 없다. ▸借金を背負い込んで暮らすことはできない。
조국의 운명을 **걸머지고** 나아갔다. ▸祖国の運命を担って前へ進んだ。

주의를 **게을리하면** 안 됩니다. ▸注意を怠ってはいけません。
지금까지 일을 **게을리한** 적이 없어. ▸今まで仕事を怠けたことはないよ。
공부를 **게을리한** 것을 후회했다. ▸勉強をおろそかにしたことを後悔した。

그들이 나를 **겨누고** 있는 건 안다. ▸彼らが私を狙っていることは知っている。
경찰은 총을 **겨눈** 채 경고했다. ▸警察は拳銃を向けたまま警告した。

다시 한 번 우승을 **겨루게** 됐다. ▸もう一度優勝を競うことになった。
정정당당하게 승부를 **겨룹시다**. ▸正々堂々と勝負しましょう。

두 개를 잘 **견주어** 보라고 했다. ▸2つをちゃんと見比べろと言った。
내 글을 다른 글과 **견주어** 봤다. ▸私の文章を他の文章と比べてみた。

어깨가 **결리고** 아프다고 하네요. ▸肩がこって痛いと言っています。
옆구리가 **결리면** 병원에 가 보자. ▸脇腹がずきずきと痛むのなら、病院に行ってみよう。

A ことわざ こたえ 雨降って地固まる

動詞02

006

☐ 089
곤두서다
①**逆立つ** ②(気が)**立つ**

☐ 090
곧이듣다<ㄷ>
[고지듣따]
真に受ける

☐ 091
곪다
[곰따]
①**化膿する**、膿む ②(比ゆ的に)**腐る**
名 고름 膿

☐ 092
괴다
＊고이다の縮約形
(下から)**支える**、支柱を当てる
関 고인돌 支石

☐ 093
구기다
①**くしゃくしゃにする** ②(気分が)**滅入る**
③(体面を)**台無しにする**
名 구김살 057

☐ 094
구부러지다
曲がる
類 고부라지다, 꼬부라지다 曲がる
関 구부러뜨리다 曲げる

☐ 095
구비하다
具備する、取り揃える、備える
漢 具備-- 類 갖추다 取り揃える
動 구비되다 具備される

☐ 096
금하다
禁ずる、止める
漢 禁-- 関 금할 길이/수가 없다 禁じ得ない

6日目 006
チェック!
答えは右ページ下

☐ まくる
☐ 蹴飛ばす
☐ 背負う
☐ 怠る
☐ 狙う
☐ 競う
☐ 見比べる
☐ こる
☐ 逆立つ
☐ 真に受ける
☐ 化膿する
☐ 支える
☐ くしゃくしゃにする
☐ 曲がる
☐ 具備する
☐ 禁ずる

머리털이 **곤두설** 정도로 무서웠다. ▸髪の毛が逆立つほど怖かった。
신경이 **곤두서서** 잠을 이룰 수 없었다. ▸気が立って眠れなかった。

우스갯소리를 **곧이들으면** 안 되지. ▸笑い話を真に受けちゃいけないよ。
니 말이라면 무슨 말이든 **곧이들을걸.** ▸君の言うことなら何でも信じると思うよ。

상처가 **곪아서** 고름이 생긴 것 같아. ▸傷口が化膿して膿んできたみたい。
사회의 **곪은** 부분을 도려내야 한다. ▸社会の膿をえぐり取るべきだ。

낡은 문 아래에 돌을 **괴어** 놓았다. ▸さびたドアの下を石で支えておいた。
손으로 턱을 **괴고** 생각에 잠겼다. ▸ほおづえをついて考え込んでいた。

원고지를 **구겨서** 버렸다. ▸原稿用紙をくしゃくしゃにして捨てた。
체면도 **구기고** 신년 기분도 구겼다. ▸面子もつぶされて新年の気分も晴れない。

왼쪽으로 **구부러진** 길을 따라 걸었다. ▸左に曲がった道に沿って歩いた。
허리가 **구부러진** 할머니가 찾아왔다. ▸腰の曲がったおばあさんが訪ねてきた。

구급상자를 **구비해** 두었다. ▸救急箱を備えておいた。
설비를 모두 **구비하도록** 하겠단다. ▸設備をすべて取り揃えるようにするって。

사용을 **금한다는** 안내문을 봤지요? ▸使用を禁ずるという案内文を見たでしょ？
슬픔을 **금할** 길이 없습니다. ▸悲しみを禁じえません。

6日目 006
チェック!
答えは左ページ下

□ 걷다	□ 겨누다	□ 곤두서다	□ 구기다
□ 걷어차다	□ 겨루다	□ 곧이듣다	□ 구부러지다
□ 걸머지다	□ 견주다	□ 곪다	□ 구비하다
□ 게을리하다	□ 결리다	□ 괴다	□ 금하다

形容詞01

🎧 007

□ 097
가냘프다 <으>
か細い、か弱い、弱々しい

□ 098
가당찮다
[가당찬타]
とんでもない
漢 加当--
形 가당하다 当然だ、正当だ　類 당찮다 221

□ 099
가엾다
[가엽따]
不憫だ、かわいそうだ

□ 100
간곡하다
[간고카다]
丁重だ、丁寧だ
漢 懇曲--　副 간곡히 懇切に、丁寧に

□ 101
갑갑하다
[갑까파다]
①**息が詰まる**　②**窮屈だ**　③**退屈だ**
類 답답하다 重苦しい、息苦しい

□ 102
값지다
[갑찌다]
①**高価だ**　②**貴重だ**(귀중하다)

□ 103
개운하다
(味が)**さっぱりしている**、
(気持ちが)すっきりしている
関 개운치 않다 すっきりしない

□ 104
거뜬하다
①**身軽だ**、元気だ　②**簡単だ**、たやすい

Q ことわざ どんな意味？
아는 길도 물어 가라
知っている道も聞いてから行け

가당찮다の찮다は、하지 않다→치 않다→찮다と縮約された形で、「~でない」という意味です。

077

가냘픈 몸으로 힘든 일을 해냈다. ▸細い身体でつらい仕事をやってのけた。
작고 **가냘픈** 꽃 한 송이가 피어 있었다. ▸小さくてか弱い花が1本咲いていた。
목소리가 **가냘프게** 느껴졌다. ▸声が弱々しく感じられた。

그런 지적은 **가당찮다고** 반발했다. ▸そのような指摘はとんでもないと反発した。
가당찮은 비판은 그만두시죠. ▸不当な批判はおやめください。

엄마 잃은 아이가 **가엾어** 눈물이 났다. ▸母を亡くした子どもが不憫で涙が出た。
작은 새가 **가엾게도** 다친 듯했다. ▸かわいそうに小鳥はけがをしたようだった。

가지 말라고 **간곡하게** 만류했다. ▸行かないでくださいと丁重に引き留めた。
점원의 **간곡한** 태도에 마음이 풀어졌다. ▸店員の丁寧な態度に気が晴れた。

갑갑한 회사 생활을 벗어나고 싶다. ▸息の詰まる会社生活を抜け出したい。
방이 좁아서 좀 **갑갑한** 느낌이 들었다. ▸部屋が狭くてちょっと窮屈な感じがした。
병실에만 있으려니 **갑갑하네.** ▸ずっと病室にいたら退屈だわ。

이렇게 **값진** 물건은 못 받아요. ▸こんなに高価なものは受け取れません。
무엇보다 **값진** 경험을 했다. ▸何より貴重な経験をした。

국물맛이 아주 **개운하네요.** ▸スープの味がとてもさっぱりしていますね。
그러면 내 마음이 **개운치가** 않아. ▸それじゃ私の気持ちがすっきりしないの。

좀 잤더니 몸이 **거뜬하네요.** ▸ちょっと寝たら、身体が軽いです。
무거운 돌을 **거뜬하게** 들어 올렸다. ▸重い石を簡単に持ち上げた。

A ことわざ こたえ 念には念を入れよ

形容詞01

007

□ 105
거만하다
傲慢だ、高慢だ
漢 倨慢-- 関 거만을 떨다/부리다 傲慣な振る舞いをする 類 도도하다 224

□ 106
검소하다
質素だ、つつましい
漢 倹素--

□ 107
겸연쩍다
[겨면쩍따] ★ 계면쩍다
ばつが悪い、照れくさい、気まずい
同 계면쩍다

□ 108
고소하다
① **香ばしい** ② **いい気味だ**
類 구수하다 風味がよい、香ばしい

□ 109
고약하다
[고야카다]
①(性格・行動などが)**悪い**
②(においが)**ひどい**
関 인심이 고약하다 不人情だ

□ 110
고지식하다
[고지시카다]
生真面目だ、くそまじめだ

□ 111
괘씸하다
けしからん、不届きだ

□ 112
굼뜨다<으>
のろい、(ネガティブな意味で)スローだ
類 느리다 のろい、遅い

7日目 007
チェック!
答えは右ページ下

□ か細い	□ 息が詰まる	□ 傲慢だ	□ 悪い
□ とんでもない	□ 高価だ	□ 質素だ	□ 生真面目だ
□ 不慣だ	□ さっぱりしている	□ ばつが悪い	□ けしからん
□ 丁重だ	□ 身軽だ	□ 香ばしい	□ のろい

거만하다는 말을 들어도 할 수 없죠. ▸傲慢だと言われても仕方ありません。
거만하게 굴었던 것을 후회한다. ▸高慢に振る舞っていたことを後悔する。

검소한 옷차림이 좋다고 하셨다. ▸質素な服装がよいとおっしゃった。
시골에서 **검소하게** 살고 있어요. ▸田舎でつつましく暮らしています。

지각해서 **겸연쩍었던** 적이 있다. ▸遅れてばつが悪い思いをしたことがある。
딸은 **겸연쩍게** 웃으며 들어왔다. ▸娘は照れくさそうに笑いながら入ってきた。
겸연쩍은 표정으로 시선을 돌렸다. ▸気まずい表情で視線をそらした。

집에 들어가자 **고소한** 냄새가 났다. ▸家に入ると香ばしい香りがした。
걔 잘난 체하더니, 아주 **고소해**. ▸あいつ、偉そうにしていたくせに、いい気味だよ。

사람은 좋은데 술버릇이 **고약하다네**. ▸人はいいけど酒癖が悪いんだって。
이 **고약한** 냄새는 뭐지? ▸このひどいにおいは何？

아버지는 **고지식한** 분이세요. ▸父は生真面目な人なんです。
고지식한 성격을 고치고 싶어요. ▸くそまじめな性格を直したいです。

할아버지는 **괘씸한** 놈이라며 화를 냈다. ▸祖父はけしからん奴だと怒った。
그의 처사가 **괘씸해** 잠이 안 왔다. ▸彼の仕打ちが腹立たしくて眠れなかった。

동작이 **굼뜬** 게 탈이야. ▸動きがのろいのが問題だよ。
일 처리가 **굼뜨다고** 소문났어. ▸仕事ぶりがスローだと噂になっているよ。

7日目 007
チェック!
答えは左ページ下

□가냘프다 □갑갑하다 □거만하다 □고약하다
□가당찮다 □값지다 □검소하다 □고지식하다
□가엾다 □개운하다 □겸연쩍다 □괘씸하다
□간곡하다 □거뜬하다 □고소하다 □굼뜨다

1週目 力試しドリル

(　　)안에 들어갈 말로 가장 알맞은 것을 하나 고르십시오.

---

1. 무슨 말인지 통(　　)를/을 못 잡겠네.

①가설　②내용　③줄기　④갈피

2. 도서관은 (　　)을 들여 리모델링하느니 새로 짓는 게 낫지 않아 ?

①거죽　②시간　③거금　④대금

3. 연말까지 회사를 그만둘지 어떨지 (　　)를/을 정하라고 합니다.

①공약　②거취　③거주　④개헌

4. 빨래가 다 말랐으면 좀 (　　) 줄래 ?

①걷어　②들여　③널어　④걷혀

5. 우리끼리 그렇게까지 격식을 (　　) 건 없습니다.

①잡을　②차릴　③맞힐　④벌일

6. A : (　　)에 맞을지 모르겠습니다만 좀 드셔 보셔요.
B : 상대편 회사에서 (　　)가/이 당기는 제안을 해 왔다.
C : 행사 내용에 (　　)가/이 동해서 참가하게 됐어요.
①취미　②입　③흥미　④구미

7. A : 방에 창문이 없어서 그런지 (　　) 느낌이 들었다.
B : 나한테는 통 말을 안 하니까 (　　) 마음에 전화했어.
C : 입원했을 때 (　　) 병실을 하루 빨리 벗어나고 싶었다.
①탁한　②갑갑한　③착잡한　④좁은

8. A : 그 남잔 술버릇이 (　　) 안 된다니까.
B : 사람 인심이 그렇게 (　　) 어디 쓰겠어?
C : 발 냄새가 (　　) 안 되겠다.
①고지식해서　②박해서　③고약해서　④나빠서

解答・解説

1. ④

【日本語訳】どういうことなのかさっぱり（見当）がつかないね。

①仮説　②内容　③流れ、筋　④要領

Point 갈피를 못 잡다で「見当がつかない」「要領を得ない」。

2. ③

【日本語訳】図書館は（大金）をかけてリフォームするより、新しく建てたほうがよくない？

①表面　②時間　③大金　④代金

Point 대금は「代金」を指すので注意。

3. ②

【日本語訳】年末までに会社を辞めるかどうか（去就）を決めろと言っています。

①公約　②去就　③居住　④改憲

4. ①

【日本語訳】洗濯物が全部乾いたら、ちょっと（取り込んで）くれる？

①取り込んで　②入れて　③干して　④取り込まれて

Point 빨래를 걷다で「洗濯物を取り込む」。また、빨래를 널다は「洗濯物を干す」という意味。

5. ②

【日本語訳】内輪でそこまで格式に（こだわる）ことはありません。

①取る　②重んずる　③当てる　④繰り広げる、並べる

Point 격식을 차리다で「格式にこだわる」「格式張る」。

6. ④

【日本語訳】A：（お好み）に合うかわかりませんが、少し召し上がってみてください。B：相手方の会社から（興味）を引く提案をしてきた。C：イベントの内容に（興味）をそそられて参加するようになりました。

①趣味　②口　③興味、関心　④興味、好み

Point すべての（　）に入るのは④。なお、Aには②④、Bには③④、Cには③④が可能。구미가 당기다で「興味がわく」「心が引かれる」。

7. ②

【日本語訳】A：部屋に窓がないせいか（窮屈な）感じがした。B：私には何も話さないから（息が詰まって）電話した。C：入院した時、（退屈な）病室を1日も早く抜け出したかった。

①濁っている　②息が詰まる、窮屈だ、退屈だ　③錯綜している　④狭い

Point すべての（　）に入るのは②。なお、Aには②④、Bには②③、Cには②④が可能。

8. ③

【日本語訳】A：あの男は酒癖が（悪いから）だめだってば。B：人としてそんなに人情味に（欠けていて）どうなの？ C：足の臭いが（ひどくて）だめだ。

①生真面目で　②薄くて　③悪いから、ひどくて　④悪いから、悪くて

Point すべての（　）に入るのは③。なお、Aには③④、Bには②③④、Cには③が可能。정이 박하다で「情が薄い」。

キクタン韓国語

2 週目

✓学習したらチェック!

- ■ 8日目　名詞05［ㄱ－ㄴ］
- ■ 9日目　名詞06［ㄴ］
- ■ 10日目　名詞07［ㄴ－ㄷ］
- ■ 11日目　名詞08［ㄷ］
- ■ 12日目　動詞03［ㄱ－ㄴ］
- ■ 13日目　動詞04［ㄷ］
- ■ 14日目　形容詞02［ㄱ－ㄷ］

이 원피스가 돋보이잖아.

（例文の意味は 202 参照）

名詞05

□ 113
궁리
[궁니]

工夫、思案
漢 窮理　動 궁리하다 工夫を凝らす、思いを巡らす

□ 114
귀동냥

耳学問、聞き覚え
動 귀동냥하다 聞き覚える、聞きかじる
関 동냥 ただで物をもらうこと、物乞い

□ 115
규제

規制
漢 規制　動 규제하다

□ 116
근성

根性
漢 根性

□ 117
긍지

誇り、矜持、プライド
漢 矜持

□ 118
기겁

びっくり仰天(すること)
漢 気怯　動 기겁하다

□ 119
기미

(皮膚の)**しみ** (★ ほくろ)
関 점 ほくろ

□ 120
기별

消息(소식)、便り、知らせ
漢 奇別　動 기별하다 知らせる

Q ことわざ どんな意味？

돌다리도 두드려 보고 건너라
石橋も叩いてから渡れ

귀동냥は、月謝などを払わずに、「ただで聞いて知識を得る」ということに由来する表現です。

078

노력과 **궁리**를 해야 연구자지.
이리저리 **궁리**를 해 봤는데 어렵겠어.

▸努力と工夫をしてこそ研究者でしょ?
▸あれこれ思案を巡らしてみたけど厳しいと思う。

우리 땐 다 **귀동냥**이었지.
제가 일하면서 **귀동냥**한 정보입니다.

▸我々の頃は聞き覚えで学んだものですよ。
▸私が働きながら聞き覚えた情報です。

과도한 **규제**를 완화하라고 요구했다.
판매는 자주적으로 **규제**하겠습니다.

▸過度な規制を緩和しろと要求した。
▸販売は自主規制するようにします。

이 일을 하려면 **근성**이 필요해.
기자는 **근성**이 있어야 돼.

▸この仕事をするには根性が必要だよ。
▸記者は根性がないとだめだよ。

자신에 대한 **긍지**를 갖고 살아야지.
긍지가 없는 사람은 힘들 때 버티지 못해.

▸自分に対する誇りを持って生きないと。
▸矜持を持たない人は、つらいとき耐えられないよ。

벌레를 보고 **기겁**을 하고 도망쳤다.
쓰러졌다는 소식에 **기겁**하고 달려갔다.

▸虫を見てびっくり仰天して逃げた。
▸倒れたという知らせにびっくりして駆けつけた。

나이 들면 **기미**도 생기고 그래.
기미가 껴서 얼마 전에 치료했어.

▸年を取ったらシミもできたりするのよ。
▸シミが濃くなって、この前治療したの。

기별이 없어서 연락해 보려고.
먼 친척한테서 **기별**이 왔대.
합격하면 나한테도 **기별**해라.

▸消息がないから連絡してみようと思って。
▸遠い親戚から便りが来たって。
▸合格したら、私にも知らせてね。

A ことわざ こたえ 石橋を叩いて渡る

名詞05

🎧 008

□ 121
기색
①**顔色** ②**気配**
漢 気色

□ 122
기승
猛威(맹위)、勝ち気
漢 気勝 関 기승을 부리다/떨다 猛威を振るう

□ 123
길잡이
道しるべ、道標、手引き
同 길라잡이

□ 124
꼴찌
びり、最下位

□ 125
꽁무니
尻
慣 꽁무니를 빼다 923

□ 126
끼니
①(3度の)**食事** ②**〜食**
関 밥 한 끼 1回の食事

□ 127
나들이
外出(외출)
関 나들이옷 よそ行きの服

□ 128
나사
ねじ
慣 나사가 빠지다 気が緩んでいる

8日目 🎧008
チェック!
答えは右ページ下

□工夫	□誇り	□顔色	□尻
□耳学問	□びっくり仰天	□猛威	□食事
□規制	□しみ	□道しるべ	□外出
□根性	□消息	□びり	□ねじ

방에 들어가 엄마의 **기색**을 살폈다. ▸部屋に入って、母の顔色をうかがった。
무슨 **기색**이 있으면 즉시 알려 줘. ▸何か気配があったら直ちに知らせてね。

모기들이 **기승**을 떠는 계절입니다. ▸蚊が猛威を振るう季節です。
보이스피싱이 **기승**이라네. ▸電話詐欺がものすごいんだってね。
7월부터 더위가 **기승**을 부렸다. ▸7月から暑さが猛威を振るった。

운전자의 **길잡이** 역할을 하는 표지판. ▸運転者の道しるべの役割をする標識。
여행객들의 **길잡이**가 될 것이다. ▸旅行客の手引きになるだろう。

'**꼴찌**에게 보내는 갈채'라는 에세이. ▸「びりに送る喝采」というエッセイ。
꼴찌라도 괜찮다고 쓰여 있었다. ▸最下位でも大丈夫だと書かれてあった。

날 보자마자 **꽁무니**를 빼고 달아났다. ▸私を見るや、尻ごみをして逃げた。
동생이 형의 **꽁무니**만 따라다닌대. ▸弟が兄の後をついてまわってばかりいるって。

끼니를 거르지 말고 잘 챙겨 먹어라. ▸食事を抜かないで、ちゃんと食べなさい。
세 **끼니**를 다 사 먹어요? ▸3食全部外食しているんですか？

식물원으로 **나들이**를 가기로 했다. ▸植物園に出かけることにした。
오랜만의 **나들이**에 아이들이 좋아했다. ▸久しぶりの外出に子どもたちが喜んだ。

나사가 풀리지 않게 꼭 죄어라. ▸ねじが緩まないようにちゃんと締めて。
직원들은 **나사**가 풀어진 듯했다. ▸職員らは気が緩んでいるようだった。

8日目 008
チェック!
答えは左ページ下

□궁리	□긍지	□기색	□꽁무니
□귀동냥	□기겁	□기승	□끼니
□규제	□기미	□길잡이	□나들이
□근성	□기별	□꼴찌	□나사

名詞06

□ 129
낙선
[낙썬] ★ 락선

落選
漢 落選 動 낙선하다

□ 130
낙인
★ 락인

らく印
漢 烙印

□ 131
날조
[날쪼]

ねつ造、でっち上げ
漢 捏造 動 날조하다, 날조되다 類 조작 678

□ 132
남남

赤の他人、(何の関係もない)人と人、他人同士
関 남 他人

□ 133
남짓
[남짇]

～あまり、～余
形 남짓하다 ～あまりだ
類 나머지 残り、余り

□ 134
낭만
★ 랑만

浪漫、ロマン
漢 浪漫 関 낭만적이다 浪漫的だ、ロマンチックだ

□ 135
낭패
★ 랑패

狼狽、慌てふためくこと
漢 狼狽 動 낭패하다
慣 낭패를 보다 不覚を取る

□ 136
너비

幅(폭)

Q ことわざ どんな意味?

제비는 작아도 강남 간다
ツバメは小さくても江南に行く

남は「他人」だから、남남は「他人同士」「赤の他人」になるんですね！

079

또 **낙선** 통지를 받았다. ▸また落選の通知を受け取った。
두 번이나 **낙선**했지만 다시 도전하겠다. ▸2 回も落選したが、また挑戦するぞ。

거짓말쟁이라는 **낙인**을 찍었다. ▸嘘つきというらく印を押した。
한 번 **낙인**이 찍히면 끝이야. ▸一度らく印が押されたら、おしまいだよ。

나중에 **날조**로 밝혀졌다. ▸しばらくしてねつ造と判明された。
날조까지 한 건 너무한 거 아니니? ▸でっち上げまでしたのはひどくない？

부부는 헤어지면 **남남**이잖아. ▸夫婦は別れたら赤の他人でしょ？
나하곤 아무런 관계도 없는 **남남**이야. ▸私とは何の関係もない他人同士だよ。

번역하는 데 두 달 **남짓** 걸렸다. ▸翻訳するのに 2 カ月あまりかかった。
동창회에는 30명 **남짓** 참가했다. ▸同窓会には 30 余名が参加した。

낭만이 없는 남자는 매력을 못 느껴. ▸浪漫がない男には魅力を感じない。
이래 봬도 옛날에는 **낭만**주의자였어. ▸こう見えても昔はロマンチストだったよ。

누구 때문에 **낭패**를 봤다고? ▸誰のせいで狼狽したって？
예기치 못한 질문에 **낭패**한 듯했다. ▸予期せぬ質問に狼狽したようだった。

도로 **너비**는 몇 미터인가요? ▸道路の幅は何メールありますか？
어깨**너비**를 좀 재겠습니다. ▸肩幅を測らせていただきます。

A ことわざ こたえ 体は小さくても自分の役割は充分に果たす

名詞06

009

☐ 137
노골적
[노골쩍] ★ 로골적

露骨
漢 露骨的

☐ 138
노끈

ひも
関 신발 끈 靴ひも

☐ 139
노안
★ 로안

老眼
漢 老眼
関 노안경 老眼鏡

☐ 140
노약자
[노약짜] ★ 로약자

老人と弱者（体の不自由な人や子どもなど）
漢 老弱者　関 노약자석(老弱者席) 優先座席

☐ 141
노여움

怒り、憤り
同 노염　形 노엽다 腹立たしくて恨めしい

☐ 142
노을

夕焼け、朝焼け
関 저녁노을 夕焼け　類 석양 454

☐ 143
녹말
[농말] ★ 농마

片栗粉、でんぷん
漢 緑末　同 녹말가루, 전분

☐ 144
녹초

へとへと、(身体が)疲れ切って力が抜けた状態

9日目　009
チェック!
答えは右ページ下

☐ 落選	☐ ～あまり	☐ 露骨	☐ 怒り
☐ らく印	☐ 浪漫	☐ ひも	☐ 夕焼け
☐ ねつ造	☐ 狼狽	☐ 老眼	☐ 片栗粉
☐ 赤の他人	☐ 幅	☐ 老人と弱者	☐ へとへと

노골적인 표현은 삼가 주세요. ▸露骨な表現は控えてください。
적대심을 **노골적**으로 드러냈다. ▸敵対心を露骨に表した。

버릴 책은 **노끈**으로 묶어 줘. ▸捨てる本はひもでくくってね。
노끈이 어디 있는데? ▸ひもはどこにあるの？

노안이라서 작은 글씨는 잘 안 보여. ▸老眼だから小さい文字がよく見えないのよ。
언제부터 **노안**이 왔나요? ▸いつ頃から老眼が始まりましたか？

노약자를 위한 대중교통 개선책. ▸体の不自由な人のための公共交通の改善策。
한국 전철에도 **노약자**석이 있지요? ▸韓国の電車にも優先座席がありますよね？

노여움을 사는 말은 하지 마. ▸怒りを買うようなことは言わないで。
할아버지, 이제 **노여움**을 푸세요. ▸おじいちゃん、もう怒りを静めてください。

붉은 **노을**을 바라보며 천천히 걸었다. ▸赤い夕焼けを見ながらゆっくりと歩いた。
이건 아침**노을**을 찍은 사진입니다. ▸これは朝焼けを撮った写真です。

녹말이 떨어졌어요. ▸片栗粉がなくなりました。
녹말가루 대신에 밀가루를 쓸까? ▸片栗粉の代わりに小麦粉を使おうか？

세 시간을 걸었더니 **녹초**가 됐어. ▸3 時間歩いたら、へとへとだよ。
산에 갔다가 **녹초**가 돼서 돌아왔다. ▸山に行ってへとへとになって帰ってきた。

9日目 009
チェック!
答えは左ページ下

□낙선	□남짓	□노골적	□노여움
□낙인	□낭만	□노끈	□노을
□날조	□낭패	□노안	□녹말
□남남	□너비	□노약자	□녹초

名詞07

🎧 010

□ 145
논란
[놀란]　★ 롤란

論難、議論
漢 論難

□ 146
논술
★ 론술

論述
漢 論述　動 논술하다 論述する

□ 147
뇌물
★ 뢰물

わいろ、袖の下
漢 賄賂　慣 뇌물을 먹다 わいろを受け取る

□ 148
눈곱
[눈꼽]

①**目やに**　②(比ゆ的に)**すずめの涙**
関 눈곱만큼도 ちっとも、これっぽっちも

□ 149
눈보라

吹雪
関 눈보라가 치다 吹雪く

□ 150
눈초리

①**目じり**　②**目つき**
類 눈꼬리 目じり
慣 눈초리가 따갑다/차갑다 視線が熱い/冷たい

□ 151
늑대
[늑때]

オオカミ

□ 152
다반사

日常茶飯事
漢 茶飯事

Q ことわざ どんな意味?

친구 따라 강남 간다
友達について江南に行く

「日常茶飯事」は、일상다반사ではなく다반사！　韓国語では、「다반사(茶飯事)」だけになりますよ。

080

부적절한 행동으로 **논란**이 되었다.　▸不適切な言動で論難となった。
헌법 개정을 둘러싸고 **논란**이 일었다.　▸憲法改正をめぐって論議が巻き起こった。

논술 문제는 그다지 어렵지 않았어.　▸論述問題はそれほど難しくなかった。
일회용품에 대해 **논술**하시오.　▸使い捨て製品について論じなさい。

정치가가 **뇌물**을 받았다고 한다.　▸政治家がわいろを受け取ったそうだ。
뇌물을 쓰려는 사람도 문제야.　▸袖の下を使おうとする人も問題だよ。

요즘 **눈곱**이 자주 끼는데요.　▸最近目やにがよく出るんですが。
눈곱만큼도 그런 생각을 한 적이 없다.　▸これっぽっちもそんなことを考えたことがない。

눈보라가 하루 종일 휘몰아쳤다.　▸吹雪が丸一日荒れ狂った。
눈보라가 쳐서 한 치 앞이 안 보인다.　▸吹雪で一寸先が見えない。

원래 **눈초리**가 좀 처졌어.　▸元々目じりが少し垂れ下がっている。
의심스러운 **눈초리**로 쳐다봤다.　▸疑わしい目つきをして見ていた。

여기 동물원에는 **늑대**도 있나요?　▸こちらの動物園にはオオカミもいるの？
늑대 같은 놈을 조심해야 돼.　▸オオカミのような奴には気をつけなきゃ。

숙제를 안 하는 게 **다반사**였어.　▸宿題をしないのが日常茶飯事だったよ。
자정 넘어 들어오는 게 **다반사**야.　▸午前様は日常茶飯事だよ。

A ことわざ こたえ　牛に引かれて善光寺参り

名詞07

□ 153
단골
常連、行きつけ
関단골집 行きつけの店

□ 154
단비
恵みの雨

□ 155
단서
糸口、端緒
漢端緒　同실마리　音단서(但書) 但し書き

□ 156
단풍
もみじ、紅葉
漢丹楓　関단풍잎[--닙] もみじの葉
関단풍 구경 紅葉狩り

□ 157
답사
[답싸]
現地調査、フィールドワーク
漢踏査　動답사하다 現地調査する

□ 158
당부
(しっかり)**頼むこと**
漢当付　動당부하다
関신신당부 くれぐれもよく頼むこと

□ 159
대머리
はげ頭、頭のはげた人

□ 160
대변
大便
漢大便　関소변 472　関대변을 보다, 똥을 누다 うんこをする　音대변 代弁

10日目 010
チェック!
答えは右ページ下

□論難	□吹雪	□常連	□現地調査
□論述	□目じり	□恵みの雨	□頼むこと
□わいろ	□オオカミ	□糸口	□はげ頭
□目やに	□日常茶飯事	□もみじ	□大便

단골손님이 부탁한 거예요. ▸常連客に頼まれたことです。
언니는 **단골** 미용실에 갔는데. ▸姉は行きつけの美容室に行ったんだけど。

기다리고 기다리던 **단비**가 내렸다. ▸待ちに待った恵みの雨が降ってきた。
가뭄 끝의 **단비**가 될 것으로 보인다. ▸干ばつの末の恵みの雨になりそうだ。

사기 사건의 **단서**를 잡았다고 한다. ▸詐欺事件の糸口をつかんだそうだ。
새로운 연구의 **단서**를 찾아냈다. ▸新しい研究の端緒を見つけ出した。

여기에도 **단풍**나무가 있었네요. ▸ここにももみじの木があったんですね。
단풍이 예쁘게 물들기 시작했어요. ▸もみじがきれいに色づきはじめました。

현지**답사**를 갔다 와서 보고할게요. ▸現地調査に行ってきてから報告します。
제주도에 **답사**를 갈 예정이에요. ▸済州道にフィールドワークに行く予定です。

여러분께 **당부** 말씀 드리겠습니다. ▸みなさまにお願い申し上げます。
건강에 주의하라고 **당부**했다. ▸健康に注意するように頼んだ。

아빠처럼 **대머리**가 되면 어떡하지? ▸父のようにはげてきたらどうしよう。
앞자리의 **대머리**가 말을 걸어왔다. ▸前の席のはげた人が声をかけてきた。

건강검진 때 **대변** 검사도 있어요. ▸健康診断のとき検便もあります。
대변을 본 뒤에 시원하지가 않아요. ▸排便後もすっきりしません。

10日目 🎧010
チェック!
答えは左ページ下

□논란	□눈보라	□단골	□답사
□논술	□눈초리	□단비	□당부
□뇌물	□늑대	□단서	□대머리
□눈곱	□다반사	□단풍	□대변

名詞08

🎧011

□161	**대여**	**貸与**、貸し出し、レンタル 漢 貸与　動 대여하다
□162	**덤**	**おまけ**、景品(경품)
□163	**덧셈** [덛쎔]　★ 더하기	**足し算**、加法 反 뺄셈 引き算、除法
□164	**덩치**	**図体**、体格(체격)
□165	**도량**	**度量** 漢 度量
□166	**도발**	**挑発** 漢 挑発　動 도발하다
□167	**도처**	**至る所**、各地(각지) 漢 到処
□168	**도태**	**淘汰** 漢 淘汰　動 도태되다

Q ことわざ どんな意味？

갈수록 태산
行けば行くほど大きい山

덧(その上に、さらに)＋셈(計算)で덧셈。덧は、덧신(オーバーシューズ)や덧붙이다(付け加える)などにも登場しますよ。

081

한 번에 열 권까지 **대여** 가능합니다. ▸1回10冊までの貸し出しが可能です。
한복 **대여**합니다. ▸韓服レンタルします。

세 개를 사면 한 개를 **덤**으로 준대. ▸3つ買ったら、1つはおまけだって。
양산은 **덤**으로 받은 거예요. ▸日傘は景品としてもらったものです。

덧셈은 몇 학년 때 배우나요? ▸足し算は何年生の時に学びますか？
초등학교 1학년 때 **덧셈**을 배워요. ▸小学校1年生の時に足し算を学びます。

둘째는 **덩치**만 컸지 겁쟁이예요. ▸次男は図体ばかり大きくて、弱虫です。
동생이 형보다 **덩치**가 커요. ▸弟のほうが兄より体格が大きいです。

도량이 넓은 사람이 되고 싶어요. ▸度量の広い人になりたいです。
도량이 작은 사람하고는 사귀기 싫어. ▸度量の狭い人とは付き合いたくない。

일방적인 **도발**이라는 성명을 냈다. ▸一方的な挑発だという声明を出した。
도발적인 질문이라고 비난을 받았다. ▸挑発的な質問だと非難された。

세계 **도처**에서 분쟁이 일어나고 있다. ▸世界の至る所で紛争が起こっている。
전국 **도처**에 구경할 곳이 많아요. ▸全国各地に見どころが多いです。

자연스러운 **도태** 현상으로 이해했다. ▸自然な淘汰現象だと理解した。
경쟁에 밀려서 **도태**될 거라고 했다. ▸競争に追われて淘汰されるだろうと言った。

A ことわざ こたえ 一難去ってまた一難、山また山

名詞08

□ 169
도화지
画用紙
漢 図画紙

□ 170
독백
[독빽]
独り言、独白
漢 独白　動 독백하다

□ 171
독창
独創
漢 独創
音 독창(独唱) ソロ、独唱

□ 172
돋보기
[돋뽀기]
老眼鏡(노안경)、虫眼鏡、ルーペ
同 돋보기안경

□ 173
동안
童顔
漢 童顔
音 동안 間、期間

□ 174
동조
同調
漢 同調　動 동조하다

□ 175
동참
一緒に参加(すること)
漢 同参　動 동참하다

□ 176
동향
動き、動向
漢 動向

11日目 011
チェック!
答えは右ページ下

□ 貸与	□ 度量	□ 画用紙	□ 童顔
□ おまけ	□ 挑発	□ 独り言	□ 同調
□ 足し算	□ 至る所	□ 独創	□ 一緒に参加
□ 図体	□ 淘汰	□ 老眼鏡	□ 動き

도화지와 크레용을 가져갔다. ▸画用紙とクレヨンを持って行った。
미술 시간에 **도화지**에 그림을 그렸다. ▸美術の時間に、画用紙に絵を描いた。

독백을 중얼거리듯 작은 목소리였다. ▸独り言をつぶやくような小さい声だった。
가수는 **독백**하듯 노래했다. ▸歌手は独白するかのように歌った。

소설의 내용이 **독창**적이었다. ▸小説の内容が独創的だった。
독창성을 인정받아 대상을 받았다. ▸独創性が認められ大賞をもらった。

돋보기는 편의점에서는 안 파나? ▸老眼鏡はコンビニでは売ってないかな？
돋보기가 없으면 신문도 못 봐. ▸虫眼鏡がないと新聞も読めないよ。

언니는 **동안**이라서 좋겠어요. ▸姉さんは童顔だから、いいですよね。
동안은 어려 보이잖아. ▸童顔は若く見えるじゃない。

많은 사람들의 **동조**를 얻어냈다. ▸多くの人から同調を得られた。
내 의견에 **동조**하는 사람이 많았다. ▸私の意見に同調する人が多かった。

적극적인 **동참**을 당부드립니다. ▸積極的な参加をお願いいたします。
모금에 **동참**해 달라고 부탁했다. ▸募金に参加してくれるようお願いした。

여론 **동향**을 살폈다. ▸世論の動きをうかがった。
경제 **동향**을 파악해서 보고해. ▸経済の動向を把握して報告するように。

11日目 011
チェック!
答えは左ページ下

□대여	□도량	□도화지	□동안
□덤	□도발	□독백	□동조
□덧셈	□도처	□독창	□동참
□덩치	□도태	□돋보기	□동향

動詞03

□ 177
기다
①**這う** ②**卑屈にふるまう**(俗語)
諺 기는 놈 위에 나는 놈 있다 上には上がある

□ 178
꼬집다
[꼬집따]
①**つねる**、傷つける ②**皮肉を言う**
関 꼬집히다 つねられる

□ 179
꼼지락거리다
[꼼지락꺼리다]
①**ゆっくり動かす** ②**のろのろする**、ぐずぐずする
同 꼼지락대다

□ 180
꾀다
そそのかす、たぶらかす、誘う
類 부추기다 418 類 꼬시다 誘惑する
関 꾀어내다 誘う

□ 181
꿈틀거리다
くねくね動く、うごめく
類 꿈틀대다, 꿈틀하다 諺 지렁이도 밟으면 꿈틀한다 一寸の虫にも五分の魂

□ 182
꿰매다
縫う

□ 183
나무라다
叱る
同 야단치다 (子どもに)叱る

□ 184
날뛰다
暴れる、跳ね上がる、暴れまわる

Q ことわざ どんな意味？ 산 넘어 산 山を越えまた山

꼼지락거리다や꿈틀거리다などの-거리다は、主に擬態語について「同じ動きを繰り返している」ことを表す接尾辞です。

082

아기가 처음으로 **기었어요.** ▸赤ちゃんが初めてはいはいをしました。
권력자 앞에선 설설 **기면서** 말이야. ▸権力者の前ではぺこぺこしているくせに。

여동생이 팔을 **꼬집어서** 아팠다. ▸妹に腕をつねられて、痛かった。
바보 같은 짓을 했다고 **꼬집었다.** ▸馬鹿なことをしたものだと皮肉を言った。

발가락을 **꼼지락거려** 보세요. ▸足の指をゆっくり動かしてみてください。
꼼지락거리지 말고 어서 일어나라. ▸ぐずぐずしないで早く起きなさい。

좋은 돈벌이가 있다고 **꾀었다네.** ▸よい稼ぎがあるとそそのかしたそうよ。
감언으로 **꾀어서** 데려갔다. ▸甘い言葉でたぶらかして連れて行った。
친구를 **꾀어서** 함께 집을 나갔대. ▸友達を誘って一緒に家出したって。

밭에서 **꿈틀거리는** 지렁이를 봤다. ▸畑でくねくねと動くミミズを見た。
내 안에서 뭔가 **꿈틀거리는** 게 있었다. ▸私の中で何かうごめくものがあった。

다쳐서 열 바늘 **꿰맸다.** ▸けがをして 10 針縫ってもらった。
바지의 터진 데를 **꿰매** 달라고 했다. ▸ズボンの破れたところを縫ってくれと言った。

너무 **나무라지** 마세요. ▸あまり叱らないでください。
나무랄 데 없는 청년입니다. ▸非の打ちどころがない青年です。

말이 **날뛰면** 무서워. ▸馬が暴れると怖いよ。
합격 통지를 받고 기뻐서 **날뛰었다.** ▸合格通知に嬉しくて飛び上がった。
비명을 지르며 **날뛰었다고** 한다. ▸悲鳴を上げて暴れ回ったそうだ。

A ことわざ こたえ 一難去ってまた一難、山また山

012

□ 185
내디디다
踏み出す
同 내딛다（내디디다の縮約形）

□ 186
내몰다
①**追いやる** ②（車などを）**飛ばす**
関 내몰리다 追い出される

□ 187
내뱉다
[내밷따]
①**吐く**、吐き出す ②**言い捨てる**
関 한숨을 내뱉다 ため息をつく

□ 188
내쫓다
[내쫃따]
追い払う、追い出す
同 쫓아내다 関 내쫓기다 追い出される

□ 189
내키다
気が向く、気乗りする

□ 190
넘겨짚다
[넘겨집따]
憶測する、当てずっぽうで言う

□ 191
넘쳐흐르다<르>
①（水などが）**あふれ出る**、満ちあふれる
②（力・感情などが）**あふれる**、みなぎる

□ 192
누그러지다
和らぐ、穏やかになる
関 누구러뜨리다 和らげる

12日目 012
チェック!
答えは右ページ下

□ 這う	□ くねくね動く	□ 踏み出す	□ 気が向く
□ つねる	□ 縫う	□ 追いやる	□ 憶測する
□ ゆっくり動かす	□ 叱る	□ 吐く	□ あふれ出る
□ そそのかす	□ 暴れる	□ 追い払う	□ 和らぐ

사회인으로서 첫발을 **내디뎠다.** ▸社会人としての第一歩を踏み出した。
한 걸음을 **내디디는** 게 중요합니다. ▸まず一歩を踏み出すことが重要です。

노동자들을 거리로 **내몰아서는** 안 된다. ▸労働者を街に追いやってはいけない。
전속력으로 차를 **내몰아** 도착했다. ▸全速力で車を飛ばして到着した。

망언을 **내뱉어** 또다시 문제가 됐다. ▸暴言を吐いて、再び問題になった。
숨을 크게 **내뱉어** 보십시오. ▸息を深く吐き出してみてください。
마음대로 하라는 말을 **내뱉고** 집을 나왔다. ▸好きにしろと言い捨てて、家を出た。

반대하는 사람을 **내쫓아** 버렸다고 한다. ▸反対する人を追い払ったそうだ。
집에서 **내쫓아** 버려. ▸家から追い出してしまえ。

내키는 대로 하라고 했다. ▸気の向くままにやりなさいと言った。
마음이 안 **내켜서** 안 갔어. ▸気乗りしなかったから行かなかったの。

잘 모르면서 **넘겨짚지** 마라. ▸よくわからないのに憶測でものを言うな。
넘겨짚어 말하는 버릇은 안 좋아. ▸当てずっぽうで言うくせはよくないよ。

홍수로 강물이 **넘쳐흘렀다.** ▸洪水で川の水があふれ出た。
거리에는 축제 분위기가 **넘쳐흘렀다.** ▸街は祭りの雰囲気で満ちあふれていた。
열정이 **넘쳐흐르는** 감독이었다. ▸情熱あふれる監督だった。

감정이 **누그러질** 때까지 기다리자. ▸気持ちが和らぐまで待ちましょう。
말투가 좀 **누그러진** 듯했다. ▸口調がやや穏やかになった気がした。

12日目 012
チェック!
答えは左ページ下

□기다	□꿈틀거리다	□내디디다	□내키다
□꼬집다	□꿰매다	□내몰다	□넘겨짚다
□꼼지락거리다	□나무라다	□내뱉다	□넘쳐흐르다
□꾀다	□날뛰다	□내쫓다	□누그러지다

動詞04

🎧 013

□ 193
다그치다

急き立てる、急かせる、迫る

□ 194
다다르다<으>

至る、到着する、たどり着く
類 이르다<러> 至る

□ 195
닳다
[달타]

すり減る
慣 입이 닳도록 口が酸っぱくなるほど 慣 귀가 닳도록 耳にタコができるほど 慣 발이 닳도록 足しげく

□ 196
대들다

歯向かう、食ってかかる

□ 197
덮치다
[덥치다]

襲う
諺 엎친 데 덮치다 泣きっ面にハチだ、踏んだり蹴ったりだ

□ 198
데치다

ゆがく、茹でる

□ 199
도려내다

えぐる、くり抜く、切り取る
慣 가슴을 도려내다 胸をえぐる

□ 200
도맡다
[도맏따]

(全部)**引き受ける**
類 떠맡다 (仕方なく)引き受ける
類 맡다 (仕事を)引き受ける

Q ことわざ どんな意味？ 울며 겨자 먹기 泣きながら辛子を食べること

語幹末に르があるが으変則用言に属するものには、다다르다や따르다(従う、注ぐ)などがあります。

083

자백하라고 피의자를 **다그쳤다**. ▸自白しろと被疑者を急き立てた。
아이를 너무 **다그치지** 마세요. ▸子どもをあまり急かせないでください。
양자택일을 하라고 **다그쳤다**. ▸二者択一しろと迫った。

경제발전은 한계에 **다다른** 듯하다. ▸経済発展は限界に至ったようだ。
종착역에 **다다른** 열차가 멈춰 섰다. ▸終着駅に到着した列車が止まった。
한 시간을 걸어 목적지에 **다다랐다**. ▸1時間歩いて目的地にたどり着いた。

구두 굽이 **닳아서** 수선을 맡겼다. ▸靴のかかとがすり減って修理に出した。
코트 소매 끝이 **닳았네**. ▸コートの袖口がすり切れたよ。

함부로 **대들지** 말라고 엄마한테 혼났다. ▸むやみに歯向かうなと母に叱られた。
아버지에게 **대든** 적이 있다. ▸父に食ってかかったことがある。

쓰나미가 **덮칠** 수도 있다. ▸津波に襲われることもあり得る。
주식시장에도 공포가 **덮쳤다**. ▸株式市場にも恐怖が襲った。

채소를 **데쳐서** 무쳤다. ▸野菜をゆがいてあえ物にした。
시금치는 살짝 **데쳐** 주세요. ▸ほうれん草は軽く茹でてください。

심장을 **도려낸** 듯한 아픔을 경험했다. ▸心臓をえぐるような痛みを経験した。
사과의 상한 곳을 **도려냈다**. ▸リンゴの傷んだところをくり抜いた。
암을 **도려내는** 수술을 받았다. ▸がんを切り取る手術を受けた。

회계 일은 **도맡아** 했다. ▸会計の仕事は全部引き受けていた。
도맡아서 하기는 어렵겠어요. ▸全部引き受けてやるのは厳しそうです。

A ことわざ こたえ 嫌なことをやむを得ずすること

動詞04

013

□ 201
도모하다
図る
漢 図謀--

□ 202
돋보이다
[돋뽀이다]
見栄えがする、際立つ

□ 203
동떨어지다
かけ離れる、隔たる

□ 204
두둔하다
かばう、ひいきする

□ 205
두르다<ㄹ>
①(マフラーなどを)**巻く**、巻き付ける
②(油を)**引く**

□ 206
두리번거리다
きょろきょろする
副 두리번두리번 きょろきょろ
同 두리번대다

□ 207
둘러대다
言い繕う

□ 208
뒤집어쓰다<으>
①(すっぽりと)**かぶる**
②(責任を)**押し付けられる**
③(液体などを)**かぶる**、浴びる

13日目 013
チェック!
答えは右ページ下

□ 急き立てる	□ 襲う	□ 図る	□ 巻く
□ 至る	□ ゆがく	□ 見栄えがする	□ きょろきょろする
□ すり減る	□ えぐる	□ かけ離れる	□ 言い繕う
□ 歯向かう	□ 引き受ける	□ かばう	□ かぶる

주민의 편리를 **도모하기** 위한 개선책.
친목을 **도모하는** 모임이에요.

▸住民の便利を図るための改善策。
▸親睦を図る集まりです。

이 원피스가 **돋보이잖아**.
아름다움과 강인함이 **돋보인** 연출이었다.

▸このワンピース、見栄えがするでしょ？
▸美しさと強さが際立った演出だった。

그건 좀 현실과 **동떨어진** 것 같다.
일상과는 **동떨어진** 공간이었다.

▸それは少し現実とかけ離れているようだ。
▸日常とはかけ離れた空間だった。

내 편이 되어 **두둔해** 준 건 과장님뿐이다.
할아버지는 형아만 **두둔한다**.

▸私の味方になってかばってくれたのは課長だけだ。
▸祖父はお兄ちゃんだけひいきする。

추우니까 목도리를 **두르고** 나가라.
앞치마를 **두르고** 설거지를 했다.
먼저 프라이팬에 기름을 **둘러야지**.

▸寒いから、マフラーを巻いて出かけて。
▸エプロンをして洗い物をした。
▸まず、フライパンに油を引かないと。

아이는 신기한 듯 **두리번거렸다**.
주변을 **두리번거리며** 걸어갔다.

▸子どもが物珍しそうにきょろきょろした。
▸周りをきょろきょろしながら歩いた。

자신은 모르는 일이라고 **둘러댔다**.
황급히 **둘러대고** 자리를 떴다.

▸自分は知らないことだと言い繕った。
▸あわてて言い繕ってその場を離れた。

모자를 푹 **뒤집어쓰고** 걸었다.
남의 죄를 **뒤집어쓰게** 됐다네.
길을 가다가 물을 **뒤집어썼대**.

▸帽子を深くかぶって歩いた。
▸人の罪をかぶることになったそうよ。
▸道を歩いていて水をかぶったんだって。

13日目 013
チェック!
答えは左ページ下

□다그치다
□다다르다
□닳다
□대들다
□덮치다
□데치다
□도려내다
□도맡다
□도모하다
□돋보이다
□동떨어지다
□두둔하다
□두르다
□두리번거리다
□둘러대다
□뒤집어쓰다

形容詞02

🎧 014

□ 209
궂다
天気が悪い、忌まわしい
関 궂은일 嫌な仕事、嫌なこと

□ 210
그럴싸하다
★ 그럴사하다
もっともらしい

□ 211
까칠하다
①**かさかさしている**、つやがない
②(性格が)**とげとげしい**、気難しい
動 까칠해지다

□ 212
깍듯하다
[깍뜨타다]
(極めて)**礼儀正しい**、丁重だ(정중하다)
副 깍듯이 丁重に

□ 213
꺼림칙하다
[꺼림치카다] ★ 꺼림직하다
①**気が進まない**
②**なんとなく忌まわしい**、嫌な感じがする

□ 214
꼼꼼하다
几帳面だ、抜け目がない

□ 215
꿋꿋하다
[꾿꾸타다]
屈しない、気丈だ
副 꿋꿋이 気丈に

□ 216
나직하다
[나지카다] ★ 라직하다
やや低い、低めである
同 나지막하다 副 나직이 やや低く

Q ことわざ どんな意味？ 개천에서 용 난다 どぶで龍が生まれる

ドラマなどで耳にする까칠한 남자や까칠한 여자は、「繊細で少し気難しい性格の持ち主」という意味です。

084

일주일 내내 **궂은** 날씨가 이어졌다.	▶1週間ずっと悪い天気が続いた。
궂은일도 마다치 않고 도와줬다.	▶面倒なことも嫌がらず手伝ってくれた。
그럴싸한 거짓말에 속아 넘어갈 뻔했다.	▶もっともらしい嘘に騙されるところだった。
그럴싸한 핑계를 대고 거절했다.	▶もっともらしい言い訳をして断った。
겨울이면 손이 **까칠해져요.**	▶冬になると、手がかさかさになります。
아들이 **까칠한** 성격이라 걱정돼.	▶息子が気難しい性格で心配だわ。
깍듯한 태도가 마음에 들었다.	▶礼儀正しい態度が気に入った。
손님에게는 **깍듯하게** 대하라고 했다.	▶お客さんには丁重に接するようにと言った。
혼자 가기엔 좀 **꺼림칙했다.**	▶一人で行くのは少し気が進まなかった。
왠지 **꺼림칙한** 느낌이 들었다.	▶なんとなく嫌な感じがした。
A형은 **꼼꼼한** 사람이 많다잖아.	▶A型は几帳面な人が多いと言うじゃない。
일을 **꼼꼼하게** 잘한답니다.	▶抜け目なく仕事ができるそうです。
꿋꿋하게 혼자서 살아야겠다.	▶屈せず一人で生きていかなきゃ。
힘든 시간을 **꿋꿋하게** 잘 버텨냈다.	▶つらい時間を気丈に耐えてきた。
멀리 **나직한** 언덕이 눈에 들어왔다.	▶遠くにやや低い丘が目に入った。
누군가 **나직한** 목소리로 중얼거렸다.	▶誰かが低い声でつぶやいた。

A ことわざ こたえ　トンビが鷹を生む

形容詞02

□ 217
나태하다
★ 라태하다

怠惰だ、怠慢だ
漢 懶怠--　動 나태해지다
反 근면하다 勤勉だ

□ 218
난감하다

困り果てる
漢 難堪--　動 난감해하다

□ 219
느긋하다
[느그타다]

ゆったりしている
副 느긋이 ゆったりと

□ 220
느슨하다

緩んでいる、緩い、たるんでいる
動 느슨해지다

□ 221
당찮다
[당찬타]

不当だ(부당하다)、とんでもない、もってのほかだ
漢 当---　同 당치않다, 당치도 않다
類 가당찮다 098

□ 222
대수롭다<ㅂ>
[대수롭따]

大したことだ、(否定表現とともに用いて)大したことではない、取るに足らない
漢 大---

□ 223
더디다

遅い、のろい
反 빠르다

□ 224
도도하다

気位が高い、高慢だ
類 거만하다 105
音 도도하다(滔滔--) 勢いよく流れる

14日目 014
チェック!
答えは右ページ下

□ 天気が悪い
□ もっともらしい
□ かさかさしている
□ 礼儀正しい
□ 気が進まない
□ 几帳面だ
□ 屈しない
□ やや低い
□ 怠惰だ
□ 困り果てる
□ ゆったりしている
□ 緩んでいる
□ 不当だ
□ 大したことだ
□ 遅い
□ 気位が高い

학생 때는 **나태한** 생활을 보냈었다. ▸学生のときは怠慢な生活を送っていた。
나태해지지 않도록 경계하자. ▸怠慢にならないように心がけよう。

담당자는 **난감한** 표정을 지었다. ▸担当者は困り果てた表情を浮かべた。
당장은 어렵겠다며 **난감해했다.** ▸すぐには難しいと、困り切っていた。

오랜만의 **느긋한** 아침이었어요. ▸ひさしぶりのゆったりとした朝でした。
좀 **느긋하고** 여유롭게 살고 싶다. ▸少しゆったりして余裕のある暮らしがしたい。

단속이 **느슨한** 게 문제예요. ▸取り締まりが緩んでいるのが問題です。
신발 끈을 좀 **느슨하게** 매지 그래. ▸靴の紐を少し緩く結んだら？
느슨해진 마음을 다잡았다. ▸たるんだ気持ちを引き締めた。

믿을 수 없는 **당찮은** 판결입니다. ▸信じられない不当な判決です。
당찮은 비판이라고 일축했다. ▸とんでもない批判だと退けた。

대수로운 일도 아닌데 왜 그래? ▸大したことでもないのにどうした？
정말 **대수롭지** 않은 문제입니까? ▸本当に取るに足らない問題ですか？

생각보다 회복이 **더디다고** 하네. ▸思ったより回復が遅いと言われた。
일은 좀 **더디지만** 정확합니다. ▸仕事はちょっとのろいけど、正確です。

'**도도하다**'와 '고상하다'는 뭐가 다르지? ▸「気位が高い」と「気高い」は何が違うのかな？
도도하지만 미워할 수 없는 친구다. ▸高慢だけど、憎めない子だ。

14日目 014
チェック！
答えは左ページ下

- □ 궂다
- □ 그럴싸하다
- □ 까칠하다
- □ 깍듯하다
- □ 꺼림칙하다
- □ 꼼꼼하다
- □ 꿋꿋하다
- □ 나직하다
- □ 나태하다
- □ 난감하다
- □ 느긋하다
- □ 느슨하다
- □ 당치않다
- □ 대수롭다
- □ 더디다
- □ 도도하다

力試しドリル

(　　)안에 들어갈 말로 가장 알맞은 것을 하나 고르십시오.

---

1. 그쪽에서 계약하려는 (　　)를/을 보이면 바로 연락해 줘.
①기색　②안색　③분위기　④기승

2. 할아버지한테 (　　)를/을 사는 말은 하면 안 된다.
①화　②노여움　③신경질　④짜증

3. 도움을 받을 생각은 애초부터 (　　)만큼도 없었습니다.
①귀지　②손가락　③눈곱　④배꼽

4. 아주 생각이 올바르고 (　　) 데가 없는 청년입니다.
①꼬집을　②야단칠　③야단맞을　④나무랄

5. 생일 파티에 오라는데 영 마음이 (　　) 안 가려고.
①안 내켜서　②안 생겨서　③안 들어서　④없어서

6. 지금까지 어려운 환경에서도 (　　) 잘 살아줘서 고맙다.

①단단히　②분명히　③꿋꿋이　④느긋이

7. A : (　　) 날씨에도 이렇게 찾아주셔서 정말 고맙습니다.

B : 후배는 (　　) 일도 마다 않고 도와주었다.

C : 장마가 들어 (　　) 날이 이어질 때는 건강에 특히 유의해야 한다.

①까칠한　②궂은　③힘든　④습한

8. A : 취직하라는 얘기는 귀가 (　　) 들었어.

B : 엄마가 여태까지 입이 (　　) 말했잖아.

C : 계약을 위해 구두 굽이 다 (　　) 돌아다녔다.

①닳도록　②해지도록　③아프도록　④달도록

解答・解説

1. ①

【日本語訳】先方のほうで契約しようとする(気配)を見せたら、すぐ連絡してね。

①気配　②顔色　③雰囲気　④猛威

2. ②

【日本語訳】おじいさんに(怒り)を買うようなことは言ってはいけない。

①怒り　②怒り　③神経質　④かんしゃく

Point 노여움을 사다で「(目上の人に)怒りを買う」「怒りに触れる」。화를 사다という表現はないので②が正解。

3. ③

【日本語訳】助けてもらう気は、初めから(微塵)もありません。

①耳垢　②(手の)指　③目やに　④へそ

Point 눈곱만큼도 없다で「微塵もない」。

4. ④

【日本語訳】非常に考えがまっとうで(非の打ち)どころがない青年です。

①皮肉る　②叱りつける　③叱られる　④叱る

Point 나무랄 데가 없다で「非の打ちどころがない」。

5. ①

【日本語訳】誕生日パーティーに来いと言われたが、全く(気が進まなく)行かないと思う。

①気が進まないので　②できないので　③要らないので　④ないので

Point 마음이 내키다で「気が進む」「気が向く」「気が乗る」。

6. ③

【日本語訳】今まで経済的に厳しい環境の中でも(屈せず)、ちゃんと生きてくれてありがとう。

①しっかりと　②はっきりと　③屈せず　④ゆったりと

7. ②

【日本語訳】A：(悪)天候でもこのようにいらしてくださり、本当にありがとうございます。B：後輩は(嫌な)仕事もいとわず手伝ってくれた。C：梅雨に入って(天気の悪い)日が続くときは健康に留意しなければならない。

①気難しい　②天気が悪い、忌わしい　③ひどい　④じめじめしている

Point すべての(　　)に入るのは②。なお、Aには②、Bには②③、Cには②④が可能。

8. ①

【日本語訳】A:就職しろという話は耳に(タコができるほど)聞いた。B:ママが今まで口が(酸っぱくなるほど)言ったでしょ？ C：契約のために靴のかかとがすっかり(すり減るまで)歩き回った。

①すり減るほど　②すり減る(着古す)ほど　③痛いほど　④熱くなるほど

Point すべての(　　)に入るのは①。なお、Aには①③、Bには①③、Cには①が可能。

キクタン韓国語

3週目

✓学習したらチェック!

- ■ 15日目 名詞 09 [ㄷ - ㅁ]
- ■ 16日目 名詞 10 [ㅁ]
- ■ 17日目 名詞 11 [ㅁ]
- ■ 18日目 名詞 12 [ㅁ - ㅂ]
- ■ 19日目 動詞 05 [ㄷ - ㅁ]
- ■ 20日目 動詞 06 [ㅁ - ㅂ]
- ■ 21日目 形容詞 03 [ㄷ - ㅁ]

'야호' 하는 메아리가 들려왔다.

（例文の意味は 251 参照）

名詞09

□ 225
두께
厚さ、厚み
関 두껍다 厚い

□ 226
두드러기
じんましん

□ 227
뒤통수
後頭部
慣 뒤통수를 치다 裏切る、뒤통수를 맞다 裏切られる

□ 228
뒷걸음
[뒫꺼름] ★ 뒤걸음
①**後ずさり**、しり込み ②**後退**(후퇴)
同 뒷걸음질

□ 229
등골
[등꼴]
背骨、背筋
慣 등골이 빠지다 骨身を削る

□ 230
등기
①**登記** ②**書留**
動 등기하다 登記する 関 등기부 登記簿

□ 231
등대
灯台
漢 灯台

□ 232
디딤돌
[디딤똘]
①**踏み石**、飛び石 ②(比ゆ的に)**土台**(토대)
動 디디다 踏む

Q ことわざ どんな意味？ 엎어지면 코 닿을 데 前に倒れると鼻がつく所

두드러지다は「盛り上がって突き出す」。두드러기は「盛り上がって突き出すもの」→「じんましん」。

🎧 085

일일이 **두께**를 재어 봤다.
유리 **두께**가 꽤 있는 듯이 보였다.

▸1つひとつ厚さを測ってみた。
▸ガラスの厚みはけっこうあるように見えた。

등에 빨간 **두드러기**가 돋았네.
두드러기가 생겨 병원에 갔다.

▸背中に赤いじんましんが出てきたわ。
▸じんましんができて病院に行った。

뒤통수가 좀 부은 것 같아요.
뒤통수 미인이라는 말을 아세요?

▸後頭部がちょっと腫れたようです。
▸後頭部美人（後ろ姿美人）という言葉をご存知ですか？

상대방의 기백에 밀려 **뒷걸음**을 쳤다.
판매량은 전년도에 비해 **뒷걸음**질 쳤다.

▸相手の気迫に押されて後ずさりした。
▸売れ行きは前年度に比べて後退した。

평생 **등골**이 빠지게 일해 왔다.
공포심으로 **등골**이 오싹해졌다.

▸一生骨身を削って働いてきた。
▸恐怖心で背筋がぞっとした。

집을 사면 **등기**를 해야 된다.
우편물은 **등기**로 보내려고요.

▸家を買ったら、登記をしなければならない。
▸郵便物は書留で送ろうと思いまして。

멀리 **등대**의 불빛이 보였다.
등대 밑이 어둡다고 하잖아.

▸遠くに灯台の明かりが見えた。
▸「灯台下暗し」と言うじゃない。

평화로 가는 **디딤돌**이 될 것이다.
교육정책의 **디딤돌**은 그때 만들어졌다.

▸平和への踏み石になるだろう。
▸教育政策の土台はあの時に作られた。

A ことわざ こたえ 目と鼻の先

名詞09

🎧 015

☐ 233
땀띠
あせも

☐ 234
또래
同年代、同年配

☐ 235
뜨개질
編むこと、編み物
動 뜨개질하다

☐ 236
뜸
灸
関 뜸을 뜨다 灸を据える(比ゆ的な意味はない)

☐ 237
립싱크
[립씽크]
口パク、リップシンク
動 립싱크하다

☐ 238
링거
★ 점적주사
点滴

☐ 239
마당발
顔が広い人
慣 발이 넓다 顔が広い

☐ 240
마음가짐
心構え

15日目 🎧015
チェック!
答えは右ページ下

☐ 厚さ	☐ 背骨	☐ あせも	☐ 口パク
☐ じんましん	☐ 登記	☐ 同年代	☐ 点滴
☐ 後頭部	☐ 灯台	☐ 編むこと	☐ 顔が広い人
☐ 後ずさり	☐ 踏み石	☐ 灸	☐ 心構え

올여름은 **땀띠**로 고생했어.
요즘 **땀띠**가 생겨서 고민입니다.

▸今年の夏はあせもで大変だった。
▸最近あせもができて悩んでいます。

팀장님도 저랑 같은 **또래**예요.
직장에 제 **또래**가 많은 편이에요.

▸チームリーダーも私と同年代です。
▸職場には私と同年配の人が多いほうです。

저희 어머니는 **뜨개질**이 취미예요.
저도 **뜨개질**을 배우고 싶어요.

▸うちの母は編み物が趣味です。
▸私も編み物が習いたいです。

뜸을 뜨고 나니까 좀 괜찮아졌다.
뜸자리가 좀 빨개졌다.

▸灸を据えてから、ちょっとましになった。
▸灸を据えた場所がちょっと赤くなった。

목이 부어서 **립싱크**로 했다네.
콘서트에서 **립싱크**하는 경우도 있어?

▸喉が腫れて口パクしたんだってよ。
▸コンサートで口パクする場合もあるの？

링거 치료를 받겠느냐고 물었다.
병원에서 **링거**를 맞고 왔다.

▸点滴治療を受けたいのかと聞かれた。
▸病院で点滴を打ってもらってきた。

선배는 **마당발**이라고 소문났던데?
동기 중에 제일 **마당발**이야.

▸先輩は顔が広いと噂になっているよ。
▸同期の中で一番顔が広いよ。

마음가짐을 단단히 갖도록 해라.
마음가짐이 제일 중요해.

▸しっかりとした心構えを持つように。
▸心構えが一番大事だよ。

15日目　015
チェック!
答えは左ページ下

□두께	□등골	□땀띠	□립싱크
□두드러기	□등기	□또래	□링거
□뒤통수	□등대	□뜨개질	□마당발
□뒷걸음	□디딤돌	□뜸	□마음가짐

名詞10

016

□ 241
막노동
[망노동] ★ 막로동

建設現場の労働、肉体労働(육체노동)
類 막일[망닐] 動 막노동하다
関 막노동자, 막노동꾼

□ 242
막판
終局、土壇場
関 막판이다 破れかぶれだ

□ 243
말꼬리
言葉の終わり、言葉尻
反 말머리 言葉の頭、話の糸口

□ 244
말썽
もめ事
関 말썽꾸러기 困り者

□ 245
망신
恥さらし、赤恥
漢 亡身 形 망신스럽다
関 망신을 주다 恥をかかせる

□ 246
매듭
結び目、結末
慣 매듭을 짓다 けじめをつける、けりをつける

□ 247
매진
売り切れ
漢 売尽 動 매진되다 売り切れる

□ 248
맹물
① **真水**、生水(생수)
② **味気ない人**、つまらない人

Q ことわざ どんな意味？ 빛 좋은 개살구 色のきれいなマンシュウアンズ

막판の막は「最後」という意味の接頭辞。この仲間には막차(終電)、막내(末っ子)もありますよ。

🎧 086

여름 방학에 **막노동**을 할 예정이다. ▸夏休みに建設現場で働く予定だ。
막노동을 했더니 온몸이 쑤셨다. ▸肉体労働をしたら、全身が痛かった。

막판까지 치열한 협상을 벌였다. ▸最後まで熾烈な交渉を繰り広げた。
막판에 뒤통수를 쳤다네. ▸土壇場で裏切ったそうよ。

분명히 말하지 않고 **말꼬리**를 흐렸다. ▸はっきりと言わず、言葉を濁した。
말꼬리를 잡아서 비판했다. ▸言葉尻をとらえて、批判した。

또 **말썽**을 일으켰다고? ▸またもめ事を起こしたって?
말썽만 피우다간 혼난다. ▸もめ事ばかり起こしていたら、叱られるよ。

집안 **망신**이라며 큰아버지가 화를 냈다. ▸家の恥さらしだと、おじが怒った。
망신을 당한 적이 있다. ▸赤恥をかいたことがある。

매듭을 간단하게 푸는 법 좀 알려 줘. ▸結び目を簡単に解く方法を教えて。
이 문제는 이쯤에서 **매듭**을 지읍시다. ▸この問題はこの辺でけりをつけましょう。

저기에 **매진**이라고 쓰여 있잖아. ▸あちらに売り切れと書いてあるじゃない。
표가 벌써 **매진**됐다네. ▸チケットがもう売り切れになったってさ。

보리차가 없는데 **맹물**이라도 괜찮니? ▸麦茶はないんだけど、生水でもいい?
그 친구, 아주 **맹물**이더라고. ▸あの人、まったく味気のない人だったよ。

A ことわざ こたえ 見かけ倒し、食わせ物

名詞10

016

□ 249
맹세
誓い、誓約(서약)
動맹세하다 誓う　副맹세코 誓って、断然

□ 250
먹구름
[먹꾸름]
雨雲、黒雲
類비구름 雨雲

□ 251
메아리
やまびこ、こだま
動메아리치다 こだまする

□ 252
면도
①**ひげそり**　②**かみそり**
漢面刀　類면도칼 かみそり
動면도하다 ひげをそる

□ 253
면모
①**面貌**、顔つき　②**様子**、姿
漢面貌

□ 254
멸시
[멸씨]
蔑視、軽視(경시)
漢蔑視　動멸시하다
関멸시를 당하다 さげすまれる

□ 255
멸치
カタクチイワシ、煮干し、じゃこ
関마른 멸치 煮干し
関멸치액젓 カタクチイワシの魚醤

□ 256
명색
名目(명목)、名、肩書き
漢名色

16日目 016
チェック!
答えは右ページ下

□建設現場の労働	□恥さらし	□誓い	□面貌
□終局	□結び目	□雨雲	□蔑視
□言葉の終わり	□売り切れ	□やまびこ	□カタクチイワシ
□もめ事	□真水	□ひげそり	□名目

사랑의 **맹세**는 이제 사라졌네. ▸愛の誓いはもう消え去った。
맹세를 했건만 결국 못 지키게 됐다. ▸誓約をしたのに、結局守れなくなった。

오후부터 **먹구름**이 몰려왔다. ▸午後から雨雲が押しよせてきた。
의혹이 **먹구름**처럼 번져나갔다. ▸疑惑が黒雲のように広がった。

'야호'하는 **메아리**가 들려왔다. ▸「ヤッホー」というやまびこが聞こえた。
너의 이름이 **메아리**가 되어 울린다. ▸君の名前がこだまになって響く。

매일 아침 **면도**를 해야 한다. ▸毎朝、ひげをそらなければならない。
면도기를 새로 사 줬다. ▸ひげそりを新しく買ってあげた。

최강의 선수다운 **면모**를 과시했다. ▸最強の選手らしい面貌を誇示した。
겨우 새 정부의 **면모**가 갖춰졌다. ▸やっと新政府の顔が揃った。
도시의 **면모**를 일신하겠다고 약속했다. ▸都市の姿を一新すると約束した。

멸시를 견디지 못해 회사를 나왔대. ▸蔑視に耐えられず会社を辞めたって。
인문학을 **멸시**하는 경향이 있다. ▸人文学を軽視する傾向がある。

멸치액젓이 들어간 김치가 맛있어. ▸カタクチイワシの魚醤が入ったキムチがおいしいよ。
멸치 국물이 최고네요. ▸煮干しの出汁が最高ですね。
멸치조림을 만들어 봤어요. ▸じゃこ煮を作ってみました。

명색뿐인 임금 인상이었다. ▸名目だけの賃上げだった。
권한도 없고 **명색**뿐인 사장이야. ▸権限もなく名ばかりの社長だよ。
이래 봬도 **명색**이 대표이사인데. ▸こう見えても肩書は代表取締役だけど。

16日目 016
チェック!
答えは左ページ下

□막노동	□망신	□맹세	□면모
□막판	□매듭	□먹구름	□멸시
□말꼬리	□매진	□메아리	□멸치
□말썽	□맹물	□면도	□명색

名詞11

□ 257
명성
名声
漢 名声

□ 258
모녀
母と娘
漢 母女　関 부녀 父と娘

□ 259
모래사장
砂浜、砂原
漢 --砂場　同 백사장

□ 260
모서리
隅、角、コーナー
類 모퉁이 角

□ 261
모이
鳥のえさ、飼料(사료)

□ 262
모자[2]
母と子、母と息子
漢 母子　関 부자 父と息子
音 모자[1] 帽子〔初級編490〕

□ 263
모친
母親
漢 母親　関 부친 父親

□ 264
목덜미
[목떨미]
首筋、襟首
同 뒷덜미

Q ことわざ どんな意味？　목구멍이 포도청　喉が捕盗庁

모서리の모は、세모(三角)、네모(四角)の모。角を表します。
모나다(角が立つ)もあわせて覚えておきましょう。

087

전문가로서 **명성**을 얻게 되었다. 이전에 **명성**을 떨치던 인물이래.	▸専門家として名声を得ることになった。 ▸以前、名声を博していた人物だって。
모녀는 사이좋은 친구 같았다. **모녀** 사이가 부럽네.	▸お母さんと娘さんは仲の良い友達のようだった。 ▸お母さんと娘さんの仲がうらやましい。
모래사장에서 친구들과 놀았다. 아름다운 **모래사장**을 산책했다.	▸砂浜で友人たちと遊んだ。 ▸美しい砂原を散歩した。
오른쪽 **모서리**에 앉아 있어요. 다음 **모서리**를 왼쪽으로 돌아 주세요. 식탁 **모서리**에 부딪혀 멍이 들었다.	▸右側の隅に座っています。 ▸次の角を左に曲がってください。 ▸食卓の角にぶつけてあざができた。
새 **모이**로는 뭐가 좋아요? 좁쌀을 닭 **모이**로 줘도 되나요?	▸鳥のえさは何がいいですか？ ▸粟を鶏の飼料として与えてもいいですか。
모자간에 무슨 문제라도 있니? **모자**간에 싸운 모양이에요.	▸母子間に何か問題でもある？ ▸お母さんと息子さんがけんかをしたようです。
모친은 당시 유치원을 경영했어요. **모친**께서는 뭐라고 하시던가요?	▸母親は当時、幼稚園を経営していました。 ▸お母さんは何とおっしゃっていましたか？
목덜미가 당기고 좀 아프네요. 상대방의 **목덜미**를 잡고 강하게 밀었다.	▸首筋が突っ張って、ちょっと痛いんです。 ▸相手の襟首をつかんで強く押した。

A ことわざ こたえ

食べて生きてゆくためには
悪いこともせざるを得ない

名詞11

🎧017

□265
목돈
[목똔] ★ 묵돈

まとまったお金
類 뭉칫돈 まとまったお金、大金 反 푼돈 795

□266
목수
[목쑤]

大工
漢 木手

□267
목청

① **声帯** ② **声**
関 목청껏 あらん限りの声で

□268
몰상식
[몰쌍식]

非常識
漢 没常識 形 몰상식하다
類 몰지각(没知覚) 無分別

□269
몸가짐

身だしなみ、物腰
類 몸놀림 身のこなし

□270
몸부림

① **もがくこと**、あがき ② **寝返り**
動 몸부림치다 もがく

□271
몸통

① **胴体**(동체)、ボディー
② (比ゆ的に) **根幹**(근간)、本質

□272
무안

恥ずかしいこと、合わせる顔がないこと
漢 無顔 形 무안하다 恥ずかしい

17日目 🎧017
チェック!
答えは右ページ下

□名声	□鳥のえさ	□まとまったお金	□身だしなみ
□母と娘	□母と子	□大工	□もがくこと
□砂浜	□母親	□声帯	□胴体
□隅	□首筋	□非常識	□恥ずかしいこと

목돈이 생기면 뭐 할 건데?
목돈으로 은행 대출금을 갚았다.

▸まとまった金が入ったら何がしたい？
▸まとまったお金で銀行のローンを返済した。

일 잘하는 **목수**로 유명했다.
아는 **목수**가 있으면 소개해 줘.

▸腕のいい大工として有名だった。
▸知り合いの大工がいたら紹介してね。

공연 전에 **목청**을 가다듬었다.
절대 안 된다며 **목청**을 높였다.

▸公演前に声帯を整えた。
▸絶対だめだと、声を張り上げた。

누가 **몰상식**이라고 했나요?
국회에서 **몰상식**한 일이 벌어졌다.

▸誰が非常識だと言ったんですか？
▸国会で非常識なことが繰り広げられた。

몸가짐을 단정히 하고 앉았다.
몸가짐이나 말투도 정중했다.

▸身だしなみを整えて座った。
▸物腰や言葉遣いも丁寧だった。

이제 **몸부림**을 쳐도 어쩔 수 없다.
잠잘 때 **몸부림**을 심하게 치는 아이.

▸今さらもがいても仕方ない。
▸寝ている時、寝返りがひどい子ども。

로봇의 **몸통**을 좀 더 작게 만들어.
사건의 **몸통**은 다른 데 있다고 한다.

▸ロボットのボディーをもう少し小さくして。
▸事件の本質は違うところにあるそうだ。

남 앞에서 **무안**을 주지 마세요.
무안을 당하는 사람의 입장도 생각해.

▸人前で恥をかかせないでください。
▸恥をかかされた人の立場も考えないと。

17日目 017
チェック!
答えは左ページ下

□ 명성　□ 모이　□ 목돈　□ 몸가짐
□ 모녀　□ 모자　□ 목수　□ 몸부림
□ 모래사장　□ 모친　□ 목청　□ 몸통
□ 모서리　□ 목덜미　□ 몰상식　□ 무안

名詞12

□ 273
무좀
水虫
関좀 シミ(虫の名前)　関좀먹다 むしばむ
関좀약 ナフタリン

□ 274
문병
(病気)**見舞い**
漢問病

□ 275
문신
刺青、タトゥー
漢文身

□ 276
물의
[무리]
物議
漢物議

□ 277
물집
[물찝]
水ぶくれ、まめ

□ 278
미꾸라지
ドジョウ
同추어(鰍魚)

□ 279
미끼
えさ、おとり
慣미끼로 삼다 だしに使う

□ 280
민심
民心、民衆の支持
漢民心

Q ことわざ どんな意味？　뚝배기보다 장맛이 좋다　器より味噌がよい

미꾸라지は미끄럽다(滑る)と関連付けて覚えるといいですよ。미끌미끌하다(つるつるしている)も面白い響きですね。

088

무좀은 옮으니까 조심해. ▸水虫は移るから、気を付けて。
발톱 **무좀**이 다 나았대요. ▸爪水虫がすっかり治ったんですって。

삼촌이 입원하셔서 **문병**을 갔다 왔다. ▸おじが入院して、見舞いに行ってきた。
문병 시간은 정해져 있었다. ▸お見舞いの面会時間は決まっていた。

눈썹 **문신**을 하는 사람이 많대. ▸眉に刺青をする人が多いそうよ。
팔에 나비 모양의 **문신**을 새겼다. ▸腕に蝶柄のタトゥーを入れた。

큰 **물의**를 빚을 것 같습니다. ▸大きな物議を醸しそうです。
물의를 일으켜 죄송합니다. ▸物議を醸して、申し訳ございません。

덴 데에 **물집**이 생겼다면서? ▸やけどしたところに水ぶくれができたって?
하루 종일 걸었더니 발에 **물집**이 생겼다. ▸1日中歩いたら、足にまめができた。

미꾸라지로 추어탕을 끓였어요. ▸ドジョウでドジョウ汁を作りました。
미꾸라지같이 잘도 빠져나가네. ▸ドジョウのようによくも逃げたな。

낚시에 쓸 **미끼**를 사러 갔다. ▸釣りに使うえさを買いに行った。
경찰이 **미끼** 수사를 했다고 한다. ▸警察がおとり捜査をしたそうだ。

먼저 **민심**을 수습해야 한다. ▸先に民心を収拾しなければならない。
민심을 얻을 수 있을까? ▸民衆の支持を得られるだろうか?

A ことわざ こたえ 見かけより中身

名詞12

018

□ 281
밀물
満ち潮
同 만조(満潮)　反 썰물 498

□ 282
밑천
[믿천]
元手、元金、資本(자본)

□ 283
박살
[박쌀]
粉々になること

□ 284
박탈
剝奪、奪う事
漢 剝奪　動 박탈하다
動 박탈당하다 奪われる

□ 285
반창고
絆創膏
漢 絆創膏

□ 286
발꿈치
かかと
類 발뒤꿈치 かかとの履き物が当たる部分

□ 287
발버둥
地団駄、じたばたすること、もがき
同 발버둥이

□ 288
발뺌
言い逃れ、言い訳、弁明(변명)
動 발뺌하다

18日目　018
チェック!
答えは右ページ下

□ 水虫	□ 水ぶくれ	□ 満ち潮	□ 絆創膏
□ 見舞い	□ ドジョウ	□ 元手	□ かかと
□ 刺青	□ えさ	□ 粉々になること	□ 地団駄
□ 物議	□ 民心	□ 剝奪	□ 言い逃れ

밀물이 들어올 때는 길이 잠긴대. ▸満ち潮の時は道が隠れるって。
문득 옛 생각이 **밀물**처럼 밀려왔다. ▸ふと昔の記憶が満ち潮のように押し寄せてきた。

밑천이 있어야 장사를 하지. ▸元手がないと商売もできないよ。
가게가 망해서 **밑천**까지 다 날렸어. ▸店がつぶれて元金も全部なくなったよ。
편의점은 **밑천**이 얼마나 필요할까? ▸コンビニは資本がどれぐらい必要かな？

컵이 깨져 **박살**이 났다. ▸コップが割れて粉々になった。
박살을 내 버리고 싶었지만 참았다. ▸粉々にしてしまいたかったが我慢した。

규칙을 어기면 회원 자격 **박탈**이라네. ▸規則を破ると、会員資格の剥奪だって。
경영권을 **박탈**당하는 수가 있대. ▸経営権を奪われることがあるって。

발뒤꿈치가 까져서 **반창고**를 붙였다. ▸靴ずれでかかとに絆創膏を張った。
반창고는 상비약이에요. ▸絆創膏は常備薬です。

발꿈치를 들고 살금살금 걸었다. ▸かかとをつけずにそろりそろりと歩いた。
발을 삐어서 **발꿈치**가 아팠다. ▸足をひねって、かかとが痛かった。

발버둥을 쳐도 소용없어. ▸地団駄を踏んでもしょうがないよ。
아이가 자면서 **발버둥**을 칩니다. ▸子どもが寝ながらじたばた暴れます。

절대 안 했다고 **발뺌**을 했다. ▸絶対にやっていないと言い逃れをした。
발뺌도 못 하고 인정해야 했다. ▸言い訳もできず認めざるを得なかった。
발뺌하지 말고 책임지라고 압박했다. ▸弁明せず責任を取れと圧力をかけた。

18日目 018
チェック!
答えは左ページ下

□무좀	□물집	□밀물	□반창고
□문병	□미꾸라지	□밑천	□발꿈치
□문신	□미끼	□박살	□발버둥
□물의	□민심	□박탈	□발뺌

動詞05

□ 289
뒤흔들다
激しく揺さぶる、揺るがす
関 뒤흔들리다 激しく揺れる

□ 290
뒹굴다
★ 딩굴다
① **寝転ぶ**、ごろごろして怠ける
② **散らばる**

□ 291
들뜨다<으>
そわそわする、うきうきする
関 목소리가 들뜨다 声が弾む

□ 292
들썩거리다
[들썩꺼리다]
①(肩や尻などを)**上下に揺らす**
② **かたかた揺れる**
類 들썩이다 かたかたする

□ 293
들여놓다
[드려노타]
入れる、持ち込む、買い入れる
慣 발을 들여놓다 足を踏み入れる

□ 294
들이닥치다
押しかける、(不意に)訪れる、押し寄せる

□ 295
들이켜다
★ 들이키다
(酒や水などを)**飲み干す**、あおる

□ 296
딱딱거리다
[딱딱꺼리다]
不愛想に言う、ぶっきらぼうに言う
形 무뚝뚝하다 ぶっきらぼうだ

Q ことわざ どんな意味? 땅 짚고 헤엄치기 地に手をついて泳ぐ

뒹글다と関連付けて、뒹글뒹글하다(ゴロゴロする)も覚えておきましょう！

089

내 마음을 **뒤흔드는** 노래였다. ▸私の心を揺さぶる歌だった。
정국을 **뒤흔드는** 사태로 발전했다. ▸政局を揺るがす事態に発展した。

집에서 **뒹굴며** 시간을 보냈다. ▸家でごろごろしながら時間を過ごした。
방에는 잡지 따위가 **뒹굴고** 있었다. ▸部屋には雑誌などが散らばっていた。

기분이 **들떠서** 잠이 오지 않았다. ▸そわそわして眠れなかった。
들뜬 마음으로 첫 기차를 기다렸다. ▸うきうきした気持ちで始発列車を待った。

어깨를 **들썩거리며** 울고 있었다. ▸肩を震わせながら、泣いていた。
회장이 **들썩거릴** 정도의 큰 박수. ▸会場が揺れるほどの大きな拍手。

화분은 거실로 **들여놓아라.** ▸鉢はリビングルームに入れて。
책장을 내 방으로 **들여놓았다.** ▸本棚を私の部屋に持ち込んだ。
대형 텔레비전을 **들여놓기로** 했다. ▸大型テレビを買い入れることにした。

밤늦게 친구들이 **들이닥쳤다.** ▸夜遅く友人たちが押しかけてきた。
예고도 없이 감사위원이 **들이닥쳤다.** ▸予告もなしに監査委員が訪れた。
한꺼번에 불행이 **들이닥쳤다.** ▸一気に不幸が押し寄せた。

목이 말라 물 한 병을 다 **들이켰다.** ▸喉が渇いて、水を１本全部飲み干した。
대낮부터 홧술을 **들이켰다고** 한다. ▸昼からやけ酒をあおったそうだ。

나한테 **딱딱거려서** 기분 나빴어. ▸私に不愛想に言うから、不愉快だった。
딱딱거리는 말투는 이제 그만해. ▸ぶっきらぼうに言うのはもうやめて。

A ことわざ こたえ 朝飯前

019

□ 297
때우다
①(パンクなどを)**修理する**(수리하다)、継ぎ合わせる
②(他の物で)**すます** ③(時間を)**つぶす**

□ 298
떠벌리다
大げさに言う、ほらを吹く

□ 299
떨치다
鳴り響く、とどろかす、振るう

□ 300
뜨다[3] <으>
すくう、すくって食べる
同 떠먹다 音 뜨다[1] (目を)開ける〔初級編519〕
音 뜨다[2] 浮かぶ〔初中級編310〕

□ 301
마다하다
嫌がる、拒む

□ 302
망가지다
壊れる、だめになる
関 망가뜨리다 壊す

□ 303
매진하다
まい進する
漢 邁進--

□ 304
맴돌다
くるくる回る
慣 귓가에 맴돌다 耳から離れない

19日目 019
チェック!
答えは右ページ下

□ 激しく揺さぶる
□ 寝転ぶ
□ そわそわする
□ 上下に揺らす
□ 入れる
□ 押しかける
□ 飲み干す
□ 不愛想に言う
□ 修理する
□ 大げさに言う
□ 鳴り響く
□ すくう
□ 嫌がる
□ 壊れる
□ まい進する
□ くるくる回る

자전거가 펑크 나서 **때웠어.**	▸自転車がパンクして修理したよ。
시간이 없으니 점심은 과일로 **때우자.**	▸時間がないから、昼食は果物ですまそう。
유튜브를 보면서 시간을 **때웠다.**	▸YouTube を見ながら、時間をつぶした。
작은 걸 크게 **떠벌리는** 경향이 있다.	▸小さいことを大げさに言う傾向がある。
유명인이라고 **떠벌리고** 다녔대.	▸有名人だとほらを吹いて回ったそうだ。
온 나라에 그 이름을 **떨쳤다.**	▸国じゅうにその名前が鳴り響いた。
한때 작가로서 명성을 **떨쳤다.**	▸一時、作家として名声をとどろかした。
독감이 맹위를 **떨치고** 있었다.	▸インフルエンザが猛威を振るっていた。
국자로 국을 **떠서** 그릇에 담아라.	▸おたまで汁をすくって、器に入れなさい。
식욕이 없어도 한술이라도 **뜨세요.**	▸食欲がなくても少しでも食べてください。
마다하지 마시고 꼭 와 주세요.	▸嫌がらず、必ず来てください。
마다할 수 없어서 가겠다고 했다.	▸拒むことができず、行くと言った。
노트북이 **망가진** 것 같아.	▸ノートパソコンが壊れたみたい。
망가지면 새걸로 사 줄 거지?	▸壊れたら新しいのを買ってくれるでしょ？
혁신에 더욱 **매진하겠습니다.**	▸革新にさらにまい進してまいります。
번영의 길로 **매진해** 나갑시다.	▸繁栄の道へと、まい進してまいりましょう。
노랫말이 귓가에 **맴돌았다.**	▸歌詞が耳から離れなかった。
나만 제자리를 **맴도는** 것 같다.	▸私だけ同じ場所をくるくる回っているようだ。

19日目 019
チェック!
答えは左ページ下

□뒤흔들다	□들여놓다	□때우다	□마다하다
□뒹굴다	□들이닥치다	□떠벌리다	□망가지다
□들뜨다	□들이켜다	□떨치다	□매진하다
□들썩거리다	□딱딱거리다	□뜨다	□맴돌다

動詞06

020

□ 305
머뭇거리다
[머묻꺼리다]
ためらう
副 머뭇머뭇 こわごわ　同 머무적거리다

□ 306
면하다
免れる、免除される
漢 免--　関 면치 못하다 免れない
音 면하다(面--) 面する

□ 307
몰라보다
見違える、見忘れる
関 몰라보리만큼 見違えるほど

□ 308
몰아붙이다
[모라부치다]
追い込む、一方に押しやる

□ 309
몸져눕다<ㅂ>
[몸저눕따]
病気で寝込む、倒れる

□ 310
문지르다<르>
さする、こする

□ 311
물러나다
退く

□ 312
밑지다
[믿찌다]
損をする
諺 밑져야 본전　だめで元々

Q ことわざ どんな意味？　발 없는 말이 천 리 간다　足のない言葉が千里を行く

머뭇거리다は머무적거리다の縮約形。머물다(とどまる)と関連付けて覚えましょう。

090

머뭇거리지 말고 일단 시작해 보자.	▸ためらわず、一旦始めてみよう。
더 이상의 **머뭇거림은** 필요 없다.	▸これ以上ためらう必要はない。
책임을 **면할** 수는 없습니다.	▸責任を免れることはできません。
낙제는 **면했다고** 하네요.	▸落第は免れたそうです。
조카는 **몰라볼** 정도로 변해 있었다.	▸甥は見違えるほど変わっていた。
몰라보고 그냥 지나칠 뻔했다.	▸気付かずそのまま通り過ぎるところだった。
날카로운 질문으로 상대방을 **몰아붙였다**.	▸鋭い質問で相手を追い込んだ。
너무 **몰아붙이지** 마세요.	▸あまり追い詰めないでください。
삼촌이 **몸져누웠다는** 연락이 왔다.	▸おじが病気で寝込んでいるという連絡が来た。
과로로 **몸져누웠다고** 해요.	▸過労で倒れたそうです。
아이의 등을 **문질러** 줬다.	▸子どもの背中をさすってやった。
검게 탄 냄비를 빡빡 **문질렀다**.	▸黒くこげたなべをごしごしとこすった。
회장을 **물러난** 후에 뭘 하실 건가요?	▸会長を退いた後、何をなさるおつもりですか?
뒤로 한 발 **물러나** 주세요.	▸後ろに1歩下がってください。
밑지는 장사라는 말은 거짓말이지?	▸損をする商売なんてうそでしょ?
밑져야 본전이니까 한번 해 보자.	▸だめで元々だから、一度やってみよう。

A ことわざ こたえ　人の口に戸は立てられぬ、囁き千里

動詞06

020

□313
발탁하다
[발타카다]

抜擢する
漢 抜擢-- 動 발탁되다 抜擢される

□314
배기다

耐え忍ぶ、こらえる
関 배겨내다 耐え抜く

□315
버겁다<ㅂ>
[버겁따]

(扱いが)**手に余る**、手ごわい
類 힘에 부치다 手に余る

□316
벅차다

①**手に負えない**
②**いっぱいに満ちあふれている**

□317
보살피다

面倒を見る、世話をする
類 돌보다 面倒を見る

□318
보채다

①(子どもが)**むずかる**、ぐずる
②**ねだる**、せがむ

□319
부르짖다
[부르짇따]

叫ぶ、わめく
類 외치다 叫ぶ

□320
부르트다<으>

水ぶくれになる、まめができる、腫れあがる
関 물집이 생기다 水ぶくれができる

20日目 020
チェック!
答えは右ページ下

□ためらう
□免れる
□見違える
□追い込む

□病気で寝込む
□さする
□退く
□損をする

□抜擢する
□耐え忍ぶ
□手に余る
□手に負えない

□面倒を見る
□むずかる
□叫ぶ
□水ぶくれになる

요직에 **발탁해서** 키우겠대.	要職に抜擢して育てたいんだって。
이사회에서 대표로 **발탁되었다**.	理事会で代表取締役として抜擢された。
한 달도 못 **배기고** 관뒀대.	1カ月もこらえることができず、辞めたそうよ。
힘들어서 몸이 **배겨** 내지 못할 텐데.	つらくて身体が持たないだろうに。
버거워서 사양하기로 했어.	手に余って辞退することにした。
너한테는 **버거운** 상대가 될 거야.	君には手ごわい相手になると思うよ。
너한테는 **벅찬** 상대일걸.	君には手に負えない相手だと思うよ。
가슴이 **벅차서** 말을 잇지 못했다.	胸がいっぱいになって、言葉を継げなかった。
후배들도 많이 **보살펴** 주었어요.	後輩たちの面倒もよく見てくれました。
토끼를 **보살피는** 건 아들 일이에요.	ウサギの世話をするのは息子の仕事です。
보채는 아이를 달래고 있었어요.	むずかる子どもをあやしていました。
제발 **보채지** 좀 마.	お願いだから、せがまないで。
개혁을 **부르짖었으나** 결과는 참담했다.	改革を叫んだが結果は惨憺たるものだった。
울며 **부르짖다** 겨우 잠이 들었다.	泣きわめいていたが、やっと眠った。
밤을 새웠더니 입술이 **부르텄다**.	徹夜をしたら、唇に水ぶくれができた。
발이 **부르터서** 편한 신발로 갈아 신었다.	足にまめができて楽な靴に履き替えた。
상처 난 데가 **부르텄다**.	傷口が腫れ上がった。

20日目 020
チェック!
答えは左ページ下

答えは左ページ下

□ 머뭇거리다	□ 몸져눕다	□ 발탁하다	□ 보살피다
□ 면하다	□ 문지르다	□ 배기다	□ 보채다
□ 몰라보다	□ 물러나다	□ 버겁다	□ 부르짖다
□ 몰아붙이다	□ 밑지다	□ 벅차다	□ 부르트다

21日目 形容詞03

🎧 021

□ 321
듬직하다
[듬지카다]
頼もしい、どっしりしている

□ 322
따분하다
退屈だ

□ 323
뚱딴지같다
[뚱딴지갇따]
突拍子もない、突飛だ
類 엉뚱하다 とんでもない

□ 324
막막하다
[망마카다]
(広々として)**果てしない**、漠然としている(막연하다)
漢 漠漠--

□ 325
만만하다
手ごわくない、甘い
関 만만치 않다, 만만찮다 甘くない

□ 326
말끔하다
きれいだ、こざっぱりしている
類 산뜻하다 こざっぱりしている
類 깔끔하다 清潔できれいだ

□ 327
매몰차다
(態度・性格などが)**非常に冷たい**、冷酷だ(냉혹하다)
類 냉정하다 冷静だ、冷たい

□ 328
멀쩡하다
①**無傷だ** ②**健康だ**(건강하다)
慣 수족이 멀쩡하다 五体満足だ

Q ことわざ どんな意味？ 가는 말에 채찍질 駆け馬に鞭

ドラマなどでよく耳にする내가 만만해?は「私のこと、ナメてるの？」という意味。ドラマがより面白くなりますね！

091

아들의 뒷모습이 **듬직하게** 느껴졌다. ▶息子の後ろ姿が頼もしく感じられた。
딸은 **듬직한** 타입이 좋대. ▶娘はどっしりとしたタイプがいいんだって。

따분해서 영화라도 볼까 해. ▶退屈だから映画でも見ようかなと思う。
강연이 **따분해서** 잠이 왔다. ▶講演が退屈で眠くなった。

뚱딴지같은 소리 하지 말라니까. ▶突拍子もないことを言うなってば。
아이가 **뚱딴지같은** 질문을 했다. ▶子どもが突飛な質問をした。

막막한 사막이 펼쳐졌다. ▶果てしない砂漠が広がっていた。
해고를 당하니 앞길이 **막막했다.** ▶解雇されて途方に暮れた。

만만하게 보다간 큰코다친다. ▶甘くみていたら、ひどい目にあうよ。
그 문제는 그리 **만만치가** 않습니다. ▶その問題はそう甘くありません。

말끔하게 정리하니 기분이 좋구나. ▶きれいに整理したら、気分がいいなあ。
언니는 **말끔한** 옷차림을 하고 나타났다. ▶姉はこぎれいな服装で現れた。

원래 **매몰찬** 사람은 아니었는데. ▶元々冷たい人ではなかったんだけど。
매몰차게 이별을 고하고 떠났다. ▶冷酷に別れを告げて、去っていった。

다친 데는 없고 **멀쩡했어.** ▶けがはなく無傷だったよ。
멀쩡하던 애가 갑자기 쓰러졌대. ▶元気だった子どもが、急に倒れたって。

A ことわざ こたえ 走り馬にも鞭

形容詞03

🎧021

□ 329
모질다
①**むごい**、残忍だ(잔인하다)
②**よく耐える** ③**熾烈だ**、厳しい
関 마음을 모질게 먹다 心を鬼にする

□ 330
무뚝뚝하다
[무뚝뚜카다]
不愛想だ、ぶっきらぼうだ
反 상냥하다 優しい

□ 331
무르다<르>
①(物が)**柔らかい**
②(心が弱くて)**もろい**、(考えが)甘い

□ 332
무모하다
無茶だ、無謀だ
漢 無謀--

□ 333
무색하다
[무새카다]
①**顔負けだ** ②**きまり悪い**
漢 無色--

□ 334
무시무시하다
とても恐ろしい、すさまじい
関 무섭다 恐ろしい、怖い

□ 335
묵직하다
[묵찌카다]
①(物が見た目より)**ずっしり重い**
②(言動に)**重みがある**、威厳がある

□ 336
미끈미끈하다
ぬるぬるしている、つるつるしている
類 미끈하다 すらりとしている、滑らかだ

21日目 🎧021 チェック!
答えは右ページ下

□ 頼もしい
□ 退屈だ
□ 突拍子もない
□ 果てしない
□ 手ごわくない
□ きれいだ
□ 非常に冷たい
□ 無傷だ
□ むごい
□ 不愛想だ
□ 柔らかい
□ 無茶だ
□ 顔負けだ
□ とても恐ろしい
□ ずっしり重い
□ ぬるぬるしている

그런 **모진** 짓을 하다니. ▸そんなむごい仕打ちをするなんて。
마음을 **모질게** 먹고 살아야지요. ▸心を鬼にして生きていかないと。
모진 바람을 이겨내고 꽃을 피웠다. ▸厳しい風に打ち勝って花を咲かせた。

성격은 좀 **무뚝뚝한** 편이에요. ▸性格は少し不愛想なほうです。
무뚝뚝하게 대답하고 돌아섰다. ▸ぶっきらぼうに返事をして背を向けた。

무는 아직 안 **물렀는데.** ▸大根はまだ軟らかくなってないよ。
사람이 **무르다는** 말을 많이 들어요. ▸人として甘いとよく言われます。

무모하게 진행하려다가 제지당했다. ▸無茶に進めようとして止められた。
무모한 계획이라는 말을 들었다. ▸無謀な計画だと言われた。

가수가 **무색할** 정도로 노래를 잘했다. ▸歌手顔負けに歌がうまかった。
창피하고 **무색해서** 그 자리를 떴다. ▸恥ずかしくてきまりが悪かったので、その場を立ち去った。

무시무시한 신종 독감이라고 한다. ▸とても恐ろしい新型インフルエンザだそうだ。
무시무시한 기세로 달려들었다. ▸すさまじい勢いで迫ってきた。

잔돈 때문에 지갑이 **묵직해요.** ▸小銭で財布がずっしり重いです。
엄숙하고 **묵직한** 어조로 말했다. ▸厳粛で威厳のある語調で言った。

미끈미끈한 미꾸라지를 잡는 꿈을 꿨다. ▸ぬるぬるしたトジョウを捕まえる夢を見た。
길이 얼어서 **미끈미끈했다.** ▸道が凍っていて、つるつるしていた。

21日目 021
チェック!
答えは左ページ下

□ 듬직하다 □ 만만하다 □ 모질다 □ 무색하다
□ 따분하다 □ 말끔하다 □ 무뚝뚝하다 □ 무시무시하다
□ 뚱딴지같다 □ 매몰차다 □ 무르다 □ 묵직하다
□ 막막하다 □ 멀쩡하다 □ 무모하다 □ 미끈미끈하다

3週目

力試しドリル

(　　)안에 들어갈 말로 가장 알맞은 것을 하나 고르십시오.

---

1. 이 친구가 발이 넓어서 (　　)이라고 소문 난 후배입니다.

①마당발　②큰손　③큰 발　④넓은 얼굴

2. 내 질문에 딸은 어물어물 (　　)를 흐리고 자기 방으로 들어갔다.

①말꼬투리　②말꼬리　③말머리　④말투

3. 큰아버지는 (　　)뿐인 회장은 필요없다고 하셨다.

①면모　②명성　③명색　④명목

4. 이 상태를 벗어나려고 (　　) 쳤지만 당분간은 어려울 것 같다.

①몸놀림　②몸통　③몸부림　④몸가짐

5. 아무튼 (　　) 본전이니까 한번 해 봅시다.

①물러나야　②없어져야　③밑져야　④잃어야

6. 고등학교 동창들이 연락도 없이 갑자기 신혼집에 (　　).

①밀려왔다　②떠벌렸다　③들이켰다　④들이닥쳤다

7. A : 남한테 말을 너무 (　　) 하면 나중에 네가 벌받아.

B : 앞으로 마음을 (　　) 먹고 대처하셔야 합니다.

C : 역경을 (　　) 견뎌냈으니 이제 꽃을 피울 시간이지.

①힘들게　②엄하게　③모질게　④심하게

8. A : 그해 겨울은 독감이 맹위를 (　　).

B : 큰고모는 그때까지 소설가로서 명성을 (　　).

C : 그 일로 인해 온 나라에 이름을 (　　).

①떠벌렸다　②떨쳤다　③자자했다　④알렸다

解答・解説

1. ①

【日本語訳】この人は知り合いが多くて、(顔の広い人)という評判の後輩です。

①顔の広い人　②大手(「規模が大きい」の意味)　③大きい足　④広い顔

Point 마당발は「顔が広い人」。ちなみに「顔が広い」は발이 넓다と表現します。

2. ②

【日本語訳】私の質問に娘は(言葉)を濁して自分の部屋に入った。

①口げんかの発端になる言葉　②言葉尻　③話の糸口　④話しぶり

Point 말꼬리를 흐리다で「言葉を濁す」。

3. ③

【日本語訳】おじは(名)ばかりの会長は要らないとおっしゃった。

①面貌　②名声　③名、肩書　④名目

4. ③

【日本語訳】この状態を抜け出そうと(もがいた)が当分は難しそうだ。

①身のこなし　②胴体　③もがくこと、あがき　④身だしなみ

Point 몸부림을 치다, 몸부림치다で「もがく」の意味。

106 ▸ 107

5. ③

【日本語訳】とにかく(損をして)元々だから、一度やってみましょう。

①退いて　②なくなって　③損をして　④失って

Point 밑져야 본전で「だめで元々」の意味。

6. ④

【日本語訳】高校の同窓生たちが、連絡もなしに急に新居に(押しかけてきた)。

①押し寄せてきた　②大げさに言った　③(酒などを)飲み干した　④押しかけてきた

7. ③

【日本語訳】A：人に(ひどい)ことを言ったら、後で君が罰を受けるよ。B：これから心を(鬼にして)対処しなければなりません。C：逆境を(辛抱強く)耐え抜いたから、もう花を咲かせる時だよ。

①辛く　②厳しく、きつく　③むごく、厳しく　④ひどく、激しく

Point 마음을 모질게 먹다で「心を鬼にする」。すべての(　　)に入るのは③。なお、Aには③④、Bには③、Cには①③が可能。

8. ②

【日本語訳】A：その年の冬はインフルエンザが猛威を(振るった)。B：おばはその時まで小説家としての名を(馳せた)。C：そのことで国中に名を(とどろかせた)。

①大げさに言った　②振るった、とどろかせた　③(噂などが)広がっていた　④知られた

Point 이름을 떨치다で「名を馳せる」。すべての(　　)に入るのは②。なお、Aには②、Bには②、Cには②④が可能。

キクタン韓国語

4週目

✓ 学習したらチェック!

제비가 상점가에 보금자리를 틀었네.

(例文の意味は 363 参照)

名詞13

🎧 022

□ 337
발상
[발쌍]

発想、アイデア(아이디어)
漢 発想

□ 338
발자취

足跡(족적)

□ 339
발췌
★ 발취

抜粋
漢 抜粋　動 발췌하다

□ 340
방귀

おなら
慣 알랑방귀를 뀌다 ごまをする

□ 341
방심

油断
漢 放心　動 방심하다

□ 342
방안

① **方案**　② **〜案**
漢 方案

□ 343
방패

盾
漢 防牌　関 방패막이로 삼다 盾にする

□ 344
배설

排泄
漢 排泄　動 배설하다

Q ことわざ どんな意味？　**새 발의 피**　鳥の足の血

발자취の자취は「跡」「跡形」。자취를 감추다(姿を消す、影を隠す)も覚えておきましょう。

092

발상의 전환이 필요한 시점이다. ▸発想の転換が必要な時である。
독특한 **발상**으로 높은 점수를 받았다. ▸ユニークな発想で高得点を得た。

역사의 **발자취**를 더듬어 가는 여행이다. ▸歴史の足跡を辿っていく旅だ。
의료계에 큰 **발자취**를 남겼다. ▸医療界に大きな足跡を残した。

자료 **발췌**는 제가 맡겠습니다. ▸資料の抜粋は私が担当いたします。
관련된 내용만 **발췌**했다. ▸関連した内容だけ抜粋した。

수술한 뒤에 **방귀**가 나와야 안심이다. ▸手術の後、おならが出たら一安心だ。
누가 **방귀**를 뀌었니? ▸誰がおならをしたの？

이럴 때일수록 **방심**은 금물이야. ▸こんな時だからこそ油断は禁物だよ。
방심하다가 한 방 먹었다. ▸油断していて、一本取られた。

회사를 설립하는 **방안**이 추진되었다. ▸会社を設立する方案が推進された。
해결 **방안**을 함께 찾아보자. ▸解決案をいっしょに探してみよう。

저를 **방패**로 삼아 주세요. ▸私を盾にしてください。
무슨 일이 있으면 **방패**가 되어 줄게. ▸何かあれば盾になってあげるから。

노폐물의 **배설**을 촉진합니다. ▸老廃物の排泄を促進します。
개의 **배설**물 방치 금지. ▸犬の排泄物の放置禁止。

A ことわざ こたえ すずめの涙

名詞13

022

□ 345
배짱
①**腹**、腹の中　②**肝っ玉**、度胸
慣 배짱이 맞다 馬が合う
関 배짱을 부리다 横着を振る舞う

□ 346
배후
背後
漢 背後

□ 347
백금
[백끔]
プラチナ、白金
漢 百金

□ 348
백미러
[뱅미러]　★ 뒤비침거울, 후사경(後写鏡)
バックミラー

□ 349
백수
[백쑤]
無職の人、プータロー
漢 白手

□ 350
백악관
[배각꽌]
ホワイトハウス（アメリカの大統領官邸）
漢 白堊館

□ 351
번지
番地、場所
漢 番地　慣 번지수가 틀리다, 번지수를 잘못 짚다 見当違いだ

□ 352
법석
[법썩]
騒ぎ立てること
動 법석거리다, 법석대다 騒ぎ立てる　関 법석을 피우다/떨다 どんちゃん騒ぎをする、騒ぎを起こす

22日目　022
チェック!
答えは右ページ下

□ 発想　□ 足跡　□ 抜粋　□ おなら
□ 油断　□ 方案　□ 盾　□ 排泄
□ 腹　□ 背後　□ プラチナ　□ バックミラー
□ 無職の人　□ ホワイトハウス　□ 番地　□ 騒ぎ立てること

무슨 **배짱**인지 알 수가 없다. ▸どういう腹づもりなのか、わからない。
걔는 **배짱**이 있어서 해낼 거야. ▸あいつは度胸があるから、やり遂げるさ。

사건의 **배후** 관계를 조사해야 한다. ▸事件の背後関係を調査すべきだ。
배후에 있는 문제점을 찾아냈다. ▸背後にある問題点を見つけ出した。

내 **백금** 목걸이 못 봤어? ▸私のプラチナのネックレス、見なかった？
왼손에 **백금** 반지를 끼고 있었다. ▸左手にプラチナの指輪をはめていた。

백미러에 금이 갔다. ▸バックミラーにひびが入った。
백미러를 좀 왼쪽으로 돌려줘. ▸バックミラーをちょっと左にして。

지난달에 직장을 그만둬서 **백수**야. ▸先月会社を辞めて、プータローだよ。
백수 생활도 벌써 반년이네. ▸無職生活ももう半年だわ。

백악관에서 기자회견이 열렸다. ▸ホワイトハウスで記者会見が開かれた。
백악관의 내부 모습이 공개됐다. ▸ホワイトハウス内部の姿が公開された。

47**번지**가 아니라 37**번지**예요. ▸47 番地ではなく、37 番地です。
그건 **번지**수가 틀렸어요. ▸それは見当違いです。

큰일도 아닌데 **법석**을 떨지 마. ▸大したことでもないのに、騒ぎ立てないで。
왜 그리 **법석**이야? ▸何でそんなに騒いでいるの？

22日目 022
チェック!
答えは左ページ下

□발상	□방심	□배짱	□백수
□발자취	□방안	□배후	□백악관
□발췌	□방패	□백금	□번지
□방귀	□배설	□백미러	□법석

名詞14

□ 353
벼랑
断崖、がけ
関 벼랑길 崖道

□ 354
벼룩
ノミ(蚤)
諺 벼룩의 간을 내먹는다 餓鬼の物をびんずる(貧者から金品を奪い取る)

□ 355
변덕
気まぐれ、移り気
漢 変徳 名 변덕꾸러기, 변덕쟁이 気まぐれな人

□ 356
변두리
街はずれ
漢 辺--

□ 357
변비
便秘
漢 便秘

□ 358
별고
別条、変わったこと
漢 別故

□ 359
별미
特別な味、珍味(진미)
漢 別味

□ 360
별수
[별쑤]
①**別の手立て**
②**あらゆる手立て**
漢 別- 関 별수 없다 仕方ない

Q ことわざ どんな意味？
낮말은 새가 듣고 밤말은 쥐가 듣는다
昼の話は鳥が聞き、夜の話はネズミが聞く

벼룩시장＝蚤の市で、日本語と同じ。ソウルにも常設の벼룩시장がいくつかありますよ。

093

벼랑 아래로 흰 파도가 몰려왔다. ▸断崖の下に白い波が押し寄せてきた。
해고된 뒤 **벼랑** 끝에 서게 됐다. ▸解雇された後、がけっぷちに立たされた。

벼룩시장에서 샀는데 괜찮지? ▸蚤の市で買ったんだけど、いいでしょ？
벼룩한테 물려서 빨갛게 부어올랐다. ▸ノミにかまれて赤く腫れあがった。

또 **변덕**을 부릴지도 모르니까요. ▸また気まぐれを起こすかもしれないからね。
변덕쟁이라고 하면 화낼 거야. ▸気まぐれな人だと言ったら怒るだろうな。

여기서 좀 떨어진 **변두리**에 살아. ▸ここから少し離れた街はずれに住んでるよ。
변두리에 있는 꽃가게에서 일했다. ▸街はずれにある花屋で働いた。

변비가 생겨서 요구르트를 먹고 있다. ▸便秘になって、ヨーグルトを飲んでいる。
변비가 심해서 고생하고 있어. ▸便秘がひどくて大変なのよ。

그간 **별고** 없으시죠? ▸その後、お変わりありませんか？
저희는 **별고** 없이 잘 지내고 있어요. ▸私たちは変わらず元気に過ごしています。

그 집 물냉면이 **별미**라고 하네요. ▸あの店の水冷麺は格別な味だそうです。
형이 바닷가에서 나는 **별미**를 보내왔다. ▸兄から海の珍味が送られてきた。

글쎄, **별수**가 있는 것도 아니고. ▸はて、別の手立てがあるわけでもないし。
별수를 다 써 봤지만 어려웠다. ▸あらゆる手立てを講じてみたけど、だめだった。

A ことわざ こたえ 壁に耳あり障子に目あり

名詞14

023

□ 361
별장
[별짱]

別荘
漢 別荘　関 별장지기 別荘の管理人

□ 362
병환
＊병の尊敬語

ご病気
漢 病患

□ 363
보금자리

①**ねぐら**、巣　②**すみか**

□ 364
보따리

包み
関 보따리장수 行商人、非常勤講師
慣 보따리를 싸다 辞める

□ 365
보류

保留
漢 保留　動 보류되다, 보류하다

□ 366
보배

宝、財宝
漢 宝-　形 보배롭다 極めて貴重だ
諺 귀가 보배라 耳学問

□ 367
보약

強壮剤、漢方の煎じ薬
漢 補薬

□ 368
복덕방
[복떡빵]

不動産屋
漢 福徳房
同 부동산 (중개 사무소) 不動産(仲介事務所)

23日目 023
チェック!
答えは右ページ下

□ 断崖	□ 便秘	□ 別荘	□ 保留
□ ノミ	□ 別条	□ ご病気	□ 宝
□ 気まぐれ	□ 特別な味	□ ねぐら	□ 強壮剤
□ 街はずれ	□ 別の手立て	□ 包み	□ 不動産屋

여름휴가는 **별장**에서 보냈다. ▸夏の休暇は別荘で過ごした。
친구의 **별장**에서 생일 파티를 했다. ▸友人の別荘で誕生日パーティーをした。

작은아버지가 **병환**으로 입원하셨다. ▸おじが病気で入院した。
아버님의 **병환**은 좀 어떠신지요? ▸お父様のご病気はいかがでしょうか？

해 저물면 새들도 **보금자리**로 돌아간다. ▸日が暮れると鳥たちもねぐらに帰る。
제비가 상점가에 **보금자리**를 틀었네. ▸ツバメが商店街に巣を作ったね。
마지막 **보금자리**로 생각하고 있다. ▸終のすみかとして考えている。

빨리 선물 **보따리**를 풀어 봐. ▸早くお土産の包みを開けてみて。
나도 하루빨리 **보따리**를 싸고 싶어. ▸私も１日も早く辞めたい。

우리가 낸 기획안은 **보류**라고 합니다. ▸私たちが出した企画案は保留だそうです。
네? **보류**되었다고요? ▸え？　保留されたって？

이 그림은 대대로 내려온 **보배**입니다. ▸この絵は代々伝わる宝です。
한국 속담에 구슬도 꿰어야 **보배**라잖아. ▸韓国の諺に「珠も繋いでこそ宝だ」と言うじゃない。

시어머님께 **보약**을 해 드리려고. ▸お義母さんに強壮剤を買ってあげようと思って。
체력이 떨어져서 **보약** 좀 먹어야겠어. ▸体力が落ちたから、強壮剤を飲まないと。

아파트 입구에 **복덕방**이 있지? ▸マンションの入り口に不動産屋があるでしょ？
복덕방에서 무슨 연락 없었어? ▸不動産屋から何か連絡なかった？

23日目 023
チェック!
答えは左ページ下

□벼랑	□변비	□별장	□보류
□벼룩	□별고	□병환	□보배
□변덕	□별미	□보금자리	□보약
□변두리	□별수	□보따리	□복덕방

名詞15

🎧024

□ 369
복장
[복짱]

服装、身なり
漢服装

□ 370
복학
[보칵]

復学
漢復学　動복학하다

□ 371
본때

①**見せしめ**　②**見栄え**
漢本-　関본때 있다 見事だ、見栄えがする

□ 372
본심

本心、本音
漢本心　類본의 本意

□ 373
봉고차

バン、ワゴン
漢--車　同승합차(乗合車) ワゴン車

□ 374
봉급

俸給、給料(급료)
漢俸給　同월급(月給)

□ 375
봉변

①**侮辱されること**
②**不意の災いを被ること**
漢逢変

□ 376
부스럼

できもの、腫れもの、吹き出物
同종기(腫気)
諺긁어서 부스럼을 만들다 寝た子を起こす

Q ことわざ どんな意味？　독 안에 든 쥐　甕の中のネズミ

「できもの」は부스럼もしくは종기。「にきび」は여드름です。

094

면접 때 **복장**은 정장인가요?
복장에는 그리 신경 쓰지 않아도 돼.

▸面接の際、服装はスーツですか？
▸服装にはそれほど気を使わなくてもいいよ。

복학은 언제 할 거니?
우리 과에 **복학**생이 몇 명 있죠?

▸復学はいつするつもりなの？
▸うちの学科で復学した学生は何人いますか？

본때를 보이기 위해 엄벌해야 한다.
우리도 **본때** 있게 살아 봅시다.

▸見せしめのために、厳罰すべきだ。
▸私たちも立派に生きていきましょう。

생각 끝에 **본심**을 털어놓기로 했다.
드디어 **본심**을 드러냈네.

▸考えた末、本心を打ち明けることにした。
▸とうとう本音を漏らしたね。

여행 가서 **봉고차**를 빌리기로 했다.
9인승 **봉고차**를 사려고 해.

▸旅行先でバンを借りることにした。
▸9 人乗りのワゴンを買おうと思っているんだ。

공무원 **봉급**은 얼마 정도인가요?
나갈 데는 많은데 **봉급**은 오르지 않네.

▸公務員の俸給はいくらぐらいですか？
▸出費は多いのに、給料は上がらないね。

이유도 없이 상사한테 **봉변**을 당했다.
가까스로 **봉변**을 면했다네.

▸理由もなく上司に侮辱された。
▸かろうじて災害を免れたそうよ。

눈가에 **부스럼**이 생겼다.
긁어서 **부스럼**을 만들지 마라.

▸目の縁にできものができた。
▸寝た子を起こすな。

A ことわざ こたえ 袋のネズミ

名詞15

□ 377 **부아**	**憤り**、かんしゃく 関 부아를 돋우다 怒らせる 関 부아가 나다 しゃくに障る
□ 378 **부자**[2]	**父と子**、父と息子 漢 父子　同 부자간, 부자지간（父子之間） 音 부자[1]（富者） 金持ち〔中級編263〕
□ 379 **부채**	**負債** 漢 負債　音 부채 扇子
□ 380 **부피**	**かさ**、体積（체적）
□ 381 **북새통** [북쌔통]　★ 복새통	**ごった返し**、どさくさの最中
□ 382 **분간**	**見分け**、見境、分別（분별） 漢 分揀　動 분간하다
□ 383 **분수**	①**わきまえ**、ほど　②**分**、身のほど 漢 分数　音 분수 噴水　音 분수 分数
□ 384 **분유** ★ 가루젖	**粉ミルク** 漢 粉乳 関 분유를 타다 ミルクを作る

24日目　024
チェック!
答えは右ページ下

□ 服装
□ 復学
□ 見せしめ
□ 本心
□ パン
□ 俸給
□ 侮辱されること
□ できもの
□ 憤り
□ 父と子
□ 負債
□ かさ
□ ごった返し
□ 見分け
□ わきまえ
□ 粉ミルク

생각할수록 **부아**가 치밀었다. ▸考えれば考えるほど怒りが込み上げてきた。
부아를 내면 건강에 해로워. ▸かんしゃくを起こすと、体に悪いよ。

부자간에 무슨 얘기를 하고 있어? ▸親子で何の話をしているの？
요즘 **부자** 사이가 안 좋아서 걱정이야. ▸最近うちの夫と息子の仲が良くなくて困っているのよ。

사업 실패로 **부채**를 떠안게 됐다. ▸事業の失敗で負債を抱えることになった。
그때 일로 마음의 **부채**가 생긴 것 같아. ▸あの時のことで負い目を感じてるみたい。

부피가 큰 짐은 따로 보내죠. ▸かさばる荷物は別途に送りましょう。
온도가 상승하면 **부피**가 팽창한다. ▸温度が上昇すれば体積が膨れ上がる。

귀성 인파로 **북새통**을 이루었다. ▸帰省の人波でごった返していた。
그 **북새통**에 가방을 잃어버렸다. ▸そのどさくさの最中、カバンを失くしてしまった。

쌍둥이는 **분간**이 안 갈 정도로 닮았다. ▸双子は見分けがつかないほど似ていた。
앞뒤 **분간**도 못 한다. ▸前後の見境もつかない。
좋은 건지 나쁜 건지 **분간** 못 하니? ▸良いか悪いかの分別がつかないの？

농담에도 **분수**가 있지. ▸冗談にもほどがある。
분수에 맞게 살자고 생각했다. ▸分相応に暮らそうと思った。

모유가 안 나와서 **분유**로 키웠어요. ▸母乳が出なくて粉ミルクで育てました。
요즘 어른용 **분유**가 있다네요. ▸最近、大人用の粉ミルクがあるそうです。

24日目 024
チェック!
答えは左ページ下

□복장	□봉고차	□부아	□북새통
□복학	□봉급	□부자	□분간
□본때	□봉변	□부채	□분수
□본심	□부스럼	□부피	□분유

名詞16

□ 385
불면

不眠
漢 不眠

□ 386
불씨

火種、種、きっかけ

□ 387
불찰

手落ち、不覚、不注意(부주의)
漢 不-

□ 388
불효

親不孝
漢 不孝　動 불효하다　関 효자 親孝行な人

□ 389
비법
[비뻡]

秘法、極意、奥の手
漢 秘法

□ 390
빈털터리

一文無し、無一文

□ 391
빵점
[빵쩜]　★ 령점(零点)　＊영점の俗語

零点(영점)
漢 -点

□ 392
뺄셈
[뺄쎔]　★ 덜기

引き算、減法
反 덧셈 163

Q ことわざ どんな意味？

쥐구멍에도 볕 들 날 있다
ネズミの穴にも陽の差す日がある

빵점は영점の俗語で、主に話し言葉で使われます。남편으로 선 빵점이야(夫としては零点だよ)なんてドラマのセリフも。

095

그 소식을 듣고 **불면**의 밤을 보냈다. ▸その知らせを聞いて、眠れぬ夜を過ごした。
불면증으로 치료를 받고 있다. ▸不眠症で治療を受けている。

불씨를 끄는 데 시간이 걸렸다. ▸火種を消すのに時間がかかった。
싸움의 **불씨**는 그대로 남은 채였다. ▸けんかの種はそのまま残ったままだった。
말다툼이 **불씨**가 되어 헤어졌대. ▸口げんかが元で、別れたんだって。

제 **불찰**이니 용서해 주세요. ▸私の手落ちですから、許してください。
일생일대의 **불찰**이었다. ▸一生の不覚だった。

효자는커녕 **불효**자가 되어 버렸다. ▸親孝行はおろか、親不孝者になってしまった。
불효막심했던 날들을 후회했다. ▸あまりにも親不孝だった日々を後悔した。

성공의 **비법**이 무엇이냐고 물었다. ▸成功の秘法は何かと尋ねた。
제조 **비법**은 딸한테만 전수한대. ▸製造の極意は娘さんだけに伝授するって。
그런 **비법**이 있었군요. ▸そんな奥の手があったんですね。

사업이 망해서 이제 **빈털터리**야. ▸事業がだめになって、もう一文無しだよ。
빈털터리가 되니 친구도 없어졌다. ▸無一文になると、友人もいなくなった。

수학 시험을 **빵점** 맞았대. ▸数学のテストで零点を取ったんだって。
답안지를 잘못 써서 **빵점**이라지? ▸答案用紙の記入ミスで零点になったって？

뺄셈은 초등학교에 들어가서 배웠어. ▸引き算は小学校に入ってから習ったよ。
덧셈과 **뺄셈**은 집에서 가르쳤어. ▸足し算と引き算は家で教えたよ。

A ことわざ こたえ 待てば海路の日和あり

名詞16

□ 393
빵소니

ひき逃げ、素早く逃げること

□ 394
사글세
[사글쎄]

月払いの家賃(またはその物件)
漢--貸　同월세　関사글셋방

□ 395
사돈

相舅(あいやけ)、姻戚
漢査頓

□ 396
사람됨

人柄
同사람 됨됨이　類인품

□ 397
산골
[산꼴]

山奥
漢山-　同산골짜기

□ 398
산더미
[산떠미]

山、物事が山のようにたくさんあること
漢山--

□ 399
상심

傷心、心を痛めること
漢傷心　動상심하다

□ 400
상여금

賞与、ボーナス(보너스)
漢賞与金

25日目　025
チェック!
答えは右ページ下

□不眠	□秘法	□ひき逃げ	□山奥
□火種	□一文無し	□月払いの家賃	□山
□手落ち	□零点	□相舅	□傷心
□親不幸	□引き算	□人柄	□賞与

빵소니 사고를 당한 적이 있대. ▸ひき逃げ事故にあったことがあるってよ。
아들을 혼내려고 했더니 **빵소니**를 쳤네. ▸息子を叱ろうとしたら、そそくさと逃げていったわ。

이 근방에서 **사글세**를 찾고 있어. ▸このあたりで賃貸物件を探しているんだ。
역 부근은 **사글세**가 너무 비싸. ▸駅の周辺は家賃が高すぎる。

주말에 **사돈**댁에 간다고? ▸週末に婚家に行くんだって？
원래 아는 사람인데 **사돈**이 됐대. ▸元々知り合いだったけど、姻戚になったそうよ。

결혼 상대는 **사람됨**이 무엇보다 중요해. ▸結婚相手には人柄が何よりも大事だよ。
사람됨이 좋은 게 첫 번째 조건입니다. ▸人柄が良いのが1つ目の条件です。

산골에 들어가서 고사리를 캤대. ▸山奥に入って、わらびを採るんだって。
산골의 산사 계단에 앉아 생각에 잠겼다. ▸山奥の寺の階段に座って物思いにふけった。

출장을 다녀오니 빨래가 **산더미**네. ▸出張から戻ると、洗濯物が山ほどあった。
할 일이 **산더미**같이 쌓여 있네. ▸仕事が山のようにたくさんたまっている。

상심을 달래려고 여행을 떠났다. ▸傷心をいやすために、旅に出た。
너무 **상심**하지 마세요. ▸あまり心を痛めないでください。

겨울 **상여금**이 나왔죠? ▸冬のボーナスが出たでしょ？
매출이 안 좋아서 **상여금**이 줄었어. ▸売り上げが良くなくて、ボーナスが減った。

25日目 025
チェック!
答えは左ページ下

□ 불면 □ 비법 □ 빵소니 □ 산골
□ 불씨 □ 빈털터리 □ 사글세 □ 산더미
□ 불찰 □ 빵점 □ 사돈 □ 상심
□ 불효 □ 빨셈 □ 사람됨 □ 상여금

副詞01

026

□ 401
가급적
[가급쩍]
なるべく、できるだけ
漢 可及的　類 되도록 できるだけ
関 가급적이면 できれば

□ 402
가까스로
① **かろうじて**　② **やっと**(のことで)
類 간신히 かろうじて

□ 403
가뜩이나
★ 가따나
そうでなくても、ただでさえ
関 가뜩 いっぱい、ぎっしり(と)
同 그렇지 않아도

□ 404
가지런히
整然と、きちんと
形 가지런하다 (整然と)揃っている、(きちんと)並んでいる

□ 405
간간이
① **時々**　② **まばらに**
漢 間間-　類 이따금 時々、時折
関 듬성듬성 525

□ 406
갈팡질팡
うろうろ(と)、まごまご(と)
動 갈팡질팡하다

□ 407
감쪽같이
[감쪽까치]
まんまと、跡形もなく
形 감쪽같다 寸分違わない

□ 408
거침없이
[거치멉씨]
① **よどみなく**、すらすらと
② **はばかることなく**
形 거침없다 よどみない、はばかりがない

Q ことわざ どんな意味？
하늘이 무너져도 솟아날 구멍이 있다
天が崩れても逃げる道あり

가뜩が「いっぱい」「ぎっしり」という副詞なのに、가뜩이나は「そうでなくても」(=그렇지 않아도)なんて。面白い！

096

가급적 신속히 처리하도록 지시했다. ▸できるだけ速やかに処理するよう指示した。
가급적이면 규칙적으로 운동하세요. ▸できれば規則的に運動してください。

2차 시험에 **가까스로** 붙은 모양이야. ▸2次試験にかろうじて合格したみたい。
반대하는 상사를 **가까스로** 설득했다. ▸反対する上司をやっとのことで説得した。

가뜩이나 힘든데 왜 그래? ▸そうでなくてもつらいのに、どうしたの？
가뜩이나 바쁜데 일은 만들지 마. ▸ただでさえ忙しいのに、仕事を作らないで。

의자가 **가지런히** 정돈되어 있다. ▸椅子が整然と並んでいる。
신발들을 **가지런히** 정리하세요. ▸靴をきちんと片付けてください。

삼촌한테서는 **간간이** 연락이 왔다. ▸おじからは時々連絡が来た。
벚꽃이 **간간이** 피기 시작했다. ▸桜がまばらに咲き始めた。

간밤에 **갈팡질팡** 헤매는 꿈을 꾸었다. ▸昨夜うろうろとさ迷う夢を見た。
오도 가도 못하고 **갈팡질팡**했다. ▸どうすることもできず、まごまごした。

감쪽같이 속아서 재산을 다 날렸다. ▸まんまと騙されて全財産を失った。
여기 두었는데 **감쪽같이** 사라졌네. ▸ここに置いたのに、跡形もなく消えたね。

강물은 **거침없이** 흘러간다. ▸川の水はよどみなく流れていく。
거침없이 막말을 내뱉었다. ▸はばかることなく暴言を吐いた。

A ことわざ こたえ 窮すれば通じる(=궁하면 통한다)

副詞01

026

□409
건성으로
うわの空で
関 건성울음 うそ泣き
関 건성건성 いい加減に

□410
걸핏하면
[걸피타면]
ともすると、何かにつけて
同 툭하면

□411
고작
たかだか、せいぜい
同 고작해야　関 고작이다 精一杯だ、関の山だ

□412
공교롭게
[공교롭께]
あいにく、思いがけなく
漢 工巧--　形 공교롭다

□413
급기야
[급끼야]
挙句の果てに、ついに、とうとう
漢 及其也

□414
기필코
必ず、きっと
漢 期必-　類 필히(必-)必ず　類 한사코 844
類 기어코 きっと、とうとう

□415
긴히
折り入って
漢 緊-

□416
까딱
＊까닥の強調語
こくりと、こくっと
動 까딱하다 こくっとうなずく
動 까딱이다 (頭・手首などを)縦に動かす

26日目 026
チェック!
答えは右ページ下

□なるべく、
□かろうじて
□そうでなくても
□整然と
□時々
□うろうろ
□まんまと
□よどみなく
□うわの空で
□ともすると
□たかだか
□あいにく
□挙句の果てに
□必ず
□折り入って
□こくりと

건성으로 듣지 말고 잘 들어. ▸うわの空で聞いてないで、ちゃんと聞いて。
건성으로 대답했다가 혼났다. ▸生返事をしていて怒られた。

걸핏하면 학원을 빠지려고 하네. ▸ともすると塾をさぼろうとするの。
엄마는 **걸핏하면** 내게 전화를 걸어요. ▸母は何かにつけて私に電話をよこします。

고작 한 달밖에 안 다녔는데요. ▸たかだか１ヶ月しか通っていませんが。
영어 실력은 **고작**해야 초급 정도야. ▸英語の実力はせいぜい初級程度だ。
먹고사는 게 **고작**입니다. ▸食べていくのが精一杯です。

그날 **공교롭게** 옛 남친을 만났잖아. ▸あの日、思いがけず昔の彼に会ったのよ。
공교롭게도 그는 집에 없는 듯했다. ▸あいにく彼は留守のようだった。

급기야 몸싸움이 벌어졌다. ▸挙句の果てに、殴り合いの喧嘩になった。
난폭 운전으로 **급기야** 사고까지 냈다. ▸あおり運転で、ついに事故まで起こした。
그 카페는 **급기야** 문을 닫고 말았다. ▸あのカフェはとうとう店を閉めてしまった。

다음에는 **기필코** 성공하고야 말겠다. ▸次は必ず成功してみせるぞ。
이번에야말로 **기필코** 합격할 거야. ▸今度こそ、きっと合格するよ。

긴히 드릴 말씀이 있습니다. ▸折り入ってお話ししたいことがあります。
긴히 소개해 드릴 분을 모시고 왔어요. ▸折り入ってご紹介したい方をお連れしました。

여자애가 고개를 **까딱** 숙이고 지나쳤다. ▸女の子がこくりとうなずいて通り過ぎた。
발을 **까딱**이며 콧노래를 흥얼거렸다. ▸足を揺らしながら鼻歌を歌った。

26日目 026
チェック!
答えは左ページ下

□가급적	□간간이	□건성으로	□급기야
□가까스로	□갈팡질팡	□걸핏하면	□기필코
□가뜩이나	□감쪽같이	□고작	□긴히
□가지런히	□거침없이	□공교롭게	□까딱

動詞07

027

□ 417
부여잡다
[부여잡따]

握りしめる、しっかりつかむ
類 움켜쥐다 744

□ 418
부추기다

あおる、そそのかす
類 꾀다 180

□ 419
북받치다
[북빧치다]

(感情・涙などが)**込み上げる**、湧き上がる

□ 420
비틀다

ひねる、ねじる
副 비틀비틀 よろよろ

□ 421
빈둥거리다

ぶらぶらする、のらくら怠ける、だらだらする
同 빈둥대다
副 빈둥빈둥 のらりくらりと

□ 422
빈정거리다

皮肉を言う
同 빈정대다

□ 423
빗나가다
[빈나가다]

外れる、それる
類 벗어나다 脱する、逃れる

□ 424
빚다
[빋따]

①(餃子などを)**こしらえる**
②(酒を)**醸す**
③(ある事態を)**作り出す**、もたらす

Q ことわざ どんな意味？

지렁이도 밟으면 꿈틀한다
ミミズも踏まれたらのたくり回る

부여잡다には「両手ですがりつく」ようなニュアンスがあります。そのため、「片手でつかむ」場合は、부여잡다は使えません。

097

할머니는 내 손을 **부여잡고** 우셨다.	▸祖母は私の手を握りしめて泣いた。
배를 **부여잡고** 갑자기 쓰러졌다.	▸お腹を押さえて突然倒れた。
갈등을 **부추기는** 행동은 하지 맙시다.	▸葛藤をあおる行動はやめましょう。
같이 놀자고 **부추기지** 마세요.	▸一緒に遊ぼうと、そそのかさないでください。
설움이 **북받쳐서** 그만 울고 말았다.	▸悲しみが込み上げてきて、とうとう泣いてしまった。
기쁨의 눈물이 **북받쳐** 올라왔다.	▸嬉し涙が湧き上がってきた。
팔을 이렇게 **비틀어** 보세요.	▸腕をこのようにひねってみてください。
몸을 **비틀면** 등이 아픕니다.	▸体をねじると背中が痛いです。
일도 안 하고 **빈둥거리고** 있을 때였다.	▸仕事もせずぶらぶらしている時期だった。
빈둥거리지 말고 빨리 집에 가라.	▸だらだらしないで、さっさと家に帰りなさい。
빈정거리는 말투를 좀 고치면 좋겠네.	▸皮肉な言い方をちょっと直したらいいのに。
뒤에서 **빈정거리지** 말고 직접 말해.	▸陰で皮肉を言わず、直接言ったら。
원래 예측이란 **빗나가기** 마련이다.	▸元々予測というのは外れるものだ。
이야기가 **빗나갔는데** 원래로 돌아가죠.	▸話がそれましたが、本題に戻しましょう。
만두를 예쁘게 잘 **빚네요**.	▸餃子をきれいに作りますね。
예전에는 집에서 술을 **빚었다지요**?	▸昔は家でお酒を造っていたんですよね。
물의를 **빚어서** 죄송합니다.	▸物議を醸して、申し訳ありません。

A ことわざ こたえ　一寸の虫にも五分の魂

動詞07

027

□ 425
빼돌리다
(こっそり)**他へ移す**、引き抜く
類 횡령하다 横領する

□ 426
빼먹다
[빼먹따]
①**抜き取って食べる** ②(授業を)**さぼる**
③**漏らす**、落とす
類 빠뜨리다 落とす

□ 427
뺨치다
勝る、勝るとも劣らない、～顔負けだ(俗語)

□ 428
뼈저리다
骨身にしみる、痛切だ
慣 뼈에 사무치다 1025

□ 429
뽐내다
①**いばる** ②**誇る**
類 뻐기다, 으스대다 いばる

□ 430
뿌리치다
振り切る、振り払う

□ 431
삐끗하다
[삐끄타다]
ぎくっとする、くじく
類 삐다 くじく、ねん挫する

□ 432
삐치다
★ 비치다
すねる

27日目 027
チェック!
答えは右ページ下

□握りしめる	□ぶらぶらする	□他へ移す	□いばる
□あおる	□皮肉を言う	□抜き取って食べる	□振り切る
□込み上げる	□外れる	□勝る	□ぎくっとする
□ひねる	□こしらえる	□骨身にしみる	□すねる

097

공금을 **빼돌리다가** 발각됐다네.	▸公金を横領しようとしたことが発覚したそうね。
선수들을 **빼돌린다는** 소문이 있다.	▸選手たちを引き抜くという噂がある。
곶감을 **빼먹듯** 저금으로 생활해.	▸串柿を抜いて食べるかのように、貯金で暮らしている。
수업을 **빼먹고** 어디 갔었니?	▸授業をさぼって、どこに行っていたの？
수첩을 집에다 **빼먹고** 왔네.	▸手帳を家に置き忘れてきたわ。
전문가 **뺨치는** 날카로운 지적이었다.	▸専門家に勝る鋭い指摘だった。
가수 **뺨치는** 실력이네.	▸歌手顔負けの実力だね。
무력감을 **뼈저리게** 느꼈다.	▸無力さが骨身にしみた。
뼈저리게 후회했지만 때는 너무 늦었다.	▸痛切に後悔したが､時すでに遅しだった。
잘난 체하며 **뽐내는** 건 보기 싫어.	▸偉そうにいばるのは、見たくない。
우리 팀이 승리한 걸 **뽐내고** 싶다.	▸我々のチームが勝利したことを誇りたい。
만류를 **뿌리치고** 늦은 밤에 나갔다.	▸引き止めるのを振り切って、夜遅く出かけた。
내 손을 **뿌리치고** 가 버렸다.	▸私の手を振り払って、行ってしまった。
허리가 **삐끗해서** 침을 맞았어요.	▸ギックリ腰で鍼を打ってもらいました。
발을 **삐끗해서** 통증이 있어요.	▸足をくじいてしまって痛みがあります。
잘 **삐치는** 사람은 피곤해요.	▸よくすねる人は疲れます。
뭐가 **삐쳤는지** 말을 안 하더라.	▸何ですねているのか、話をしないのよ。

27日目 027
チェック!
答えは左ページ下

□부여잡다	□빈둥거리다	□빼돌리다	□뽐내다
□부추기다	□빈정거리다	□빼먹다	□뿌리치다
□북받치다	□빛나가다	□뺨치다	□삐끗하다
□비틀다	□빚다	□뼈저리다	□삐치다

28日目 形容詞04

028

□ 433
미덥다<ㅂ>
[미덥따]
頼もしい
関 미덥지 못하다, 미덥지 않다 頼り甲斐がない

□ 434
미련하다
愚かだ、愚頓だ(우둔하다)
同 미련스럽다

□ 435
미심쩍다
[미심쩍따]
いぶかしい、疑わしい、不審だ
漢 未審--

□ 436
미진하다
物足りない
漢 未尽--

□ 437
미흡하다
[미흐파다]
不十分だ、至らない
漢 未洽-- 反 흡족하다 895

□ 438
민망하다
きまり悪い、ばつが悪い
漢 憫惘--
関 -기 민망하다 ～するのが恥ずかしい

□ 439
박하다
[바카다]
① **薄情だ**(박정하다)
②(利益・所得が) **少ない**
漢 薄-- 反 후하다 情が深い 関 인색하다 769

□ 440
반듯하다
[반드타다]
① **まっすぐだ** ② **まともだ**
副 반듯이 まっすぐに、しゃんと

Q ことわざ どんな意味？ 귀가 보배 耳が宝

韓国のバラエティ番組で、ちょっと気まずい雰囲気の時に민망というテロップが流れたりしますね。

098

언제 봐도 **미더운** 젊은이다. ▸いつ見ても、頼もしい若者だ。
아무래도 그 사람은 **미덥지가** 않아. ▸どうもあの人は頼り甲斐がない。

그렇게 **미련한** 사람은 아니라고 봐. ▸それほど愚かな人ではないと思うよ。
미련할 정도로 정직한 사람이야. ▸愚鈍なまでに正直者なのよ。

미심쩍은 눈으로 나를 쳐다봤다. ▸いぶかしい目で私を見つめた。
아무래도 **미심쩍어서** 다시 물어봤다. ▸どうも疑わしくてもう一度聞いてみた。
미심쩍은 부분이 있어 조사해 봤다. ▸不審な部分があり調査してみた。

미진한 점이 있지만 일단 끝났다. ▸物足りない点はあるものの、一旦終えた。
기획서가 **미진하니까** 다시 만들어. ▸企画書がしっくり来ないから作り直して。

미흡하기는 하지만 받아들이기로 했다. ▸不十分ではあるが、受け入れることにした。
미흡한 점도 많겠지만 잘 부탁드립니다. ▸至らぬ点も多々あると思いますが、よろしくお願いいたします。

잠옷을 입고 있어서 **민망했다**. ▸パジャマを着ていたので、きまり悪かった。
엄마도 **민망한** 표정을 지었다. ▸母もばつが悪そうな表情を浮かべた。

그리 인정이 **박한** 사람인 줄은 몰랐어. ▸あれほど薄情な人だとは思わなかった。
일은 힘든데 임금은 **박하네**. ▸仕事がつらいのに、賃金は少ないね。

허리를 펴고 **반듯하게** 앉아라. ▸背筋を伸ばしてまっすぐ座りなさい。
반듯한 사람이라는 평판인데. ▸まともな人だという評判だけど。

A ことわざ こたえ 底の浅い耳学問、受け売り、口耳之学

形容詞04

028

□ 441
변변찮다
[변변찬타]
(物などが)**粗末だ**、ろくでもない
関 변변하다 かなり良い、引けを取らない
副 변변히 ろくに

□ 442
부득이하다
やむを得ない、仕方ない
漢 不得已--　副 부득이 仕方なく

□ 443
부질없다
[부지럽따]
無駄だ、しがない、余計だ
類 소용없다 無駄だ
類 시시하다 555

□ 444
불미스럽다<ㅂ>
[불미스럽따]
恥さらしだ
漢 不美---　同 불미하다

□ 445
빈틈없다
[빈트멉따]
①**すき間ない**
②**すきがない**、抜かりがない
副 빈틈없이

□ 446
빠듯하다
[빠드타다]
ぎりぎりだ、きゅうきゅうだ
副 빠듯이

□ 447
빳빳하다
[빧빠타다]
①(態度や性格が)**こちこちだ**
②**パリパリしている**

□ 448
뻐근하다
(身体が)**だるい**、凝る

28日目　028
チェック!
答えは右ページ下

□ 頼もしい	□ 不十分だ	□ 粗末だ	□ すき間ない
□ 愚かだ	□ きまり悪い	□ やむを得ない	□ ぎりぎりだ
□ いぶかしい	□ 薄情だ	□ 無駄だ	□ こちこちだ
□ 物足りない	□ まっすぐだ	□ 恥さらしだ	□ だるい

098

변변찮은 영어 실력으로 고생했다. ▸お粗末な英語力で苦労してきた。
그런 **변변찮은** 놈하고는 사귀지 마. ▸あんなろくでもない奴とは付き合うな。

부득이한 사정이니 이해해 주세요. ▸やむを得ない事情のため、ご了承ください。
부득이하게 회사를 그만두게 됐다. ▸仕方なく会社を辞めることになった。

선생님한테 얘기해 봤자 **부질없어**. ▸先生に言ったところで無駄だよ。
부질없는 희망이라고 잘라 말했다. ▸はかない夢だと言い切った。
부질없는 걱정은 하지 마세요. ▸余計な心配はしないでください。

불미스러운 사건이 있었다고 한다. ▸恥さらしな事件があったそうだ。
불미스러운 행동을 해서는 안 된다. ▸恥さらしな振る舞いをしてはいけない。

회장은 **빈틈없이** 사람들로 채워졌다. ▸会場はすき間なく人で埋め尽くされた。
빈틈없는 자세로 임해야 한다. ▸すきのない姿勢で臨まなければならない。
빈틈없는 조사로 진상을 밝혀냈다. ▸抜かりのない調査で真相を明らかにした。

시간이 **빠듯하니까** 서둘러 가자. ▸時間がぎりぎりだから、急いで行こう。
생활이 **빠듯해서** 여유가 없다. ▸生活がきゅうきゅうで余裕がない。

상대방은 **빳빳하게** 굴었다. ▸相手は頑なに振る舞った。
빳빳한 오만 원짜리 지폐를 꺼냈다. ▸ピンとした5万ウォン札を取り出した。

오랜만에 운동을 했더니 **뻐근하네**. ▸久しぶりに運動をしたらだるい。
어깨가 **뻐근해서** 마사지를 받았다. ▸肩が凝っていて、マッサージを受けた。

28日目 028
チェック!
答えは左ページ下

□미덥다	□미흡하다	□변변찮다	□빈틈없다
□미련하다	□민망하다	□부득이하다	□빠듯하다
□미심쩍다	□박하다	□부질없다	□빳빳하다
□미진하다	□반듯하다	□불미스럽다	□뻐근하다

4週目

力試しドリル

(　　)안에 들어갈 말로 가장 알맞은 것을 하나 고르십시오.

1. 상황이 상황이니만큼 (　　)은/는 금물입니다.
①법석　②방심　③방패　④발췌

2. 배신자에게는 (　　)을/를 보여 줘야 합니다.
①본때　②본심　③봉변　④본질

3. 팬미팅은 전국에서 팬들이 몰려와 (　　)를/을 이루었다.
①절정　②북새통　③분수　④인기

4. 이번 일은 긁어서 (　　) 만들지 말고 그냥 두래.
①불씨　②흉터　③부스럼　④상처

5. 몇 번 떨어졌던 공무원 시험에 (　　) 붙었다.
①기필코　②고작　③거침없이　④가까스로

6. 우리 애가 (　　) 학원을 빠지려고 해서 걱정이에요.

①갈팡질팡　②급기야　③걸핏하면　④건성으로

7. A : 회사의 예측은 보기 좋게 (　　).

B : 볼은 골대를 맞고 왼쪽으로 (　　).

C : 강연 내용은 주제에서 점점 (　　).

①나아갔다　②빗나갔다　③벗어났다　④실패했다

8. A : 말해 봤자 이제 와서 (　　) 일이야.

B : 나도 이제 (　　) 희망은 버리기로 했어.

C : 엄마, (　　) 걱정은 제발 하지 마세요.

①부질없는　②소용없는　③부득이한　④쓸데없는

解答・解説

1. ②

【日本語訳】状況が状況であるだけに、(油断)は禁物です。

①騒ぎ立てること　②油断　③盾　④抜粋

2. ①

【日本語訳】裏切り者には(見せしめ)に懲らしめないといけません。

①見せしめ　②本心　③人から侮辱されること　④本質

3. ②

【日本語訳】ファンミーティングは全国からファンが駆けつけ、(ごった返した)。

①絶頂　②ごった返していること　③わきまえ　④人気

Point 북새통을 이루다で「ごった返す」。

4. ③

【日本語訳】今回のことはひっかいて(腫れ物)を作らずに、ほっとけってさ。

①火種　②傷跡　③腫れ物　④傷

Point 긁어서 부스럼을 만들다は「ひっかいて腫れ物を作る」という意味から、「寝た子を起こす」という諺として使われます。

5. ④

【日本語訳】何度も落ちた公務員試験に(やっとのことで)受かった。

①必ず　②たかだか　③よどみなく　④やっとのことで、かろうじて

6. ③

【日本語訳】うちの子が(ともすれば)塾をさぼろうとして心配です。

①うろうろ　②挙句の果てに　③ともすれば　④うわの空で

7. ②

【日本語訳】A：会社の予測は見事に(外れた)。B：ボールはゴールポストに当たって左に(外れた)。C：講演の内容はテーマから徐々に(それていった)。

①進んだ、出た　②外れた、それていった　③外れた　④失敗した

Point すべての(　　)に入るのは②。なお、Aには②③④、Bには②、Cには②③が可能。

8. ①

【日本語訳】A：言ったところで今さら(無駄な)ことさ。B：私ももう(無駄な)希望は捨てることにしたよ。C：母さん、(いらぬ)心配はお願いだからしないでください。

①無駄な　②無駄な　③やむを得ない、仕方ない　④つまらない

Point すべての(　　)に入るのは①。なお、Aには①②、Bには①②④、Cには①④が可能。

キクタン韓国語

5週目

✓学習したらチェック!

빗방울이 뚝뚝 떨어지기 시작했다.

(例文の意味は 526 参照)

名詞17

029

□ 449 **상책**	**上策**、最善の策 漢 上策
□ 450 **새내기**	(大学の)**新入生**(신입생)、駆け出し、新米 類 신참 492
□ 451 **생계**	**生計**、暮らし 漢 生計
□ 452 **생고생**	**無駄な苦労**、余計な苦労 漢 生苦生　動 생고생하다 ※생-については巻末付録参照
□ 453 **서리**	①**霜**　②**白髪**(백발) 関 서릿발 霜柱
□ 454 **석양**	**夕日** 漢 夕陽　類 노을142
□ 455 **선잠**	**浅い眠り** 関 설다 (眠りなどが)足りない
□ 456 **섣달** [섣딸]	(陰暦の) **12月**、師走

Q ことわざ どんな意味？

굼벵이도 구르는 재주가 있다

セミの幼虫も転ぶ技がある

「新入生」は、以前は신입생が一般的でしたが、今はもっぱら새내기が使われているようです。

099

상대를 안 하는 게 **상책**입니다. ▸相手にしないのが最善の策です。
화났을 땐 자는 게 **상책**이야. ▸腹が立つ時は寝るのが最善の策だよ。

내일 **새내기** 환영회가 있다네요. ▸明日、新入生歓迎会があるそうです。
새내기 교사를 위한 연수회가 있답니다. ▸新米教師のための研修会があるそうです。

생계를 꾸리려고 장사를 시작했어요. ▸生計を立てようと、商売を始めました。
겨우 **생계**를 유지하는 정도죠. ▸なんとか暮らしていけるほどですよ。

지금까지의 노력이 **생고생**이 됐네. ▸今までの努力が徒労に終わってしまった。
외국에서 **생고생**하지 말고 돌아와. ▸外国で余計な苦労をせず、戻ってきて。

북쪽 지방에는 첫**서리**가 내렸대. ▸北の地方では初霜が降りたそうよ。
벌써 머리에 **서리**가 내려앉은 중년이 됐다. ▸もう頭に霜を戴いた中年になった。

산 너머로 **석양**이 지는 건 순간이야. ▸山の向こうに夕日が沈むのはあっという間だよ。
석양이 비치는 풍경을 사진에 담았다. ▸夕日が差す風景を写真に収めた。

선잠을 자서 그런지 피곤이 안 풀리네. ▸眠りが浅いせいか、疲れがとれないわ。
아기가 **선잠**에서 깨어나 울었다. ▸赤ちゃんが浅い眠りから覚めて泣いていた。

섣달 스무엿샛날이 제 생일이에요. ▸陰暦の 12 月 26 日が、私の誕生日です。
섣달이라서 다들 바쁘십니다. ▸師走なので皆さんお忙しいです。

A ことわざ こたえ 馬鹿の一つ覚え

名詞17

🎧029

□457
성향
性向、気質(기질)
漢 性向

□458
성화
①**気をもむこと**
②**煩わしい気持ちにさせること**
漢 成火　関 성화를 부리다 イライラする

□459
셋집
[섿찝]　★ 세집
借家
漢 貰-　関 셋방 賃貸の部屋

□460
소꿉친구
幼なじみ
漢 --親旧　同 소꿉동무　関 소꿉놀이 ままごと

□461
소름
鳥肌
同 닭살

□462
소변
小便、おしっこ
漢 小便　関 대변 160　同 오줌
関 소변을 보다, 오줌을 누다 おしっこをする

□463
소송
訴訟
漢 訴訟　動 소송하다

□464
소용돌이
渦、渦巻き
動 소용돌이치다 渦巻く

29日目 🎧029
チェック!
答えは右ページ下

□上策	□霜	□性向	□鳥肌
□新入生	□夕日	□気をもむこと	□小便
□生計	□浅い眠り	□借家	□訴訟
□無駄な苦労	□12月	□幼なじみ	□渦

소비 **성향**에 대한 조사 결과가 나왔다.
그분은 반골 **성향**이라고 하더라고.

▸消費性向に対する調査結果が出た。
▸その方は反骨気質だと言っていたよ。

성화를 내지 말고 좀 기다려 봐.
성화 부려도 안 되는 건 안 되는 거야.

▸気をもまずに、ちょっと待ってみて。
▸イライラしても、だめなものはだめよ。

셋집을 구해서 혼자 살기로 했다.
10년 만에 **셋집**살이를 청산했다.

▸借家を借りて一人暮らしをすることにした。
▸10年で借家暮らしを終わらせた。

대학에서 **소꿉친구**를 다시 만났다.
너네 오빠가 **소꿉친구**랑 결혼했다며?

▸大学で幼なじみと再会した。
▸あなたのお兄さんが幼なじみと結婚したんだって？

영화가 너무 무서워서 **소름**이 돋았다.
소름이 끼칠 정도의 연기력이었다.

▸映画が怖すぎて鳥肌が立った。
▸鳥肌が立つほどの演技力だった。

소변 좀 보고 올게요.
아이가 **소변**을 가리게 됐다.

▸ちょっと用を足して来ます。
▸子どもがおしっこをトイレでできるようになった。

납득할 수 없다며 **소송**을 걸겠대.
소송대리인으로 참여하게 됐다.

▸納得いかないと、訴訟を起こすと言っていたよ。
▸訴訟代理人として参加することになった。

정쟁의 **소용돌이** 속으로 말려들어 갔다.
다양한 감정이 안에서 **소용돌이**쳤다.

▸政争の渦中へ巻き込まれていった。
▸さまざまな思いが心の中で渦巻いていた。

29日目 029
チェック!
答えは左ページ下

□상책	□서리	□성향	□소름
□새내기	□석양	□성화	□소변
□생계	□선잠	□셋집	□소송
□생고생	□설달	□소꿉친구	□소용돌이

名詞18

□ 465
속셈
[속쎔]
①**心づもり**、下心　②**暗算**(암산)
同 심산 心づもり 495

□ 466
속임수
[소김쑤]
ごまかし、インチキ、ペテン
漢 --数　関 속이다 ごまかす、だます

□ 467
손상
損傷
漢 損傷　動 손상되다

□ 468
손아래
年下
反 손위 年上　関 아랫사람 年下の人

□ 469
쇄도
殺到
漢 殺到　動 쇄도하다

□ 470
수거
収集
漢 収去　動 수거하다

□ 471
수긍
納得すること、うなずくこと
漢 首肯　動 수긍하다

□ 472
수다
おしゃべり、無駄口
形 수다스럽다

Q ことわざ どんな意味？　도토리 키 재기　どんぐりの背比べ

수다쟁이は「おしゃべり（＝口数が多い人）」。反対語は말수가 적은 사람(口数が少ない人)と言います。

100

도대체 무슨 **속셈**인지 모르겠어. ▸一体どういう心づもりなのかわからない。
계산기도 안 쓰고 **속셈**도 잘해. ▸計算機も使わず、暗算も上手だよ。

속임수가 통하는 사람이 아니야. ▸ごまかしが通じる人ではないよ。
속임수를 써서 투자자를 모았대. ▸インチキをして投資家を集めたってよ。
속임수에 넘어간 걸 깨달았다. ▸ペテンにかけられたことに気づいた。

사고로 척추에 **손상**을 입었다. ▸事故で脊椎に損傷を受けた。
염색으로 머리카락 **손상**이 심하다네. ▸カラーリングで、髪の傷みがひどいって。

우리 부장님보다 **손아래**라던데. ▸うちの部長より年下だと言ってたんだけど。
손위가 아니고 **손아래**라고? ▸年上じゃなく年下だと？

'신청자 **쇄도**'라는 기사가 났다. ▸「申し込み者殺到」という記事が出た。
전국 각지에서 전화 문의가 **쇄도**했다. ▸全国各地から問い合わせの電話が殺到した。

쓰레기 **수거**는 매주 화요일입니다. ▸ゴミ収集は毎週火曜日です。
분리**수거**에 협조 부탁드립니다. ▸分別収集にご協力お願いします。

딸은 **수긍**이 갔는지 고개를 끄떡였다. ▸娘は納得したのか、うなずいた。
설명을 들어도 **수긍**이 안 가는 얘기였다. ▸説明を聞いても納得のいかない話だった。

수다를 떨었더니 기분이 좀 나아졌다. ▸おしゃべりをしたら、気分が少し晴れた。
우리 언니는 **수다**쟁이야. ▸うちのお姉ちゃんはおしゃべりだよ。

A ことわざ こたえ どんぐりの背比べ

名詞18

🎧 030

□ 473
수당
手当
漢 手当

□ 474
수법
[수뻡]
①**手口**、手、手法 ②**手際**
漢 手法

□ 475
수제비
★ 칼제비
すいとん

□ 476
수컷
[수컫]
(動物の)**オス**
反 암컷 (動物の)メス 関 수탉 雄鶏

□ 477
수효
(物の)**数**
漢 数爻

□ 478
숙모
[숭모]
父方のおば
漢 叔母 関 외숙모 おば(외삼촌[母方のおじ]の妻)
同 작은어머니

□ 479
숨결
[숨껼]
息遣い

□ 480
슬기
知恵(지혜)、才知
形 슬기롭다, 지혜롭다 賢い、聡明だ

30日目 🎧 030
チェック!
答えは右ページ下

□ 心づもり	□ 殺到	□ 手当	□ 数
□ ごまかし	□ 収集	□ 手口	□ 父方のおば
□ 損傷	□ 納得すること	□ すいとん	□ 息遣い
□ 年下	□ おしゃべり	□ オス	□ 知恵

서비스 잔업이라서 **수당**이 없대.	▸サービス残業なので、手当がつかないそうよ。
수당을 지급하라고 요구했다.	▸手当を支給しろと要求した。
교묘한 **수법**으로 소비자를 속였다.	▸巧妙な手口で消費者を騙した。
그런 **수법**에 넘어갈 사람이 아니지.	▸そんな手に引っかかる人ではないよ。
멋진 **수법**이라는 평가를 받았다.	▸鮮やかな手際だという評価を受けた。
수제비가 맛있는 집을 알아봤다.	▸すいとんがおいしい店を検索してみた。
이모가 만드는 **수제비**는 얇고 맛있어.	▸おばが作るすいとんは薄くておいしいよ。
닭은 **수컷**인지 암컷인지 어떻게 알아?	▸鶏はオスかメスかどうやって見分けるの？
새들 중에는 **수컷**이 새끼를 키우기도 한대.	▸鳥の中にはオスが子育てすることもあるって。
수효가 많은 쪽이 유리합니다.	▸数が多いほうが有利です。
수효가 맞는지 잘 세 봐.	▸数が合っているか、ちゃんと数えてみて。
둘째 **숙모**님이 주말에 오신다네.	▸父方の2番目のおばさんが週末に来るって。
외**숙모**하고는 친하게 지내요.	▸おばとは親しくしてもらっています。
숨결이 점차 거칠어졌다.	▸息遣いがだんだん激しくなった。
역사의 **숨결**을 느낄 수 있는 답사였다.	▸歴史の息遣いが感じられるフィールドワークだった。
생활의 **슬기**가 담긴 속담이네요.	▸生活の知恵がつまった諺ですね。
숙모님이 **슬기**롭게 해결하라고 했다.	▸おばさんが賢く解決しなさいと言った。

30日目 030
チェック!
答えは左ページ下

□속셈	□쇄도	□수당	□수효
□속임수	□수거	□수법	□숙모
□손상	□수긍	□수제비	□숨결
□손아래	□수다	□수컷	□슬기

名詞19

031

□ 481
습성
[습썽]
習性、癖
漢 習性

□ 482
승객
乗客
漢 乗客

□ 483
승낙
★ 승락
承諾、了承
漢 承諾　動 승낙하다

□ 484
승부
勝負
漢 勝負　関 무승부(無勝負) 引き分け

□ 485
시비
①**是非**　②**言い争うこと**
漢 是非
関 시비를 걸다 言いがかりをつける

□ 486
시샘
＊시새움の縮約形
やきもち、妬み、嫉妬(질투)
同 샘　動 시샘하다
慣 샘을 부리다 やきもちを焼く

□ 487
시위
デモ(데모)、示威
漢 示威

□ 488
시종
始終、最初から最後まで
漢 始終　関 시종일관 始終一貫

Q ことわざ どんな意味？　**개밥에 도토리**　犬の餌にどんぐり

「やきもち」は시샘または샘。「やきもちを焼く」は샘을 부리다とも。「嫉妬深い」は샘이 많다と表現します。

101

고양이는 높은 곳을 좋아하는 **습성**이 있대.	▸猫には高いところを好む習性があるって。
밤샘하는 **습성**을 고치려고.	▸夜明かしする癖を直そうと思ってるんだ。
승객 여러분께 안내 말씀 드립니다.	▸乗客の皆様にご案内申し上げます。
승객의 안전을 위해 최선을 다했다.	▸乗客の安全のために最善を尽くした。
부모님의 **승낙**이 필요하다던데.	▸両親の承諾が必要だそうだけど。
엄마가 **승낙**을 안 해 주면 어떡하지?	▸母が了承してくれなかったら、どうしよう。
승부의 세계는 혹독한 거야.	▸勝負の世界は厳しいのよ。
연장전에서 **승부**를 가리게 됐다.	▸延長戦で勝負を決めることになった。
법정에서 **시비**를 가려 보자고 했다.	▸法廷で是非を正してみようと言った。
사소한 일로 **시비**가 붙었다고 한다.	▸些細なことで口論になったそうだ。
시샘을 내지 말자고 생각했다.	▸やきもちを焼かないようにしようと思った。
시샘을 받는 경우도 있죠.	▸妬まれる場合もあるよ。
친구의 재능에 **시샘**을 느낀 적이 있다.	▸友人の才能に嫉妬を覚えたことがある。
시간이 갈수록 **시위**대가 점점 불어났다.	▸時間が経つにつれて、デモ隊が次第に増えてきた。
집회 후 **시위**행진을 하기로 했다.	▸集会後、デモ行進をすることにした。
시종 미소를 지으며 이야기를 이어갔다.	▸始終笑みを浮かべて話し続けた。
시종일관 자신의 주장을 굽히지 않았다.	▸終始一貫して自分の主張を曲げなかった。

A ことわざ こたえ　村八分、仲間はずれ

名詞19

□ 489 **식견** [식껸]	**見識**(견식)、識見 漢 識見
□ 490 **식단** [식딴]	**献立**、メニュー(메뉴) 漢 食単
□ 491 **식성** [식썽]	(食べ物の)**好み**、好き嫌い 漢 食性 関 식성이 좋다 何でもよく食べる
□ 492 **신참**	**新入り**、新米 漢 新- 類 새내기 450 反 고참 古株
□ 493 **실리**	**実利**、利益(이익) 漢 実利
□ 494 **심려** [심녀]	**心労**、心配 漢 心慮 動 심려하다 音 심려 深慮
□ 495 **심산**	**心づもり**、つもり、心算 漢 心算 同 속셈 465
□ 496 **싸구려**	**安物** 関 싸다 安い

31日目 031
チェック!
答えは右ページ下

□ 習性 □ 是非 □ 見識 □ 実利
□ 乗客 □ やきもち □ 献立 □ 心労
□ 承諾 □ デモ □ 好み □ 心づもり
□ 勝負 □ 始終 □ 新入り □ 安物

훌륭한 **식견**을 갖춘 분이란다. ▸立派な見識を備えた方なのよ。
30대에는 **식견**을 넓히기 위해 노력해라. ▸30代は見識を広げるために努力しなさい。

외국 손님을 위한 **식단**을 짰다. ▸外国のお客さんのための献立を立てた。
인터넷에서 다이어트 **식단**을 찾아봤다. ▸ネットでダイエットメニューを探してみた。

고기는 **식성**에 맞게 익혀 드세요. ▸肉は好みに合わせて加熱して食べてください。
어렸을 때는 **식성**이 까다로웠다네. ▸小さい時は好き嫌いが激しかったそうよ。

신참이지만 고참들보다 일을 잘한대. ▸新入りだけど、古株より仕事ができるんだって。
이 분야에서는 아직 **신참**입니다. ▸この分野ではまだ新米です。

실리를 추구하는 **실리**주의자입니다. ▸実利を追求する実利主義者です。
경제적 **실리**를 도모하기로 했다. ▸経済的な利益を図ることにした。

심려를 끼쳐 드려서 죄송합니다. ▸ご心労をおかけして、申し訳ありません。
공연히 **심려**만 끼쳤습니다. ▸余計なご心配ばかりおかけしました。

무슨 **심산**인지 도무지 알 수가 없다. ▸どういう心づもりなのか、全くわからない。
용돈이라도 벌 **심산**으로 알바를 시작했다. ▸小遣いでも稼ぐつもりでアルバイトを始めた。

싸구려라도 품질이 괜찮아요. ▸安物でも品質はまあまあいいです。
싸구려는 대개 대량 생산이 많아요. ▸安物はたいてい大量生産が多いです。

31日目 031
チェック!
答えは左ページ下

□습성 □시비 □식견 □실리
□승객 □시샘 □식단 □심려
□승낙 □시위 □식성 □심산
□승부 □시종 □신참 □싸구려

名詞20

032

□ 497
싹쓸이
総なめ、すっかり掃き出すこと
動 싹쓸이하다　関 싹쓸이 쇼핑 爆買い

□ 498
썰물
引き潮
同 간조(干潮)　反 밀물281

□ 499
아양
愛嬌(애교)、媚(こび)

□ 500
안간힘
[안간힘/안깐힘]　★ 안깐힘
必死のあがき

□ 501
안목
眼識、目、見識(식견)
漢 眼目　関 안목을 기르다 目を肥やす

□ 502
안성맞춤
[안성맏춤]
あつらえ向き、願ってもない好都合、打ってつけ
漢 安城--

□ 503
알거지
無一文の乞食
※알-については巻末付録参照

□ 504
알맹이
中身、要点(요점)

Q ことわざ どんな意味？
우물을 파도 한 우물을 파라
井戸を掘るにも一つの井戸を掘れ

싹쓸이は、싹(少しも残さずみな、全部)という副詞に、쓸이(掃くこと)がついてできた単語です。

102

한 팀이 상을 **싹쓸이**했다네. ▸1つのチームが賞を総なめにしたそうよ。
싹쓸이 쇼핑이 화제가 됐다. ▸爆買いが話題になった。

썰물 때는 걸어서 섬으로 갈 수 있대. ▸引き潮の時は歩いて島に行けるんだって。
관중들이 **썰물**처럼 빠져나갔다. ▸観衆たちは潮が引くようにいなくなった。

5살 난 딸이 아빠한테 **아양**을 떨었다. ▸5歳の娘がパパに愛嬌を振りまいた。
아양을 부려도 안 된다고 했다. ▸媚を売ってもダメだと言った。

해결책을 찾기 위해 **안간힘**을 썼다. ▸解決策を見つけるため､必死に駆け回った。
그렇게 **안간힘**을 쓰지 않아도 돼. ▸そんなに必死にならなくてもいいよ。

예술가로서의 **안목**에는 틀림이 없다. ▸芸術家としての眼識には間違いがない。
사람을 보는 **안목**이 없네. ▸人を見る目がないわね。

이 코트가 너한테 **안성맞춤**이야. ▸このコートは君におあつらえ向きだね。
야외활동에 **안성맞춤**인 날씨였다. ▸野外活動に好都合の天気だった。
가족 모임에 **안성맞춤**인 식당이 있어. ▸家族の集まりに打ってつけの食堂があるよ。

사기를 당해서 **알거지**가 됐다고 한다. ▸騙されて無一文になったそうよ。
알거지라는 건 다 거짓말이야. ▸一文無しというのは全くの嘘だよ。

알맹이가 없는 기획안이 올라왔다. ▸中身のない企画案が上がってきた。
알맹이가 빠진 법안이라는 여론이었다. ▸要点が抜けた法案だという世論だった。

A ことわざ こたえ 何事でも一つのことに励めば成功する

名詞20

🎧 032

□ 505
압력
[암녁]

圧力
漢 圧力　関 압력솥 圧力釜

□ 506
압류
[암뉴]

差し押さえ
漢 押留　動 압류하다

□ 507
앞치마
[압치마]

前掛け、エプロン

□ 508
애초

初め、最初(최초)
漢 -初　同 애당초/애시당초
関 애초에 初めから

□ 509
약효
[야쿄]

薬効、薬の効き目
漢 薬効

□ 510
양로원
[양노원]

老人ホーム
漢 養老院

□ 511
양식
★ 량식

①**食料**　②**糧**、精神的な考え
漢 糧食

□ 512
양치

歯磨き、口をすすぐこと
漢 養歯　同 양치질　動 양치하다

32日目 🎧 032
チェック!
答えは右ページ下

□ 総なめ
□ 引き潮
□ 愛嬌
□ 必死のあがき
□ 眼識
□ あつらえ向き
□ 無一文の乞食
□ 中身
□ 圧力
□ 差し押さえ
□ 前掛け
□ 初め
□ 薬効
□ 老人ホーム
□ 食料
□ 歯磨き

위에서 **압력**을 가했다고 한다. ▸上から圧力を加えたという。
한국에서는 **압력**솥을 많이 쓴대요. ▸韓国では圧力釜をよく使うそうです。

재산 **압류**를 해제하고 싶은데요. ▸財産の差し押さえを解除したいんですが。
보험료를 체납하면 통장을 **압류**한다네. ▸保険料を滞納したら、預貯金を差し押さえるんだって。

앞치마를 두르고 있는 엄마의 모습. ▸前掛けをしている母の姿。
친구가 결혼 선물로 **앞치마**를 줬다. ▸友人から結婚祝いにエプロンをもらった。

애초에 도와줄 생각이었다는 거야. ▸初めから助けるつもりだったと言うのよ。
애초보다 예산이 더 늘어나게 됐다. ▸最初より予算がさらに増えることになった。

관절염에 **약효**가 있다고 하네요. ▸関節炎に効くそうです。
약효가 떨어지면 통증이 심해진다. ▸薬の効果が落ちると、痛みが激しくなる。

양로원에서 봉사활동을 하고 있다. ▸老人ホームでボランティア活動をしている。
할아버지는 **양로원**에서 생활하세요. ▸祖父は老人ホームで暮らしています。

비상용 **양식**을 준비해 두었다. ▸非常食を準備しておいた。
독서는 마음의 **양식**이라고 하잖아. ▸読書は心の糧だと言うじゃない。

자기 전에 **양치**를 안 하면 충치가 될 거야. ▸寝る前に歯磨きをしないと虫歯になるよ。
양치질을 했는데 과일을 먹으라고? ▸歯磨きしたのに、果物を食べろって？

32日目 032
チェック!
答えは左ページ下

□싹쓸이	□안목	□압력	□약효
□썰물	□안성맞춤	□압류	□양로원
□아양	□알거지	□앞치마	□양식
□안간힘	□알맹이	□애초	□양치

副詞02

□ 513
꼬박
＊꼬박이の縮約形
ぶっとおしで、まるまる

□ 514
꼬박꼬박
きちんきちんと

□ 515
꼬치꼬치
①**根掘り葉掘り** ②**ガリガリ**(に)
類 시시콜콜 722

□ 516
난데없이
[난데업씨]
出し抜けに、不意に、突然
形 난데없다 類 느닷없이 不意に

□ 517
낱낱이
[난나치]
一つひとつ、一つ残らず

□ 518
너그러이
寛大に(관대히)
形 너그럽다

□ 519
느릿느릿
[느린느릳]
のろのろ(と)
形 느릿하다 少しのろい

□ 520
다분히
多分に、相当に(상당히)
漢 多分-

Q ことわざ どんな意味？
우물 가서 숭늉 찾는다
井戸に行っておこげ湯を求める

낱は「数えられるものの1つ」という意味。낱개は「(別々になっている)1個」「ばら」という意味で使われます。

103

밤을 **꼬박** 새워서 만들었어. ▸一晩ぶっとおしで作ったんだよ。
이걸 읽는 데 **꼬박** 석 달 걸렸나 봐. ▸これを読むのにまる3か月かかったらしい。

집세를 밀리지 않고 **꼬박꼬박** 낸다. ▸家賃を滞りなくきちんきちんと支払う。
매일 30분씩 **꼬박꼬박** 운동을 한다. ▸毎日30分ずつきちんきちんと運動をする。

이것저것 **꼬치꼬치** 캐묻지 마세요. ▸あれこれ根掘り葉掘りきかないでください。
큰 병을 앓더니 **꼬치꼬치** 말랐대. ▸大病を患ってガリガリに痩せたんだって。

그게 **난데없이** 무슨 말이야? ▸それ、出し抜けにどういうこと?
난데없이 여행을 가자고 했다. ▸突然、旅行に行こうと言った。

낱낱이 조사해서 보고 드리겠습니다. ▸一つひとつ調査してご報告いたします。
회사의 비리를 **낱낱이** 기록해 두었다. ▸会社の不正を一つ残らず記録した。

너그러이 용서해 주시기 바랍니다. ▸寛大にご容赦くださいますようお願い申し上げます。
옛정을 생각해서 **너그러이** 봐주세요. ▸昔のよしみで大目に見てください。

달팽이처럼 **느릿느릿** 걸었다. ▸カタツムリのようにのろのろと歩いた。
외삼촌이 **느릿느릿** 말하기 시작했다. ▸おじがゆっくりと話し始めた。

다분히 정치적 의도가 엿보인다. ▸多分に政治的な意図が伺える。
그럴 위험성이 **다분히** 있다는 거죠. ▸そういう危険性が相当あるってことですね。

A ことわざ こたえ 手段を誤れば目的のものは得られない

033

□ 521
다짜고짜
有無を言わせず、むやみやたらに
類 무턱대고 628

□ 522
대번에
一気に、直ちに、すぐに
漢 -番-

□ 523
덩달아
(他人の言動に)**つられて**、同調して
同 덩달아서

□ 524
두둥실
ふんわり(と)、ぽっかり(と)
関 둥실둥실 ふわふわ

□ 525
듬성듬성
まばらに
形 듬성듬성하다　類 간간이 405
類 드문드문 ぽつぽつ、まばらに

□ 526
뚝뚝
①**ぽろぽろと**
②**ぽつぽつと**
③**ぽきっぽきっと**

□ 527
막무가내로
[망무가내로]
頑として、どうしても
漢 莫無可奈-　名 막무가내 どうしようもないこと

□ 528
무럭무럭
[무렁무럭]
すくすく(と)、むくむく(と)
関 모락모락 すくすく、ゆらゆら

33日目 033
チェック!
答えは右ページ下

□ぶっとおしで	□一つひとつ	□有無を言わせず	□まばらに
□きちんきちんと	□寛大に	□一気に	□ぽろぽろと
□根掘り葉掘り	□のろのろ	□つられて	□頑として
□出し抜けに	□多分に	□ふんわり	□すくすく

싫다는 애를 **다짜고짜**로 끌고 갔다.	▸嫌がる子を有無を言わせず連れて行った。
사사건건 **다짜고짜** 시비를 건다.	▸事あるごとに、むやみやたらに喧嘩をふっかける。
어려운 문제를 **대번에** 해결할 줄이야.	▸難しい問題を一気に解決するなんて。
사장은 그의 요구를 **대번에** 승낙했다.	▸社長は彼の要求を直ちに承諾した。
그 좋은 제안을 **대번에** 거절하다니.	▸あんな良い提案をすぐに断るなんて。
친구가 웃어서 나도 **덩달아** 웃었다.	▸友達が笑うので、私もつられて笑った。
너무 슬퍼서 **덩달아** 눈물이 나왔다.	▸とても悲しくて、同調して涙が出た。
가지각색의 열기구가 **두둥실** 날아올랐다.	▸色鮮やかな熱気球がふわりと舞い上がった。
둥근달이 **두둥실** 떠 있었다.	▸丸い月がぽっかり浮かんでいた。
극장에 관객들이 **듬성듬성** 앉아 있다.	▸劇場に観客がまばらに座っている。
이제 **듬성듬성** 흰머리가 보이네.	▸そろそろ白髪がまばらに見えるね。
굵은 눈물이 **뚝뚝** 떨어졌다.	▸大粒の涙がぽろぽろこぼれた。
빗방울이 **뚝뚝** 떨어지기 시작했다.	▸雨がぽつぽつと降り始めた。
무릎에서 **뚝뚝** 하는 소리가 났다.	▸膝からぽきっぽきっという音がした。
아무리 말려도 **막무가내로** 결혼하겠대.	▸いくら止めても頑として結婚するって。
아빠가 안 된대도 **막무가내로** 간대.	▸パパがだめだと言ってもどうしても行くって。
건강하게 **무럭무럭** 자라라.	▸元気にすくすく育ってね。
온천에서 김이 **무럭무럭** 올라왔다.	▸温泉から湯気がもくもくと立ち上ってきた。

33日目 033
チェック!
答えは左ページ下

□꼬박	□낱낱이	□다짜고짜	□듬성듬성
□꼬박꼬박	□너그러이	□대번에	□뚝뚝
□꼬치꼬치	□느릿느릿	□덩달아	□막무가내로
□난데없이	□다분히	□두둥실	□무럭무럭

動詞08

□ 529
사무치다
身に染みる、胸が痛む

□ 530
서리다
①(湯気が)**立ち込める**、曇る
②**潜む**、秘める

□ 531
서성거리다
うろつく、うろうろする
同 서성대다, 서성이다

□ 532
선하다
目に浮かぶ
漢 鮮-- 副 선히 ありありと
音 선하다 善良だ

□ 533
설레다
★ 설레이다
そわそわする

□ 534
설익다
[설릭따]
①**生煮えだ**、半煮えだ
②**未熟だ**

□ 535
설치다
でしゃばる、荒れる
関 잠을 설치다 寝そびれる
音 설치다 ~しそびれる

□ 536
소스라치다
びっくり仰天する
同 깜짝 놀라다

Q ことわざ どんな意味？
하룻강아지 범 무서운 줄 모른다
生まれたばかりの子犬はトラの怖さを知らず

설익다は설다(生煮えだ)＋익다(煮える)の複合動詞。선잠(浅い眠り)455も、설다(未熟だ)＋잠(眠り)からなる単語です。

104

골수에 **사무치는** 원한을 어찌 잊으랴. ▸骨の髄に染み込んだ恨みをどうして忘れられようか。
할머니가 **사무치게** 그리웠다. ▸祖母のことが胸が痛むほど恋しかった。

겨울에는 안경에 김이 **서려서** 불편하다. ▸冬はメガネが曇って不便だ。
마음에 **서린** 원한을 풀 길이 없다. ▸心の奥に秘めた恨みを晴らすすべがない。

밤길을 정처 없이 **서성거렸다**. ▸夜の街をあてもなくうろついた。
밖에서 **서성거리지** 말고 들어와. ▸外でうろうろしていないで入ったら。

아이들이 뛰어놀던 모습이 눈에 **선하다**. ▸子どもたちが遊んでいた姿が目に浮かぶ。
그때 본 푸른 바다가 눈에 **선하다**. ▸あの時見た青い海が目に浮かぶ。

우승했다는 소식에 가슴이 **설레었다**. ▸優勝したという知らせに胸が躍った。
마음이 **설레서** 일이 손에 안 잡힌다. ▸胸がそわそわして仕事が手につかない。

감자는 아직 **설익은** 것 같아. ▸ジャガイモはまだ煮えていないみたい。
설익은 글을 발표했던 게 부끄러웠다. ▸未熟な文章を発表したのが恥ずかしかった。

설치지 말고 가만히 있어. ▸でしゃばらないでじっとしていろ。
젊었을 때 **설치고** 다닌 적이 있다. ▸若い頃、荒れていたことがある。

아이가 자주 **소스라치게** 놀라 울어요. ▸赤ん坊がよくびっくりして泣きます。
쥐를 보고 **소스라쳐** 비명을 질렀다. ▸ネズミを見つけてびっくり仰天して悲鳴をあげた。

A ことわざ こたえ 無知がゆえに無鉄砲な行動をとる、盲蛇に怖じず

動詞08

□ 537
속삭이다
[속싸기다]
ささやく
名 속삭임

□ 538
솟구치다
[솓꾸치다]
湧き上がる

□ 539
수그리다
頭を下げる
同 숙이다　関 수그러지다 (頭が)下がる

□ 540
쉬다[3]
声がかすれる、かれる
音 쉬다[1] 休む〔入門編240〕
音 쉬다[2] 息をする〔初級編527〕

□ 541
쉬쉬하다
内緒にする、もみ消す

□ 542
스미다
染みる
関 스며들다 染み込む

□ 543
슬다
★ 쓸다
カビが生える、さびがつく
慣 머리가 녹슬다 頭が鈍る、頭がさびつく

□ 544
시달리다
苦しめられる、苦しむ、悩む

34日目 034
チェック!
答えは右ページ下

□ 身に染みる	□ そわそわする	□ ささやく	□ 内緒にする
□ 立ちこめる	□ 生煮えだ	□ 湧き上がる	□ 染みる
□ うろつく	□ でしゃばる	□ 頭を下げる	□ カビが生える
□ 目に浮かぶ	□ びっくり仰天する	□ 声がかすれる	□ 苦しめられる

사랑을 **속삭이던** 날들이 지나갔네. ▸愛をささやいていた日々は過ぎ去った。
내 귀에다 작은 소리로 **속삭였다.** ▸私の耳元で小さな声でささやいた。

그 말을 들으니 용기가 **솟구쳤다.** ▸その言葉を聞いたら、勇気が湧いてきた。
솟구치는 분노를 어찌할 수 없었다. ▸湧き上がる憤りをどうすることもできなかった。

정치인들은 선거 때만 머리를 **수그린다.** ▸政治家たちは選挙の時だけ頭を下げる。
고개를 **수그리고** 스마트폰을 하고 있었다. ▸うつむいてスマートフォンを操作していた。

노래를 몇 곡 불렀더니 목이 **쉬었다.** ▸歌を数曲歌ったら、声がかすれた。
목이 **쉬어서** 목소리가 안 나와요. ▸喉がかれてしまって声が出ません。

쉬쉬해도 언젠가는 밝혀질 거야. ▸内密にしてもいつかは明らかになると思うよ。
사건을 **쉬쉬하며** 보고도 하지 않았다. ▸事件をもみ消して報告もしなかった。

장대비로 양말까지 빗물이 **스몄다.** ▸どしゃ降りで靴下まで雨水が染みた。
쓸쓸함이 몸에 **스미는** 가을날 오후. ▸寂しさが身に染みる秋の昼下がり。

곰팡이가 **슬지** 않도록 잘 보관해라. ▸カビが生えないよう、ちゃんと保管して。
수도관에 녹이 **슬어서** 교체해야 돼. ▸水道管がさびついたので、交換しないと。
이제 머리도 녹**슬었나** 봐. ▸もう頭もさびついたみたい。

격무에 **시달리다가** 결국 사퇴했대. ▸激務に苦しんで、結局辞退したそうよ。
1년간 적자에 **시달려야** 했다. ▸1年間赤字に悩まなければならなかった。
그 일로 한동안 악몽에 **시달렸다.** ▸そのことでしばらく悪夢にさいなまれた。

34日目 034
チェック!
答えは左ページ下

□사무치다 □설레다 □속삭이다 □쉬쉬하다
□서리다 □설익다 □솟구치다 □스미다
□서성거리다 □설치다 □수그리다 □슬다
□선하다 □소스라치다 □쉬다 □시달리다

35日目 形容詞05

🎧 035

□ 545
뾰족하다
[뾰조카다]
細くてとがっている
関 뾰족한 수 妙案、名案
関 뾰족 구두 ハイヒール

□ 546
상냥하다
優しい、にこやかだ
同 상냥스럽다

□ 547
서글프다<으>
もの悲しい
動 서글퍼지다　名 서글픔

□ 548
서먹하다
[서머카다]
よそよそしい、気まずい、照れくさい
同 서먹서먹하다

□ 549
소란스럽다<ㅂ>
[소란스럽따]
物騒がしい、騒がしい
漢 騒乱---　副 소란스레 騒がしく
反 한적하다 887　関 소란을 피우다 騒ぎ立てる

□ 550
솔깃하다
[솔기타다]
乗り気になる
慣 귀가 솔깃하다 耳寄りだ
副 솔깃이

□ 551
수월하다
たやすい、容易だ(용이하다)

□ 552
수치스럽다<ㅂ>
[수치스럽따]
恥ずかしい
漢 羞恥---　名 수치 恥

Q ことわざ どんな意味？　앞길이 구만리　前途が九万里

뾰족한 수は、直訳すると「尖って刺さるような案」。そこから「妙案」の意味につながると覚えましょう。

105

끝이 **뾰족한** 건 위험하잖아. ▸先が細くてとがっている物は危ないでしょ?
이렇다 할 **뾰족한** 수가 떠오르지 않았다. ▸これといった妙案が浮かばなかった。

여동생은 **상냥하고** 명랑해요. ▸妹は優しくて明るいです。
직원이 **상냥하게** 대응해 줬다. ▸職員がにこやかに対応してくれた。

서글픈 표정을 지으며 나갔다. ▸もの悲しい表情を浮かべて出て行った。
지는 해를 보면 까닭 없이 **서글퍼진다**. ▸夕日を見るとわけもなくもの悲しくなる。

그의 태도가 **서먹하게** 느껴질 때가 있다. ▸彼の態度がよそよそしく感じられる時がある。
서먹한 관계는 곧 해소될 거야. ▸気まずい関係はすぐに解消されるだろう。

무슨 일이 있는지 밖이 **소란스러웠다**. ▸何かあったのか、外が騒がしくなった。
회의실이 좀 **소란스러운** 느낌이 들었다. ▸会議室が少し騒がしい気がした。

친구의 말에 **솔깃해서** 투자를 했다네. ▸友人の耳寄りな話に投資をしたそうよ。
이야기를 듣고 나도 귀가 **솔깃했어**. ▸話を聞いて私も乗り気になったよ。

나는 **수월한** 일이 아니라고 봐. ▸私はたやすいことではないと思う。
아마 영어 시험은 **수월하게** 붙을걸. ▸たぶん英語の試験は楽に受かると思うよ。

수치스러운 일이 다시는 없기를 바란다. ▸恥ずかしいことが二度とないことを願う。
검찰에게는 **수치스러운** 사건이었다. ▸検察にとっては恥ずかしい事件だった。

A ことわざ こたえ 前途有望、前途洋々(전도양양)

形容詞05

□ 553
스산하다
うら寂しい、荒涼としていてもの寂しい

□ 554
스스럼없다
[스스러멉따]
気兼ねない、気安い
副 스스럼없이 気さくに、気兼ねなく

□ 555
시시하다
くだらない、つまらない、取るに足らない
類 부질없다 443

□ 556
시원찮다
[시원찬타]
思わしくない、さえない、どうも物足りない

□ 557
심란하다
[심난하다]
心が乱れる、気持ちが落ち着かない、気が散る
漢 心乱--

□ 558
싹싹하다
[싹싸카다]
気さくだ、愛想がよい
関 붙임성이 좋다 愛想がよい

□ 559
씁쓸하다
ほろ苦い、苦々しい
同 씁쓰레하다　関 쓰다 苦い

□ 560
아니꼽다<ㅂ>
[아니꼽따]
しゃくに障る、こしゃくだ

35日目　035
チェック!
答えは右ページ下

□ 細くてとがっている
□ 優しい
□ もの悲しい
□ よそよそしい
□ 物騒がしい
□ 乗り気になる
□ たやすい
□ 恥ずかしい
□ うら寂しい
□ 気兼ねない
□ くだらない
□ 思わしくない
□ 心が乱れる
□ 気さくだ
□ ほろ苦い
□ しゃくに障る

스산한 거리에 봄비가 내린다. ▸うら寂しい街に春雨が降っている。
내 마음도 저 거리처럼 **스산했네.** ▸私の心もあの街のようにもの寂しい。

선배지만 **스스럼없고** 친하게 지내. ▸先輩だけど気兼ねなく親しくさせてもらっている。
스스럼없이 뭐든 말하는 사이야. ▸気安く何でも話せる仲だよ。

시시한 얘기는 하지 맙시다. ▸くだらない話はやめましょう。
시시한 농담에도 웃어 주었다. ▸つまらない冗談にも笑ってくれた。
이 세상에 **시시한** 인생이란 없어. ▸この世に取るに足らない人生なんてないよ。

매출이 **시원찮아서** 회의를 한대. ▸売れ行きが思わしくなくて会議するって。
시원찮은 성적 때문에 걱정이야. ▸さえない成績で心配だ。
논문이 **시원찮아서** 다시 쓰고 싶다. ▸論文がどうもいまいちで書き直したい。

심란할 땐 자는 게 최고라니까. ▸心が乱れている時は寝るのが一番だってば。
심란해서 일이 손에 안 잡힌다. ▸気持ちが落ち着かなくて、仕事が手につかない。
심란하니까 저리 가서 놀아라. ▸気が散るから、あっちに行って遊んで。

싹싹하고 솔직한 따님이네요. ▸気さくで率直なお嬢さんですね。
직원들은 다들 **싹싹하고** 상냥했다. ▸職員たちはみな愛想がよくて優しかった。

핑크색 칵테일은 **씁쓸한** 맛이 났다. ▸ピンクのカクテルはほろ苦い味がした。
그 여행은 **씁쓸한** 추억으로 남았다. ▸その旅行は苦々しい思い出として残った。

아니꼬워서 한마디 안 할 수가 없었다. ▸しゃくに障って、ひと言言わずにはいられなかった。
아니꼬운 짓을 하지 말라고 일갈했다. ▸こしゃくな真似をするなと一喝した。

35日目 035
チェック!
答えは左ページ下

□뾰족하다	□소란스럽다	□스산하다	□심란하다
□상냥하다	□솔깃하다	□스스럼없다	□싹싹하다
□서글프다	□수월하다	□시시하다	□씁쓸하다
□서먹하다	□수치스럽다	□시원찮다	□아니꼽다

5週目 力試しドリル

(　　)안에 들어갈 말로 가장 알맞은 것을 하나 고르십시오.

---

1. 네가 아무리 (　　)을/를 부려도 안 되는 건 안 되는 거야.
①부아　②성화　③분노　④생고생

2. 기사가 나간 날, 아침부터 문의 전화가 (　　)했다.
①수거　②살도　③쇄도　④도착

3. 회사를 그만둬야 하는 게 (　　)이/가 안 돼서 잠을 설쳤다.
①심려　②승낙　③인정　④수긍

4. 퇴직 후에 생계를 (　　) 치킨집을 시작했다네.
①내려고　②차리려고　③꾸리려고　④세우려고

5. 하루도 빠지지 않고 운동은 (　　) 하고 있습니다.
①꼬박꼬박　②꼬치꼬치　③대번에　④다분히

6. 가슴에 (　　　) 그리움을 달랠 길이 없었다.

①몰려오는　②서리는　③사무치는　④다가오는

7. A : 굵은 빗방울이 (　　　) 떨어지기 시작했다.

B : 아이는 닭똥 같은 눈물을 (　　　) 흘리며 서 있었다.

C : 앉았다가 일어날 때 무릎에서 (　　　) 하는 소리가 나요.

①다짜고짜　②뚝뚝　③꼬박　④듬성듬성

8. A : 이달 들어 매출이 (　　　) 걱정이네.

B : 그 친구는 일하는 게 영 (　　　) 말이야.

C : 작품이 (　　　) 출품을 단념했다네.

①시원찮아서　②줄어서　③아니꼬워서　④서먹해서

解答・解説

1. ②

【日本語訳】君がいくら(イライラ)してもだめなものはだめだよ。

①怒り ②気をもむこと ③憤り ④無駄な苦労

Point 성화를 부리다で「イライラする」。

2. ③

【日本語訳】記事が出た日、朝から問い合わせの電話が(殺到)した。

①収集 ②살도(韓国語の名詞に存在しない語) ③殺到 ④到着

Point 「殺到」は살도ではなく쇄도と言います。살도という名詞はありません。

3. ④

【日本語訳】会社を辞めなくてはいけないことに(納得)できなくて、寝そびれた。

①深慮 ②承諾 ③認定 ④納得すること

Point 수긍하다は「納得する」、수긍이 안 되다は「納得できない」。

4. ③

【日本語訳】退職後の生計を(立てようと)チキン屋を始めたんだってね。

①出そうと ②立てようと ③立てようと ④建てようと、立てようと

Point 생계를 꾸리다で「生計を立てる」。세우다は「(建物を)建てる」「(計画を)立てる」などに用いる。

5. ①

【日本語訳】1日も欠かさず、運動は(きちんと)しています。

①きちんきちんと ②根掘り葉掘り ③一気に ④多分に、相当に

6. ③

【日本語訳】胸に(染みる)思いをなだめる(=募る恋しさを紛らわす)ことができなかった。

①押し寄せてくる ②秘められる ③染みる ④濡らす

7. ②

【日本語訳】A：大粒の雨が(ぽつぽつと)降り始めた。B：子供は大粒の涙を(ぽろぽろと)流して立っていた。C：座って立ち上がるとき、膝から(ぽきっぽきっと)いう音がします。

①有無を言わせず ②ぽつぽつと、ぽろぽろと、ぽきっぽきっと ③まるまる ④まばらに

Point すべての(　　)に入るのは②。Aには②④、Bには②、Cには②が可能。

8. ①

【日本語訳】A：今月に入って売り上げが(思わしくなくて)心配だって。B：あいつは仕事ぶりが全く(ぱっとしない)からね。C：作品が(ぱっとしなくて)出品を断念したんだってさ。

①思わしくなくて ②減って ③しゃくに障って ④よそよそしくて

Point すべての(　　)に入るのは①。Aには①②、Bには①③、Cには①が可能。

キクタン韓国語

6 週目

✓学習したらチェック!

아빠가 손수 만들어 주신 볶음밥.

（例文の意味は 638 参照）

名詞21

036

□ 561
어리광
甘えること、ねだること
関 어리다 幼い 関 어리광을 부리다 甘える

□ 562
어묵
★ 고기떡
かまぼこ
漢 魚-
関 도토리묵 どんぐりこんにゃく

□ 563
어버이
父と母、親

□ 564
어조
語調、口調
漢 語調

□ 565
엄두
やる気、意欲(의욕)
※否定文で使われる
関 엄두를 못 내다 手も足も出ない

□ 566
엄지
親指
漢 -指
同 엄지손가락 関 새끼손가락 小指

□ 567
여간내기
ただ者
※否定文で使われる 漢 如干-- 同 보통내기
慣 여간이 아니다 並大抵ではない

□ 568
여부
可否(가부)
漢 与否 関 여부없다 可否を問う必要がない

Q ことわざ どんな意味? 도둑이 제 발 저린다 盗人の足がしびれる

엄지(親指)の엄は、엄마(お母ちゃん)の엄と関連付けて覚えましょう。「人差し指」は검지もしくは집게손가락。

106

다 큰 애가 웬 **어리광**을 부리고 그래? ▸すっかり大きくなった子が何で甘えたりするの？

이제 7살인데 **어리광**을 피우지 마라. ▸もう7歳なんだから、おねだりしないの。

시어머님이 **어묵**을 보내 주셨다. ▸夫の母からかまぼこが送られてきた。

일본의 **어묵**과 한국의 **어묵**은 다른가요? ▸日本のかまぼこと韓国のかまぼこは違うんですか？

한국에서는 5월 8일이 **어버이**날이래. ▸韓国では5月8日が父母の日なんだって。

어버이의 역할에 대해 생각해 봤다. ▸親の役割について考えてみた。

흥분한 **어조**로 말소리를 높였다. ▸興奮した口調で声を荒げた。

가능한 한 냉담한 **어조**로 대답했다. ▸できるだけ冷たい口調で答えた。

대청소는 **엄두**가 안 나서 말이야. ▸大掃除は、やる気が出なくてさ。

너무 비싸서 살 **엄두**도 못 내고 있어. ▸あまりにも高すぎて手が出ないわ。

감독은 선수에게 **엄지**를 들어 보였다. ▸監督は選手に親指を立てて見せた。

엄지손가락에 습진이 생긴 것 같아. ▸親指に湿疹ができたみたい。

사촌이 **여간내기**가 아니라고 누가 그래? ▸いとこがただ者ではないと誰が言ったの？

아무튼 **여간내기**가 아니라니까. ▸とにかく隅に置けない奴なんだってば。

합격 **여부**는 인터넷으로 확인하세요. ▸合否はネットでご確認ください。

네. **여부**가 있겠습니까? ▸はい、もちろんですとも。

A ことわざ こたえ 後ろめたいことがあるとついしっぽが出る

名詞21

□ 569
연고

軟膏
漢 軟膏

□ 570
연봉
★ 년봉

年俸、年収
漢 年俸

□ 571
연분

①**縁**(연)　②**夫婦の縁**
漢 縁分　関 천생연분 1115

□ 572
염증
[염쯩]

炎症
漢 炎症

□ 573
영문

わけ、理由(이유)

□ 574
영혼
★ 령혼

霊魂、魂(혼)
漢 霊魂

□ 575
외길

一本道

□ 576
외상

つけ、掛け売り

36日目　036
チェック!
答えは右ページ下

□ 甘えること
□ かまぼこ
□ 父と母
□ 語調

□ やる気
□ 親指
□ ただ者
□ 可否

□ 軟膏
□ 年俸
□ 縁
□ 炎症

□ わけ
□ 霊魂
□ 一本道
□ つけ

습진에는 이 **연고**를 바르세요. ▸湿疹にはこの軟膏を塗ってください。
일주일쯤 **연고**를 발랐는데 안 나아요. ▸1週間ほど軟膏を塗りましたが、治りません。

매년 **연봉** 협상을 한다며? ▸毎年、年俸の協議をするんだって？
대기업의 **연봉**이 중소기업보다 높죠? ▸大企業の年収が中小企業より高いでしょ？

사람 일은 **연분**이 닿아야지 뭐. ▸人との付き合いは縁がないとね。
부부의 **연분**을 맺게 된 사연을 들었다. ▸夫婦の縁を結ぶことになった経緯を聞いた。

잇몸에 **염증**이 생겨서 병원에 갔다 왔다. ▸歯ぐきに炎症が起きて病院に行ってきた。
긁으면 **염증**을 일으키기 쉬워요. ▸こすると炎症を起こしやすいです。

영문도 모른 채 혼나서 당황했어. ▸訳もわからないまま怒られて面食らった。
그는 **영문**도 없이 끌려갔다고 한다. ▸彼は理由もなく連れていかれたそうだ。

죽은 후에 과연 **영혼**이 존재할까? ▸死後、果たして霊魂は存在するだろうか？
이 그림에는 작가의 **영혼**이 깃들어 있다. ▸この絵には作家の魂が宿っている。

이 **외길**을 따라가면 역이 보여요. ▸この一本道に沿っていけば駅が見えます。
시인으로서 한평생 **외길**을 걸어왔다. ▸生涯詩人一筋の道を歩んできた。

단골인데도 **외상**은 안 된다고 했다. ▸行きつけなのにつけはだめだと言われた。
외상판매대금을 회수하지 못하게 됐다. ▸売掛金が回収できなくなった。

36日目 036
チェック!
答えは左ページ下

□어리광 □엄두 □연고 □영문
□어묵 □엄지 □연봉 □영혼
□어버이 □여간내기 □연분 □외길
□어조 □여부 □염증 □외상

名詞22

□ 577
요기
腹の足し
漢 療飢　動 요기하다
関 눈요기 目の保養

□ 578
용모
容貌、顔つき
漢 容貌

□ 579
우박
ひょう、あられ
漢 雨雹

□ 580
우비
雨具
漢 雨備

□ 581
우스갯소리
[우스갠쏘리]　★ 우스개소리
笑い話、冗談
関 우스개 おどけた言動
関 우습다 おかしい

□ 582
운수
運、運勢(운세)
漢 運数　音 운수 運輸

□ 583
위생
衛生
漢 衛生

□ 584
위엄
威厳
漢 威厳　形 위엄스럽다 いかめしい、威厳がある

Q ことわざ どんな意味？
늦게 배운 도둑이 날 새는 줄 모른다
老いて習った盗人夜明けを知らず

「ウィンドウショッピング」は아이 쇼핑(アイ・ショッピング)、눈요기 쇼핑(目の保養ショッピング)。

107

시간이 없어서 바나나로 **요기**를 했다. ▸時間がなくてバナナを食べて腹の足しにした。
배고파 죽겠어! **요기** 좀 해야지. ▸お腹がすいて死にそう! 何か食べなきゃ。

배우를 해도 될 정도로 **용모**가 출중해. ▸俳優をしてもいいほど容貌が際立っている。
'**용모** 단정한 미인'이 무슨 말이야? ▸「容姿端麗な美人」ってどういうこと?

새벽에 강풍과 함께 **우박**이 쏟아졌다. ▸明け方、強風とともにひょうが降ってきた。
주먹만 한 **우박**이 내렸다고 한다. ▸こぶしほどのあられが降ったそうだ。

비가 쏟아져 **우비**를 꺼내 입었다. ▸雨が降りだして雨具を取り出して着た。
편의점에서 비닐 **우비**를 샀다. ▸コンビニでビニールのレインコートを買った。

우스갯소리를 잘해서 인기가 많다. ▸笑い話が上手で人気者だ。
우스갯소리로 분위기를 편하게 했다. ▸冗談で場の雰囲気を和ませた。

오늘은 왠지 **운수**가 좋을 것 같다. ▸今日は何だか運が良い気がする。
올해는 **운수**가 사납다네요. ▸今年は運に見放されているそうです。

식당에서는 **위생** 관리가 제일 중요해. ▸食堂では衛生管理が一番重要だよ。
보건**위생** 과목은 학점을 따기 어렵대. ▸保健衛生の科目は単位が取りにくいって。

회장님은 **위엄**과 권위를 갖추셨다. ▸会長は威厳と権威を兼ね備えていた。
역시 할아버님은 **위엄**이 있으셔. ▸やはりお祖父様は威厳を持っていらっしゃる。

A ことわざ こたえ 老いらくの恋とどまることを知らず

名詞22

□ 585
유방암
乳がん
漢 乳房癌

□ 586
유서
由緒
音 유서 遺書

□ 587
유언
遺言
関 유언장[--짱] 遺言状

□ 588
유흥
遊興
関 유흥업소 遊興施設、風俗店

□ 589
윤기
[윤끼]
つや、うるおい
漢 潤気

□ 590
융통성
[융통썽]
融通性
漢 融痛性

□ 591
이슬
露
関 이슬비 霧雨

□ 592
인감
実印、印鑑
漢 印鑑

37日目 037
チェック!
答えは右ページ下

□ 腹の足し
□ 容貌
□ ひょう
□ 雨具
□ 笑い話
□ 運
□ 衛生
□ 威厳
□ 乳がん
□ 由緒
□ 遺言
□ 遊興
□ つや
□ 融通性
□ 露
□ 実印

유방암 사망률은 매년 감소하고 있다. ▸乳がんの死亡率は年々減少している。
유방암은 초기 발견이 중요합니다. ▸乳がんは早期発見が重要です。

강화도에는 **유서** 깊은 사찰이 많대. ▸江華島には由緒のある寺が多いそうだ。
저분은 **유서** 깊은 집안의 자제라시네. ▸あの方は由緒ある家柄のご子息だそうよ。

전 재산을 기부한다는 **유언**을 남겼다. ▸全財産を寄付するという遺言を残した。
변호사를 통해 **유언**장을 작성했다. ▸弁護士を通して遺言状を作成した。

유흥에 빠져 재산을 탕진했대. ▸遊興にふけて財産を使い果たしたんだって。
경찰이 **유흥**업소를 무더기로 적발했다. ▸警察が風俗店を大量に摘発した。

윤기가 흐르는 긴 머리가 부럽다. ▸艶やかなロングヘアがうらやましい。
윤기 나는 피부의 비결은 세안이래. ▸潤いのある肌の秘訣は洗顔だって。

형은 고지식하고 **융통성**이 전혀 없다. ▸兄は生真面目で融通が全く利かない。
좀 더 **융통성**이 있는 직장을 원한다. ▸もう少し融通のきく職場がいい。

꽃잎이 **이슬**에 젖어 있다. ▸花びらが露に濡れている。
졸업생들의 눈에는 **이슬**이 맺혔다. ▸卒業生らは目を潤ませていた。

인감으로 쓸 도장은 잘 보관해요. ▸実印として使う印鑑はきちんと保管しましょう。
계약 시 **인감**증명서도 준비하세요. ▸契約時に印鑑証明書も準備してください。

37日目 037
チェック!
答えは左ページ下

□요기	□우스갯소리	□유방암	□윤기
□용모	□운수	□유서	□융통성
□우박	□위생	□유언	□이슬
□우비	□위엄	□유흥	□인감

名詞23

038

□ 593
인근
★ 린근

近隣
漢隣近

□ 594
인기척
[인끼척]

人の気配、人気(ひとけ)
漢人--　関기척 気配

□ 595
인상

人相
漢人相　類관상(観相)　関관상을 보다 人相を見る(인상을 보다という表現はない)

□ 596
일교차
★ 하루차

1日の気温差、1日のうちの気温・湿度などの格差
漢日較差

□ 597
일꾼
★ 일군[일꾼]

働き手、労働者、人材

□ 598
일당
[일땅]

日当、日給
漢日当

□ 599
일회용

使い捨て
漢一回用
関일회용품 使い捨て製品

□ 600
입덧
[입떧]　★ 입쓰리

つわり
動입덧하다

Q ことわざ どんな意味？
내 코가 석 자
自分の鼻が三尺

「1日の気温差」は일교차と3文字で表現できますよ。使ってみましょう！

108

인근에 대형마트가 있어 살기 편하다. ▸近隣に大型スーパーがあり暮らしやすい。
인근 주민에게 폐를 끼치면 안 된다. ▸近隣住民に迷惑をかけてはいけない。

갑자기 방 밖에서 **인기척**을 느꼈다. ▸急に部屋の外で人の気配を感じた。
인기척도 없이 들어오니까 놀랐잖아. ▸気配もなく入ってくるから驚いたじゃない。

마음먹기에 따라 **인상**이 변한다잖아. ▸心の持ちようで人相が変わると言うじゃない。
제발 부탁인데 **인상** 좀 쓰지 마. ▸お願いだから、怖い顔をしないで。

일교차가 심해서 감기에 걸리기 쉽다. ▸気温差が激しくて風邪をひきやすい。
환절기에는 **일교차**가 커진다. ▸季節の変わり目は 1 日の寒暖差が大きくなる。

일꾼이 모자란다고 합니다. ▸働き手が足りないそうです。
무려 천 명의 **일꾼**을 고용했대. ▸なんと 1000 人の労働者を雇用したんだって。
차세대 **일꾼**을 키워야 한다. ▸次世代を担う人材を育てないといけない。

적은 **일당**에도 불구하고 열심히 일했다. ▸安い日当にも関わらず懸命に働いた。
요즘은 하루 **일당**이 얼마 정도죠? ▸最近は日給がどのぐらいですか？

일회용 컵의 사용을 자제합시다. ▸使い捨てコップの使用を控えましょう。
난 **일회용**품은 아예 안 써. ▸私は使い捨て製品は絶対に使わないよ。

일어날 수 없을 정도로 **입덧**이 심하다. ▸起き上がれないほどつわりがひどい。
입덧을 전혀 안 하는 사람도 있다네. ▸つわりを全く感じない人もいるんだって。

A ことわざ こたえ 自分の事で精一杯

名詞23

038

□ 601
자물쇠
[자물쐬]
錠、錠前
反 열쇠 鍵

□ 602
자장가
子守唄
漢 --歌

□ 603
자주색
赤紫色
漢 紫朱色　同 자줏빛

□ 604
자질
資質、素質(소질)
漢 資質

□ 605
잔고
残高
漢 残高

□ 606
잠꼬대
寝言
動 잠꼬대하다 寝言を言う

□ 607
잠버릇
[잠뻐륻]
寝相

□ 608
잡일
[잠닐]
雑用
漢 雑-

38日目　038
チェック!
答えは右ページ下

□ 近隣
□ 人の気配
□ 人相
□ 1日の気温差
□ 働き手
□ 日当
□ 使い捨て
□ つわり
□ 錠
□ 子守唄
□ 赤紫色
□ 資質
□ 残高
□ 寝言
□ 寝相
□ 雑用

창고에는 **자물쇠**가 채워져 있었다. ▸倉庫には鍵がかかっていた。
이 열쇠로 **자물쇠**를 열 수 있나? ▸この鍵で錠前を外せるかな？

강의가 **자장가**처럼 들려요. ▸講義が子守唄のように聞こえます。
엄마가 불러 주시던 **자장가**가 생각나. ▸母が歌ってくれた子守唄が思い出される。

이 블라우스, **자주색**은 없나요? ▸このブラウスで赤紫色はありませんか？
작은 **자주색** 제비꽃이 피었다. ▸小さな赤紫色のスミレが咲いた。

지도자의 **자질**을 충분히 갖추고 있다. ▸指導者の資質を十分に備えている。
경영자로서의 **자질**을 인정받았다. ▸経営者としての素質を認められた。

은행 **잔고**가 바닥나서 대출을 받았다. ▸貯金が底をついて融資を受けた。
예금 **잔고**가 별로 늘지 않네. ▸預金残高がそれほど増えないんだよ。

어제 **잠꼬대**를 심하게 하더라. ▸昨日寝言がひどかったよ。
잠꼬대 같은 소리 하고 있네. ▸寝ぼけたことを言ってるな。

잠버릇을 고쳐 보려고 해도 잘 안 돼요. ▸寝相を直そうとしてもうまくいきません。
잠버릇이 고약하니까 혼자 자. ▸寝相がひどいから一人で寝なさい。

잡일까지 다 처리하느라 쉴 틈도 없다. ▸雑用も全てこなすので休む暇もない。
교사의 **잡일**을 줄이는 방안을 찾아야 해. ▸教師の雑用を減らす方案を探すべきだ。

38日目 038
チェック!
答えは左ページ下

□인근	□일꾼	□자물쇠	□잔고
□인기척	□일당	□자장가	□잠꼬대
□인상	□일회용	□자주색	□잠버릇
□일교차	□입덧	□자질	□잡일

名詞24

□ 609
장기[2]
[장끼]

十八番(십팔번)、おはこ
漢 長技　音 장기[1] 将棋〔中級編587〕　音 장기 | 長期
関 장기자랑 特技自慢、隠し芸大会

□ 610
장단

調子、リズム、長短
漢 長短　関 손장단 手拍子

□ 611
장본인

張本人
漢 張本人

□ 612
재봉

裁縫
漢 裁縫　動 재봉하다
関 재봉틀(★ 재봉기) ミシン

□ 613
재수

運、縁起
漢 財数

□ 614
재촉

催促
漢 催促　動 재촉하다

□ 615
쟁반

盆
漢 錚盤

□ 616
저작

著作
漢 著作　動 저작하다

Q ことわざ どんな意味？　**제 눈에 안경**　自分の目に合うメガネ

재수はもともとの意味の「財運がある」から広がって、「縁起」の意味にもなったようです。

109

장기를 선보였더니 박수갈채를 받았다. ▸十八番を披露して拍手喝采を浴びた。
너는 **장기**가 뭐니? ▸君、おはこは何だい？

상대방의 말에 **장단**을 맞춰 줬다. ▸相手の話に調子を合わせた。
장단에 맞춰 춤을 추는 사람들. ▸リズムに合わせて踊っている人々。

사고를 낸 **장본인**을 불러 주세요. ▸事故を起こした張本人を呼んでください。
혼란을 조장한 **장본인**은 누구인가? ▸混乱を助長した張本人は誰なのか？

세상에, **재봉** 솜씨도 참 좋네요. ▸あらまあ、裁縫の腕前も本当にすごいですね。
엄마가 쓰시던 **재봉**틀이 생각난다. ▸母が使っていたミシンが思い出される。

오늘은 정말 **재수**가 없는 날인 것 같아. ▸今日は本当についてないみたい。
아침부터 **재수** 없게……. ▸朝から縁起でもない……。

부탁이니까 **재촉** 좀 하지 마. ▸お願いだから、催促しないで。
빌려 간 돈을 빨리 갚으라고 **재촉**했다. ▸借りた金をはやく返せとせっついた。

쟁반에 과일을 잔뜩 담아 들고 왔다. ▸お盆に果物をいっぱいのせて持ってきた。
이 **쟁반** 무거운데 좀 받아 줄래? ▸このお盆、重いんだけどちょっと持ってくれる？

저작이 수십 권에 달한다고 했다. ▸著作が数十冊に達するそうだ。
저작권법 위반이라고 한다. ▸著作権法違反だそうだ。

A ことわざ こたえ あばたもえくぼ

名詞24

🎧039

□ 617
적금
[적끔]

積み立て
漢 積金　関 적금을 들다 積み立てる
関 적금을 헐다/깨다 貯金を取り崩す

□ 618
전방

前方、前線(전선)
漢 前方　関 최전방 最前線　反 후방 後方

□ 619
전성기

全盛期
漢 全盛期

□ 620
전자파

電磁波
漢 電磁波

□ 621
점[2]

占い
漢 占　関 점쟁이 占い師　慣 점을 보다/치다 占う
音 점[1] 点〔初級編711〕　音 점 ～店　音 점 ほくろ

□ 622
점령
[점녕]

占領、占拠(점거)
漢 占領　動 점령하다, 점령되다

□ 623
점포

店舗、店
漢 店舗　同 가게

□ 624
정서

情緒
漢 情緒

39日目　🎧039
チェック!
答えは右ページ下

□ 十八番	□ 運	□ 積み立て	□ 占い
□ 調子	□ 催促	□ 前方	□ 占領
□ 張本人	□ 盆	□ 全盛期	□ 店舗
□ 裁縫	□ 著作	□ 電磁波	□ 情緒

적금을 부어서 유학 자금을 마련했다. ▸積み立てをして留学資金をこしらえた。
적금을 깨서 파리에 다녀왔대. ▸貯金を取り崩してパリに行ってきたんだって。

운전자는 **전방**을 주시하며 운전해야 한다. ▸運転手は前方を注視して運転すべきだ。
군대에서 최**전방**으로 배치되었대. ▸軍隊で最前線に配置されたそうだ。

한때 수영 선수로 **전성기**를 누렸다. ▸かつて水泳選手として全盛期を謳歌した。
전성기가 지나서인지 예전만 못하네. ▸ピークを過ぎたせいか、いまいちだね。

이걸 붙이면 **전자파**가 차단된다고? ▸これを貼ると電磁波が遮断できるって？
전자파가 나오는 제품을 가까이하지 마. ▸電磁波が出る製品を近づけるな。

점을 쳤더니 올해 좋은 일이 있을 거래. ▸占ったら今年良いことがあるって。
일이 잘 풀리지 않아서 **점**을 봤다. ▸仕事がうまくいかなくて占ってもらった。

마치 **점령**군처럼 행동했다고들 한다. ▸まるで占領軍のように行動したそうだ。
시위대가 순식간에 도로를 **점령**했다. ▸デモ隊があっという間に道路を占拠した。

역 앞에 **점포**를 차리신다면서요? ▸駅前に店舗を出されるんですって？
토산품을 파는 **점포**에는 활기가 넘쳤다. ▸お土産を売る店には活気があふれていた。

음악은 **정서** 발달에 도움이 된대. ▸音楽は情緒の発達に役立つんだって。
이곳은 이국**정서**가 넘쳐나네. ▸ここは異国情緒にあふれているね。

39日目 039
チェック!
答えは左ページ下

□장기	□재수	□적금	□점
□장단	□재촉	□전방	□점령
□장본인	□쟁반	□전성기	□점포
□재봉	□저작	□전자파	□정서

副詞03

040

□ 625
무릇
[무릍]

おおよそ、だいたい

□ 626
무심결에
[무심껴레]

無心に、何気なく、うっかり
漢 無心--

□ 627
무작정
[무작쩡]

当てもなく、何も考えず、無鉄砲に
漢 無酌定
類 무턱대고 628

□ 628
무턱대고
[무턱때고]

むやみに、やたらに
類 다짜고짜 521
類 무작정 627

□ 629
바글바글

①**ぐらぐら**(と)、②**うじゃうじゃ**(と)
動 바글바글하다　動 바글거리다 ①沸き立つ ②(人・虫などが)うようよする

□ 630
발칵

①(突然)**ぱっと**　②**予期せぬ出来事で人々が騒ぎ立てる様子**
関 발칵 뒤집히다　大騒ぎになる

□ 631
번번이

毎回、いつも
漢 番番-　同 매번(每番)

□ 632
부글부글

ぶくぶく、ぐつぐつ、ぐつぶつ

Q ことわざ どんな意味？　제 살 깎아 먹기　自分の身を切り取って食べる

작정は「つもり」「考え」という意味。무작정(漢字で書くと「無酌定」)は「あてもなく」「何も考えず」となりますよ。

110

무릇 자유는 개인의 권리다.	▸およそ自由は個人の権利である。
무릇 삶은 오래전부터 철학의 주제였다.	▸だいたい生は昔から哲学の主題だった。
발걸음이 **무심결에** 집으로 향했다.	▸無心に足が家に向かっていた。
무심결에 눈물이 흐를 때가 있다.	▸何気なく涙がこぼれる時がある。
미안해. 비밀을 **무심결에** 말해 버렸어.	▸ごめん。秘密をうっかり喋っちゃった。
가방을 들고 **무작정** 집을 나섰다.	▸かばんを持って当てもなく家を出た。
'**무작정** 따라하기'라는 책을 샀다.	▸『何も考えず真似する』という本を買った。
무턱대고 약을 쓰면 안 된다.	▸むやみに薬を使用してはいけない。
언론을 **무턱대고** 믿으면 안 되겠군.	▸マスコミをやたらに信じてはいけないな。
찌개가 **바글바글** 끓는 소리가 났다.	▸チゲがぐらぐらと煮立つ音がした。
마루 밑에는 흰개미들이 **바글바글**했다.	▸床下には白アリがうようよしていた。
문이 **발칵** 열리고 빗물이 들이쳤다.	▸戸がぱっと開いて雨水が入ってきた。
그 소식이 전해지자 학교가 **발칵** 뒤집혔다.	▸そのニュースが伝わると学校が大騒ぎになった。
넌 **번번이** 스케줄을 펑크 내는구나.	▸お前は毎回ドタキャンするんだな。
번번이 폐만 끼칩니다.	▸いつもご迷惑ばかりおかけします。
밑에서 거품이 **부글부글** 올라왔다.	▸下から泡がぶくぶく上がってきた。
소금을 넣고 **부글부글** 삶았다.	▸塩を入れてぐつぐつ煮込んだ。
분노가 **부글부글** 끓어올랐다.	▸怒りがふつふつと込み上げてきた。

A ことわざ こたえ　自滅行為(자멸행위)

副詞03

040

□ 633
부랴부랴

大急ぎで、あたふたと、あわてて
類 허겁지겁 846

□ 634
부쩍

①**急に**(減ったり増えたり乾いたりする)、②**かたくなに**
副 부쩍부쩍 ぐんぐん、どんどん

□ 635
불끈

①(拳を)**ぐっと** ②**かっと**
類 발끈 かっと

□ 636
뿔뿔이

ばらばらに、散り散りに

□ 637
샅샅이
[삳싸치]

くまなく、漏れなく
類 구석구석 隅々、くまなく
類 빠짐없이 漏れなく

□ 638
손수

自ら
類 몸소 自ら、身をもって

□ 639
수군수군

ひそひそ(と)
動 수군수군하다
動 수군대다, 수군거리다 ひそひそ話す

□ 640
슬그머니

①**ひそかに** ②**こっそり**
類 남몰래 ひそかに 関 슬금슬금 こそこそ

40日目 040
チェック!
答えは右ページ下

□ およそ	□ ぐらぐら	□ 大急ぎで	□ くまなく
□ 無心に	□ ぱっと	□ 急に	□ 自ら
□ 当てもなく	□ 毎回	□ ぐっと	□ ひそひそ
□ むやみに	□ ぶくぶく	□ ばらばらに	□ ひそかに

소식을 듣고 **부랴부랴** 서둘러 왔대. ▸知らせを聞いて大急ぎで来たんだって。
부랴부랴 사태 수습에 나섰다. ▸あたふたと事態収集に乗り出した。
원서 마감 직전에 **부랴부랴** 뛰어갔다. ▸願書の締め切り直前にあわてて走っていった。

값싼 외국산 먹거리가 **부쩍** 늘었다. ▸安値の輸入食材が急に増えた。
누이는 조기유학을 **부쩍** 반대한다. ▸姉は早期留学にかたくなに反対している。

주먹을 **불끈** 쥐며 굳은 결심을 했다. ▸拳をぐっと握りしめて固い決心をした。
그를 본 순간 **불끈** 화가 치밀었다. ▸彼を見た瞬間かっと怒りが込み上げてきた。

전쟁으로 가족들이 **뿔뿔이** 헤어졌대. ▸戦争で家族がばらばらになったそうだ。
강도들은 **뿔뿔이** 흩어져 도망쳤다. ▸強盗たちは散り散りになって逃亡した。

이 주위를 다시 **샅샅이** 뒤져 봐라. ▸この辺りをもう一度くまなく探してみろ。
샅샅이 다 말해 줘요. ▸漏れなく全部話してください。

장모님이 **손수** 밥상을 차려 주셨다. ▸お義母さんが自らご飯を用意してくださった。
아빠가 **손수** 만들어 주신 볶음밥. ▸パパが自ら作ってくれた焼き飯。

무슨 일이 있는지 **수군수군** 시끄러웠다. ▸何かあったのか、ひそひそうるさかった。
둘이서 뭘 **수군수군**하고 있니? ▸二人で何をひそひそ話しているの？

슬그머니 그녀의 표정을 살폈다. ▸ひそかに彼女の表情をうかがった。
교실을 **슬그머니** 빠져나왔다. ▸教室をこっそり抜け出した。

40日目 040
チェック!
答えは左ページ下

□무릇	□바글바글	□부랴부랴	□샅샅이
□무심결에	□발칵	□부쩍	□손수
□무작정	□번번이	□불끈	□수군수군
□무턱대고	□부글부글	□뿔뿔이	□슬그머니

動詞09

🎧 041

□ 641
시리다
(身体の一部がしびれるほど)**冷たい**

□ 642
실토하다
白状する、(隠していたことを)事実通りに話す
漢 実吐-- 名 실토

□ 643
쏘다니다
やたらに出歩く、うろつき回る、歩き回る

□ 644
쏠리다
傾く

□ 645
쑤시다
ほじくる、突く
音 쑤시다 つずきずきする、うずく
関 이쑤시개 つまようじ

□ 646
쓰다듬다
[쓰다듬따]
なでる
関 가슴을 쓰다듬다 胸をなでおろす

□ 647
아물다
(傷などが)**癒える**、治る

□ 648
악물다
[앙물다]
(歯を)**食いしばる**
関 물다 噛む、食いつく

Q ことわざ どんな意味? 쇠뿔도 단김에 빼라 牛の角も一気に抜け

시리다は寒さで「手足が冷たい」の場合に用います。冷え性の場合は、차다や차갑다を使いますよ。

111

손이 **시려서** 장갑을 끼었다. ▸手が冷たくて手袋をはめた。
한겨울에 걸어 다녔더니 발이 **시렸다.** ▸真冬に歩き回ったら足が冷たくなった。

거짓말은 그만하고 **실토하라니까.** ▸嘘はやめて、白状しろってば。
그간에 있었던 일을 모두 **실토했다.** ▸この間にあったことをすべて事実通りに話した。

밤늦게까지 **쏘다니지** 말라고 그랬지. ▸夜遅くまで出歩くなと言っただろう？
밤에 정처 없이 **쏘다녔다.** ▸夜中に当てもなくうろつき回っていた。
두세 시간을 **쏘다녔더니** 다리가 아팠다. ▸2、3 時間歩き回ったら脚が痛くなった。

배가 오른쪽으로 **쏠리지** 않도록 해 봐. ▸船が右側に傾かないようにしてみて。
그 아이한테 마음이 **쏠리는** 걸 어떡해. ▸あの子に気持ちが傾くのはどうしようもないよ。

코가 빨개지니까 **쑤시지** 말라니까. ▸鼻が赤くなるから、ほじくるなってば。
벌집을 **쑤신** 듯이 시끄러웠다. ▸ハチの巣をつついたようにうるさかった。

잘했다고 아이의 머리를 **쓰다듬어** 줬다. ▸よくやったと子どもの頭をなでてやった。
할머니가 배를 **쓰다듬어** 주셨다. ▸祖母がお腹をなでてくださった。

마음의 상처가 **아물** 때까지 기다렸다. ▸心の傷が癒えるまで待った。
넘어져 다친 상처는 다 **아물었다.** ▸こけてけがをした傷口はすっかり治った。

힘들었지만 이를 **악물고** 버텼어. ▸つらかったけど歯を食いしばって耐えた。
잘 때 이를 **악무는** 습관이 있나 봐. ▸寝ている時、歯を食いしばるくせがあるらしい。

A ことわざ こたえ 鉄は熱いうちに打て、善は急げ

動詞09

□ 649
안달하다
いらいらする、気をもむ
関안달증(--症)　関안달이 나다 じれったい
関안달복달하다 ひどく気をもむ

□ 650
앞지르다<르>
[압찌르다]
①**追い越す**、追い抜く
②(他人を)**しのぐ**

□ 651
어루만지다
①**軽くなでる**、さする　②**いたわる**、慰める
関만지다 触る

□ 652
억누르다<르>
[엉누르다]
(感情・行動などを)**抑える**
関억눌리다 抑えられる

□ 653
얼버무리다
言い紛らわす、はぐらかす

□ 654
얼쩡거리다
ぶらつく、うろつく
同알짱대다, 알짱거리다

□ 655
얽매다
[엉매다]
縛る、束縛する(속박하다)
同얽어매다　関얽매이다 束縛される

□ 656
업신여기다
[업씬녀기다]
侮る、バカにする、見くびる

41日目 041
チェック!
答えは右ページ下

□冷たい	□ほじくる	□いらいらする	□言い紛らわす
□白状する	□なでる	□追い越す	□ぶらつく
□やたらに出歩く	□癒える	□軽くなでる	□縛る
□傾く	□食いしばる	□抑える	□侮る

안달하지 말고 좀 기다려 봐. ▸イライラしないでちょっと待ってみて。
안달한다고 해결될 일도 아니잖아. ▸気をもんだって、解決されるわけでもないでしょ？

뒤처지던 선수가 앞 선수를 **앞질렀다**. ▸遅れていた選手が前の選手を追い越した。
기술력은 타사를 **앞지르고** 있었대. ▸技術力は他社をしのいでいたそうよ。

옛 사진을 **어루만지며** 생각에 잠겼다. ▸昔の写真をなでて物思いにふけていた。
자신을 **어루만지고** 위로하는 시간이 됐다. ▸自分をいたわり癒す時間になった。

감정을 **억누르고** 참고만 있으면 안 돼. ▸感情を抑えて我慢してばかりいてはだめだよ。
권력으로 **억누르려고** 하지 마세요. ▸権力で抑えようとしないでください。

기자의 질문에 농담으로 **얼버무렸다**. ▸記者の質問に冗談に言い紛らわした。
대답을 **얼버무리며** 멋쩍게 웃었다. ▸答えをはぐらかして、照れくさそうに笑った。

번화가를 **얼쩡거리다** 동창생을 만났다. ▸繁華街をぶらぶらしていて同窓生に会った。
내 앞에서 **얼쩡거리지** 마. ▸私の前でうろつかないで。

사소한 일에 **얽매어** 시간만 보냈다. ▸些細なことにとらわれて時間だけを費やした。
사랑이라는 이름으로 **얽매지** 말자. ▸愛という名のもとに束縛するのはやめよう。

작은 나라라고 **업신여겨서는** 안 된다. ▸小さい国だと侮ってはいけない。
어리다고 **업신여기는** 것 같았다. ▸子どもだとバカにしているようだった。
남을 **업신여기는** 듯한 태도를 보였다. ▸人を見くびるような態度を見せた。

41日目 041
チェック!
答えは左ページ下

□시리다	□쑤시다	□안달하다	□얼버무리다
□실토하다	□쓰다듬다	□앞지르다	□얼쩡거리다
□쏘다니다	□아물다	□어루만지다	□얽매다
□쏠리다	□악물다	□억누르다	□업신여기다

42日目 形容詞06

🎧042

□ 657
아늑하다
[아느카다]
(空間が)**暖かく穏やかだ**、静かで居心地がよい

□ 658
아담하다
こぢんまりして上品だ、(体型が)小柄だ
漢 雅淡-- 形 아담스럽다

□ 659
아리다
①(辛味が)**ひりひりする**
②(傷口などが)**ひりひりと痛む**
類 따갑다 ひりひりする、ちくちくする

□ 660
아리송하다
不明瞭だ、はっきりしない

□ 661
안쓰럽다<ㅂ>
[안쓰럽따] ★ 안스럽다
いじらしい、痛々しい、気の毒だ
類 안되다 気の毒だ

□ 662
어눌하다
訥弁だ(とつべんだ)
漢 語訥-- 関 어눌증 吃音(きつおん)

□ 663
어마어마하다
ものものしい、ものすごい
同 어마하다

□ 664
어설프다<으>
中途半端だ、生半可だ、下手だ

Q ことわざ どんな意味? 소 잃고 외양간 고친다 牛を失って牛小屋を直す

아늑하다は、温かいオンドル部屋にいるような感じ。こじんまりしている+温もりがある+居心地の良いイメージです。

🎧 112

햇살이 들어와 따뜻하고 **아늑했다.**	▸日差しが差して暖かく穏やかだった。
아늑한 방에서 음악 듣는 걸 좋아해.	▸静かで居心地の良い部屋で音楽を聞くのが好きなんだ。
길 끝에 **아담한** 집 한 채가 보였다.	▸道の先にこぢんまりした1軒家が見えた。
체구가 **아담한** 아주머니가 서 있었다.	▸小柄なおばさんが立っていた。
풋고추를 먹었더니 입안이 **아렸다.**	▸青唐辛子を食べたら口の中がひりひりした。
상처 난 곳이 **아려서** 연고를 발랐다.	▸傷口がひりひり痛くて軟膏を塗った。
언제 어디서 시작됐는지 **아리송해요.**	▸いつどこで始まったのかわかりません。
부장님은 **아리송한** 태도를 취했다.	▸部長ははっきりしない態度を取った。
아픈 걸 참고 있는 꼬마가 **안쓰럽네.**	▸痛みをこらえているちびっ子がいじらしい。
늙은 어미를 돌보는 아들이 **안쓰럽다.**	▸年老いた母の世話をする息子が痛々しい。
혼자된 딸이 **안쓰러워** 보였다.	▸一人になった娘が気の毒に思えた。
말투가 좀 **어눌하지만** 일은 잘해.	▸言葉は少し訥弁ではあるが、仕事はできる。
말씨가 **어눌한** 것 때문에 치료받고 있다.	▸吃音があって治療を受けている。
어마어마한 경비가 펼쳐졌다.	▸ものものしい警備が敷かれた。
그 배우 집이 **어마어마하게** 크다고?	▸その俳優の家はものすごく大きいって?
어설프게 하려면 아예 시작하지 마.	▸中途半端にするなら、はじめからやるな。
어설픈 지식은 일을 망치는 원인이야.	▸生半可な知識は失敗のもとだよ。

A ことわざ こたえ 後の祭り、泥棒を捕えて縄をなう

形容詞06

042

□ 665
어수선하다
散らかっている、慌ただしい

□ 666
어엿하다
[어여타다]
立派だ、正々堂々としている
副 어엿이 堂々と

□ 667
어처구니없다
[어처구니업따]
あきれる、とんでもない
同 어처구니가 없다
類 어이없다/어이가 없다 あきれる

□ 668
억척같다
[억척깓따]
がむしゃらだ、粘り強い、しつこい
関 억척같이 がむしゃらに
関 억척을 떨다/부리다 粘り強くふるまう

□ 669
염치없다
[염치업따] ★ 렴치없다
恥知らずだ、破廉恥だ(파렴치하다)
漢 廉恥-- 名 염치 廉恥 関 몰염치(沒廉恥)

□ 670
영리하다
[영니하다] ★ 령리하다
賢い、利口だ、聡明だ(총명하다)
漢 怜悧--
反 우둔하다 愚かだ、愚鈍だ, 미련하다 434

□ 671
월등하다
[월뜽하다]
並外れている
漢 越等-- 類 우수하다 優秀だ

□ 672
음침하다
陰気だ、曇ってうす暗い
漢 陰沈--

42日目 042
チェック!
答えは右ページ下

□ 暖かく穏やかだ
□ こじんまりして上品だ
□ ひりひりする
□ 不明瞭だ
□ いじらしい
□ 訥弁だ
□ ものものしい
□ 中途半端だ
□ 散らかっている
□ 立派だ
□ あきれる
□ がむしゃらだ
□ 恥知らずだ
□ 賢い
□ 並外れている
□ 陰気だ

정리가 아직 안 끝나서 좀 **어수선해.**	▸片付けがまだ終わっていないので、ちょっと散らかっている。
기자회견은 **어수선한** 가운데 이루어졌다.	▸記者会見は慌ただしい中で行われた。
어엿하게 대표 선수로 활약하고 있다.	▸立派に代表選手として活躍している。
20살이니 이제 **어엿한** 어른이잖아.	▸20 歳だったらもう立派な大人じゃない。
어처구니없어 말이 안 나올 지경이었다.	▸あきれてものも言えないほどだった。
어처구니없는 사건이 일어났다.	▸とんでもない事件が起こった。
억척같은 노력 끝에 성공했다고 한다.	▸粘り強い努力の末に成功したそうだ。
억척같이 일해서 집을 장만했다.	▸がむしゃらに働いてマイホームを手に入れた。
그렇게 **염치없는** 일을 하다니.	▸あんな恥知らずなことをするなんて。
염치없는 사람이네. 염치를 알아야지.	▸破廉恥な人だな。恥を知れ。
안 하는 게 **영리한** 선택일지도 몰라.	▸やらないほうが賢い選択かもしれない。
어릴 때부터 **영리하고** 똑똑했어.	▸小さい時から利口で賢かったよ。
작은딸은 **영리하니까** 잘할 거야.	▸次女は聡明だからちゃんとやると思うよ。
신차의 성능이 **월등하다고** 선전했다.	▸新車の性能が並外れていると宣伝した。
월등한 능력을 인정받았다.	▸優れた能力を認めてもらった。
음침한 사람이라는 소문이 있던데?	▸陰気な人だという噂があったけど?
장마철이라 **음침한** 날씨가 이어졌다.	▸梅雨でじめじめした天気が続いた。

42日目 042
チェック!
答えは左ページ下

□아늑하다	□안쓰럽다	□어수선하다	□염치없다
□아담하다	□어눌하다	□어엿하다	□영리하다
□아리다	□어마어마하다	□어처구니없다	□월등하다
□아리송하다	□어설프다	□억척같다	□음침하다

6週目

力試しドリル

(　　)안에 들어갈 말로 가장 알맞은 것을 하나 고르십시오.

1. 오늘은 (　　)가/이 사나운 날인가 봐.
①날짜　②운명　③운수　④일수

2. 이 밤에 (　　)도 없이 들어오다니 깜짝 놀랐잖아.
①예측　②융통성　③소식　④인기척

3. 잘했다고 할머니가 손주의 머리를 (　　) 주셨다.
①쓰다듬어　②만져　③어루만져　④올려

4. 기자의 질문에 대답을 (　　) 그냥 지나쳤다.
①흐리고　②얼버무리고　③무시하고　④억누르고

줄친 부분과 의미가 같은 것을 하나 고르십시오.

---

5. 이상하다, 분명히 자물쇠를 채우고 나왔는데.

①열고 ②잠그고 ③달고 ④붙이고

6. 내년 생일 때 적금을 깨서 유럽 여행을 가기로 했다.

①쌓아서 ②들어서 ③부숴서 ④헐어서

7. 정치가가 하는 말을 무턱대고 믿으면 안 되지.

①무작정 ②무릇 ③번번이 ④그대로

8. 사무실을 샅샅이 뒤져서 다 가져갔대.

①뿔뿔이 ②구석구석 ③슬그머니 ④부랴부랴

解答・解説

1. ③

【日本語訳】今日は（運）が悪い日みたい。

①日、日付　②運命　③運、運勢　④その日の運、日柄

2. ④

【日本語訳】こんな夜中に（気配）もなく入ってくるなんて、びっくりしたじゃない。

①予測　②融通性　③知らせ　④人の気配

3. ①

【日本語訳】よくやったと、おばあさんが孫の頭を（なでて）くださった。

①なでて　②触って　③軽くなでて、さすって　④あげて

Point「頭をなでる」は머리를 쓰다듬다で表現します。

4. ②

【日本語訳】記者の質問に答えを（はぐらかして）そのまま通り過ぎた。

①濁して　②はぐらかして　③無視して　④（感情などを）抑えて

Point 대답을 얼버무리다で「答えをはぐらかす」。대답을 흐리다という表現はありません。

5. ②

【日本語訳】おかしいな、確かに鍵をかけて出てきたんだけど。

①開けて　②かけて　③吊るして　④付けて

Point 자물쇠를 채우다/잠그다で「鍵をかける」。

6. ④

【日本語訳】来年の誕生日に貯金を取り崩してヨーロッパ旅行に行くことにした。

①積んで　②立てて　③壊して　④取り崩して

Point 적금을 헐다/깨다で「貯金を取り崩す」。적금을 들다で「積み立てる」。

7. ①

【日本語訳】政治家が言うことをむやみに信じてはいけないよね。

①むやみに　②およそ　③なめらかに　④そのまま

Point 무턱대고と무작정のいずれも「むやみに」の意味で使われます。

8. ②

【日本語訳】事務室をくまなく漁って全部持って行ったんだって。

①ばらばらに　②くまなく、隅々に　③ひそかに　④大急ぎで

Point 샅샅이と구석구석のいずれも「くまなく」の意味で使われます。

キクタン韓国語

7 週目

✓ 学習したらチェック!

마라톤에서 선두를 제치고 우승했다.

（例文の意味は 761 参照）

名詞25

043

□ 673
제구실
自分の役目・役割(역할)・勤め
動 제구실하다

□ 674
제맛
[제맏]
持ち味、本来の味

□ 675
제재
制裁
漢 制裁　動 제재하다

□ 676
조문
弔問
漢 弔問　動 조문하다
関 조의금(弔慰金) 香典

□ 677
조바심
焦り、いらいら、焦燥感(초조감)
漢 --心

□ 678
조작
でっち上げ、ねつ造
漢 造作　類 날조 131　動 조작하다, 조작되다
音 조작 操作

□ 679
조짐
兆候、兆し、予感(예감)
漢 兆朕

□ 680
좌우명
座右の銘
漢 座右銘

Q ことわざ どんな意味？　가재는 게 편　ザリガニはカニの味方

조바심は、조마조마하며 마음을 졸임(はらはらと気を揉むこと)というのが基本の意味です。

113

제구실을 다하며 살고 싶다. ▸自分の役目を果たしながら生きていきたい。
사원들이 **제구실**을 톡톡히 해냈다. ▸社員らは勤めをしっかり果たした。

제맛을 살리려면 생으로 먹어야지. ▸持ち味を生かすには生で食べないとね。
제철에 먹어야 **제맛**이 난다. ▸旬に食べてこそ本来の味が味わえる。

제재가 필요하지 않을까요? ▸制裁が必要ではないでしょうか?
제재를 가하겠다고 엄포를 놓았다. ▸制裁を加えると脅しをかけた。

할머니의 지인들이 **조문**을 왔다. ▸祖母の知人が弔問に来た。
상주가 **조문**객들을 맞고 있었다. ▸喪主が弔問客を迎えていた。

조금 늦었다고 **조바심** 내지 마. ▸少し遅れたからって焦らないで。
조바심이 나서 전화를 걸어 봤다. ▸いらいらしてきて電話をかけてみた。
승진이 늦어져 **조바심**을 느낀다. ▸昇進が遅れて焦燥感に苛まれる。

그 사건은 **조작**일 가능성이 높다. ▸その事件はでっち上げの可能性が高い。
승부 **조작**이 들통나서 수사를 받았대. ▸八百長がばれて捜査を受けたって。

실패의 **조짐**은 전혀 없었다고 한다. ▸失敗の兆候は全くなかったそうだ。
경기가 서서히 회복될 **조짐**을 보인다. ▸徐々に景気回復の兆しが見える。
이번 사업은 출발부터 **조짐**이 좋군요. ▸今回の事業は幸先がいいですね。

좌우명이 '시간이 금이다'라고? ▸座右の銘が「時は金なり」だって?
이 말을 평생의 **좌우명**으로 삼겠습니다. ▸この言葉を生涯の座右の銘にします。

A ことわざ こたえ

負うた子より抱いた子(身近な人を大切にするのが人情)

名詞25

043

□ 681
죄책감
[죄책깜]

罪悪感、自責の念
漢 罪責感

□ 682
주근깨

そばかす

□ 683
주름

しわ
同 주름살[--쌀]　関 잔주름 小じわ
慣 주름을 잡다, 주름잡다 牛耳る

□ 684
주정

酒乱
漢 酒酊　同 술주정　関 주정뱅이 酔っ払い

□ 685
주판

そろばん、算盤
漢 珠板　慣 주판알을 튀기다 そろばんを弾く、損得・利害を計算する

□ 686
주홍

朱、朱色
漢 朱紅　同 주홍색, 주홍빛

□ 687
중매

結婚の仲立ち
漢 仲媒　動 중매하다
関 중매결혼 見合い結婚

□ 688
중산층

中間層、中流階級
漢 中産層　関 서민층 庶民層
関 부유층(富裕層) 上流階級

43日目　043
チェック!
答えは右ページ下

□ 自分の役目
□ 持ち味
□ 制裁
□ 弔問
□ 焦り
□ でっち上げ
□ 兆候
□ 座右の銘
□ 罪悪感
□ そばかす
□ しわ
□ 酒乱
□ そろばん
□ 朱
□ 結婚の仲立ち
□ 中間層

심한 **죄책감**에서 벗어날 수 없었다. ▸ひどい罪悪感から抜け出せなかった。
끊임없이 **죄책감**을 느끼고 있다. ▸絶えず自責の念にかられている。

아빠가 **주근깨** 있는 얼굴도 귀엽대. ▸父さんがそばかすのある顔も可愛いって。
나이 들어 **주근깨**가 많아진 것 같아. ▸年を取ってそばかすが増えたみたい。

옷에 **주름**이 가지 않게 편히 앉아라. ▸服にシワがつかないように楽に座って。
피부가 거칠어지고 잔**주름**도 늘었네. ▸肌が荒れて、小じわも増えたな。

그렇게 **주정**이 심한 줄은 몰랐어. ▸あんなに酒癖が悪いとは思わなかった。
주정뱅이와는 술을 마시고 싶지 않아. ▸酒癖の悪い人とは酒を飲みたくない。

이전에는 **주판**으로 셈을 했었대. ▸以前はそろばんを使って計算したんだって。
엄마는 학교에서 **주판**을 배웠어. ▸お母さんは学校でそろばんを学んだよ。

주홍색 곶감이 참 먹음직스럽네요. ▸朱色の干し柿が本当に美味しそうですね。
소녀의 얼굴이 **주홍**빛으로 물들었다. ▸少女の顔が朱に染まった。
주홍빛 하늘이 단풍이 든 것처럼 붉었다. ▸朱色の空が紅葉したように赤かった。

이모가 **중매**를 서 줘서 결혼한대. ▸母方のおばが仲立ちしてくれて結婚するんだって。
난 절대 **중매**결혼은 안 한다니까. ▸私は絶対お見合い結婚はしないってば。

여긴 부유층보다 **중산층** 고객이 더 많아. ▸ここは富裕層より中間層の客のほうが多いよ。
중산층이 두꺼워야 나라가 건강합니다. ▸中流階級の層が厚いと国が健全です。

43日目 043
チェック!
答えは左ページ下

□제구실	□조바심	□죄책감	□주판
□제맛	□조작	□주근깨	□주홍
□제재	□조짐	□주름	□중매
□조문	□좌우명	□주정	□중산층

名詞26

🎧 044

□ 689
증진
増進
漢 増進　反 감퇴 減退　動 증진하다, 증진되다

□ 690
지팡이
★ 지팽이
杖

□ 691
직불카드
[직뿔카드]
デビットカード
漢 直払--　同 체크카드

□ 692
진땀
脂汗、冷汗、大汗
漢 津-

□ 693
질병
疾患(질환)、病気
漢 疾病

□ 694
징병
徴兵
漢 徴兵

□ 695
짬
暇、合間
副 짬짬이 合間合間に

□ 696
쪽지
[쪽찌]
メモ用紙、紙切れ
漢 -紙　関 쪽지 시험 小テスト

Q ことわざ どんな意味？　팔은 안으로 굽는다　腕は内側に曲がる

진땀は暑くて流す汗ではなく、苦労があったり緊張したりする時の「脂汗」「冷汗」を指します。

114

생산력 **증진**을 위한 방안을 논의했다. ▸生産力増進のための方法を議論した。
운동하면 식욕이 **증진**될 거예요. ▸運動すれば食欲が増進するでしょう。

할머니가 **지팡이**를 짚고 걸어오셨다. ▸おばあさんが杖をついて歩いてこられた。
지팡이에 몸을 기댄 채 잠시 서 있었다. ▸杖に寄りかかって暫く立っていた。

이 **직불카드**로 결제 돼요? ▸このデビットカードで支払いできますか?
직불카드는 누구나 발급받을 수 있나요? ▸デビットカードは誰でも作れますか?

날카로운 질문에 **진땀**을 뺐다. ▸鋭い質問に脂汗をにじませた。
진땀이 날 정도로 예리한 지적이었다. ▸冷汗をかくほどの鋭い指摘だった。
이삿짐을 옮기느라 **진땀**을 흘렸다. ▸引っ越しの荷物を運ぶのに大汗をかいた。

질병에 의한 장애도 보장되는 보험. ▸疾患による障害も保障される保険。
한국에는 **질병**관리본부라는 게 있대. ▸韓国には疾病管理本部というものがあるんだって。

징병은 의무지만 면제되기도 한다. ▸徴兵は義務だが免除されることもある。
징병제에 반대하는 사람도 적지 않다. ▸徴兵制に反対している人も少なくない。

최근에 바빠서 쉴 **짬**도 없다면서요? ▸最近忙しくて休む暇もないんですって?
집필 중에 **짬**을 내서 바닷가를 찾았다. ▸執筆の合間をぬって海辺を訪れた。

이 **쪽지**에 주소를 좀 적어 줄래? ▸この紙に住所を書いてくれる?
집에 오니 식탁 위에 **쪽지**가 있었다. ▸家に帰ると食卓の上にメモがあった。

A ことわざ こたえ

負うた子より抱いた子(身近な人を大切にするのが人情)

名詞26

☐ 697
착상
[착쌍]
着想、アイデア(아이디어)
漢 着想

☐ 698
찰떡
(もち米で作った)**餅**
関 찰떡궁합 ピッタリの相性
関 찹쌀떡 (もち米で作った)餅

☐ 699
찰밥
おこわ、赤飯
同 찹쌀밥

☐ 700
참을성
[참을썽]　★ 견딜성
忍耐力(인내력)、辛抱強さ
漢 --性

☐ 701
채택
採択
漢 採択　動 채택하다, 채택되다

☐ 702
천식
喘息(ぜんそく)
漢 喘息

☐ 703
초인종
呼び鈴、ベル(벨)
漢 招人鐘

☐ 704
추락
墜落
漢 墜落　動 추락하다

44日目　044
チェック!
答えは右ページ下

☐ 増進	☐ 疾患	☐ 着想	☐ 採択
☐ 杖	☐ 徴兵	☐ 餅	☐ 喘息
☐ デビットカード	☐ 暇	☐ おこわ	☐ 呼び鈴
☐ 脂汗	☐ メモ用紙	☐ 忍耐力	☐ 墜落

이 작품은 **착상**이 기발하고 멋지네. ▸この作品は着想が奇抜で素晴らしいね。
좋은 **착상**이 안 떠오르는데요. ▸良いアイディアが浮かばないんだけど。

엄마는 명절 때마다 **찰떡**을 만들곤 했다. ▸母は季節の行事ごとに餅を作ったものだ。
찰떡은 식사 대용으로도 좋다. ▸餅は食事代わりにも良い。
우리 점을 봤는데 **찰떡**궁합이래. ▸私達占ってもらったら、相性ばっちりだって。

찰밥은 식어도 맛있어요. ▸おこわは冷めてもおいしいです。
정월 대보름에는 **찰밥**을 먹어야죠. ▸新年最初の満月には赤飯を食べないとね。

막내는 **참을성**이 없어서 걱정이야. ▸末っ子は忍耐力がなくて心配だ。
참을성이 강한 아이로 키우고 싶은데. ▸辛抱強い子に育てたいんだけど。

법안의 **채택**이 연기되었다. ▸法案の採択が延期された。
의안이 만장일치로 **채택**되었다. ▸議案は満場一致で採択された。

환절기에는 **천식** 환자가 급증한다. ▸季節の変わり目には喘息患者が急増する。
천식 발작 시엔 응급처치가 필요하다. ▸喘息の発作時は応急処置が必要だ。

초인종이 안 울리는데 고장 났나? ▸呼び鈴が鳴らないんだけど故障かしら?
초인종을 눌러도 대답이 없다. ▸ベルを鳴らしても返事がない。

이미지의 **추락**은 면할 수 없을 듯하다. ▸イメージの失墜は免れないようだ。
이번 일로 지지율이 급속히 **추락**했다. ▸今回のことで支持率が急速に落ちた。

44日目 044
チェック!
答えは左ページ下

□증진	□질병	□착상	□채택
□지팡이	□징병	□찰떡	□천식
□직불카드	□짬	□찰밥	□초인종
□진땀	□쪽지	□참을성	□추락

名詞27

□ 705
축의금
[추기금] ★ 축하금(祝賀金)
祝儀、お祝いのお金
漢 祝儀金

□ 706
출현
出現
漢 出現 動 출현하다

□ 707
치매
認知症、痴ほう
漢 痴呆 関 치매증 痴呆症

□ 708
치수
寸法、サイズ(사이즈)
漢 -数

□ 709
친분
親密な間柄、親交
漢 親分

□ 710
침
鍼(はり)
漢 鍼 関 침쟁이 鍼灸師 音 침 つば、よだれ

□ 711
콧대
[콛때] ★ 코대
鼻柱
慣 콧대가 높다 鼻が高い、プライドが高い

□ 712
키다리
のっぽ、背高
同 키꺽다리/꺽다리

Q ことわざ どんな意味？
혹 떼러 갔다 혹 붙여 온다
こぶを取りに行ってこぶを付けて来る

친분の漢字は「親分」ですが、意味は「親分」ではなく「親密な間柄」「親交」です。なお、日本語の「親分」は대장(大将)。

115

축의금만 보냈다.

직접 가지 못해 **축의금**만 보냈다. ▸自分で行くことができず祝儀だけ送った。
축의금은 사양한다고 한다. ▸お祝いは辞退するそうだ。

갑작스러운 경쟁자의 **출현**으로 당황했다. ▸急なライバルの出現に慌てた。
정체를 알 수 없는 생명체가 **출현**했대. ▸得体の知れない生命体が現れたそうだ。

치매의 진행을 늦추는 약이 있다네. ▸認知症の進行を遅らせる薬があるんだって。
운동이 **치매** 예방에 도움이 된다더라. ▸運動が認知症予防に効くらしいよ。

치수 좀 재겠습니다. ▸寸法を測らせていただきます。
한 **치수** 작은 걸 보여 주세요. ▸ワンサイズ小さいものを見せてください。

한때는 두터운 **친분**을 나눴던 사이였다. ▸かつては親密な間柄でした。
인연이 있어서 **친분**을 맺게 됐다. ▸縁あって親交を結ぶことになった。

허리 통증에는 **침** 치료가 좋은데. ▸腰の痛みには鍼治療がいいんだけど。
침 잘 놓는 침쟁이한테 침을 맞았다. ▸腕のいい鍼灸師に鍼を打ってもらった。

내가 언젠가 **콧대**를 꺾어 놓을 거야. ▸いつか私が鼻っ柱をへし折ってやる。
콧대가 낮아서 성형하고 싶다더라. ▸鼻が低くて整形したいと言ってたよ。

키다리라고 놀림당할 정도로 키가 커. ▸のっぽとからかわれるほど背が高い。
키다리 선수가 단번에 골을 넣었다. ▸背の高い選手がすかさずゴールを入れた。

A ことわざ こたえ ミイラ取りがミイラになる

名詞27

🎧 045

□ 713
탈의실
[타리실]
脱衣室、更衣室
漢 脱衣室

□ 714
터전
①**拠り所**、基盤(기반) ②**敷地**(부지)
慣 터전을 잡다 根を下ろす 関 터 敷地

□ 715
턱받이
[턱빠지]
よだれかけ

□ 716
테두리
①**へり**、枠、縁 ②**範囲**(범위)
類 가장자리 007

□ 717
퇴짜
退けること、拒絶すること
漢 退-

□ 718
투정
だだをこねること、すねること
動 투정하다

□ 719
특실
[특씰]
(ホテル・列車などの)**特等室**、特別室
漢 特室

□ 720
특허
[트커]
特許
漢 特許

45日目 🎧 045
チェック!
答えは右ページ下

□ 祝儀	□ 親密な間柄	□ 脱衣室	□ 退けること
□ 出現	□ 鍼	□ 拠り所	□ だだをこねること
□ 認知症	□ 鼻柱	□ よだれかけ	□ 特等室
□ 寸法	□ のっぽ	□ へり	□ 特許

탈의실에서 수영복으로 갈아입으세요. ▸更衣室で水着に着替えてください。
이 옷가게에는 **탈의실**이 없나 봐요. ▸この洋服屋には試着室がないようです。

전쟁은 삶의 **터전**을 다 빼앗아 간다. ▸戦争は生活の拠り所を全て奪い去る。
기초 산업의 **터전**을 닦아야 된다. ▸基幹産業の基盤を築かなければならない。
학교를 지으려면 넓은 **터전**이 필요해. ▸学校を建てるには広い敷地が必要だよ。

아기에게 **턱받이**를 받쳐 주었다. ▸赤ん坊によだれかけをかけた。
옷이 젖지 않도록 **턱받이**를 둘렀다. ▸服が濡れないようによだれかけをかけた。

화면에 빨간 **테두리**가 보이죠? ▸画面に赤い枠が見えるでしょ?
법의 **테두리**를 결코 벗어나면 안 된다. ▸法の範囲を決して超えてはいけない。

이번 맞선도 **퇴짜**를 놓았다면서요? ▸今回のお見合いも断ったんですって?
아니에요. 제가 **퇴짜**를 맞은 거예요. ▸いいえ、私が断られたのよ。

투정을 부리는 아이를 달랬다. ▸だだをこねる子どもをなだめた。
요즘 밥**투정**, 잠**투정**이 부쩍 늘었어. ▸最近食事や眠る時にぐずることが多くなった。

병원 **특실**은 의료보험이 안 된대. ▸病院の特別室は医療保険がきかないそうだ。
편히 묵으시라고 **특실**로 예약했다. ▸楽に泊まれるようにと特等室で予約した。

특허청에 신기술의 **특허** 신청을 냈다. ▸特許庁に新技術の特許申請を出した。
발명자로부터 **특허**권을 양도받았다. ▸発明者から特許権を譲り受けた。

45日目 045
チェック!
答えは左ページ下

□축의금	□친분	□탈의실	□퇴짜
□출현	□침	□터전	□투정
□치매	□콧대	□턱받이	□특실
□치수	□키다리	□테두리	□특허

副詞04

□ 721
시름시름
ぐずぐず(長患いで、病状が長引いて)

□ 722
시시콜콜
根掘り葉掘り
形 시시콜콜하다　類 꼬치꼬치 515

□ 723
아랑곳없이
[아랑고덥씨]
ものともせず、気にもせず
形 아랑곳없다 知ったことではない
関 아랑곳하지 않다 気にかけない

□ 724
아른아른
ちらちら(と)、ゆらゆら(と)
動 아른아른하다　動 아른거리다 ちらつく

□ 725
아삭아삭
サクサク、しゃきしゃき
動 아삭아삭하다

□ 726
아옹다옹
(いがみ合って)**ああだこうだ**(と)
動 아옹다옹하다

□ 727
어물어물
まごまご(と)、もたもと(と)
動 어물어물하다　動 어물거리다

□ 728
얼떨결에
[얼떨껴레]
うっかりして、どさくさまぎれに
関 -결에 ～の折りに、～の際、～の間に

Q ことわざ どんな意味？

바늘 가는 데 실 간다
針の行く所に糸も行く

아삭아삭の삭は「サク」という音を表します。だから「サクサク」。

116

봄부터 **시름시름** 앓더니 입원했대. **시름시름** 앓다가 돌아가셨다네.	▸春からぐずぐず患っていて入院したって。 ▸長患いしてお亡くなりになったんだよ。
이제 **시시콜콜** 캐묻지 말아 주세요. 왜 그렇게 **시시콜콜** 따지는 거야?	▸もう根掘り葉掘りきかないでください。 ▸どうしてそんなに根掘り葉掘り聞くの？
비에 젖는 것도 **아랑곳없이** 응원했다. 다들 내 기분은 **아랑곳없이** 즐거워 보여.	▸雨に濡れるのもものともせず応援した。 ▸みんな私の気分を気にもせず楽しそう。
여름 산에 **아른아른** 안개가 피어오른다. 뭔가 눈앞에서 **아른아른**했는데.	▸夏山にゆらゆらと霧が立ち上る。 ▸何か目の前でちらちらしたけど。
아삭아삭 씹히는 맛이 좋네. **아삭아삭**한 식감과 단맛이 일품이네.	▸サクサクとした歯ごたえがいいね。 ▸しゃきしゃきした食感と甘さが絶品ね。
사소한 일로 **아옹다옹** 다투지 마. 둘이 항상 **아옹다옹**하는 이유가 뭔데?	▸つまらないことでああだこうだ言い合うな。 ▸二人がいつも揉める理由は何なの？
이번엔 **어물어물** 못 넘어갈걸. **어물어물**하다가 버스를 놓치고 말았다.	▸今度はのらりくらりできないと思うよ。 ▸まごまごしていてバスを逃してしまった。
얼떨결에 사투리가 절로 튀어나왔네. 그 법안이 **얼떨결에** 채택됐다네.	▸うっかり方言が出ちゃったわ。 ▸あの法案はどさくさ紛れに成立したって。

A ことわざ こたえ　影の形に随うが如し（常に一緒にいて離れない）

副詞04

□ 729
엉거주춤
中腰で、はっきりせずためらうさま
動 엉거주춤하다

□ 730
엉겁결에
[엉겁껴레]
とっさに、思わず

□ 731
여차하면
いざとなったら
動 여차하다 事がうまくいかない

□ 732
오순도순
★ 오손도손
仲睦まじく
形 오순도순하다　同 오손도손

□ 733
오죽
どんなに(か)、さぞかし
形 오죽하다
関 오죽하면 どれほどせっぱ詰まっていれば

□ 734
와글와글
わいわい(と)、がやがや(と)
動 와글와글하다
動 와글거리다 騒ぎ立てる、ざわつく

□ 735
와들와들
がたがた(と)、ぶるぶる(と)
動 와들와들하다
類 발발, 부들부들 ぶるぶる

□ 736
울긋불긋
[울귿뿔귿]
色とりどり
形 울긋불긋하다

46日目 046
チェック!
答えは右ページ下

□ ぐずぐず　□ サクサク　□ 中腰で　□ どんなに
□ 根掘り葉掘り　□ ああだこうだ　□ とっさに　□ わいわい
□ ものともせず　□ まごまご　□ いざとなったら　□ がたがた
□ ちらちら　□ うっかりして　□ 仲睦まじく　□ 色とりどり

엉거주춤 서 있는데 문이 열렸다.	中腰の姿勢で立っていたら、ドアが開いた。
거기서 **엉거주춤**하지 말고 빨리 들어와.	そんな所でためらってないで早く入って。
선생님이 보여 **엉겁결에** 시선을 피했다.	先生が見えてとっさに目をそむけた。
비명을 지르며 **엉겁결에** 뒤로 물러났다.	悲鳴を上げて思わず後ずさりした。
여차하면 직장을 그만둘 생각이다.	いざとなったら会社を辞めるつもりだ。
여차하면 도와주실 거죠?	いざとなったら助けてくださいますよね？
친구야, **오순도순** 행복하게 잘 살아.	友よ、仲睦まじく幸せに暮らしてね。
오순도순 사는 모습이 보기에 참 좋네.	仲睦まじく暮らす姿はとてもすてきね。
이렇게 살면 **오죽** 행복하겠니.	こんな風に暮らせたらどんなに幸せだろうか。
드디어 만난다니 **오죽** 기쁘겠어요.	やっと会えるって、さぞかしうれしいでしょう。
오죽하면 내가 직장까지 찾아왔겠니?	よっぽどのことじゃないと会社まで来ないよ。
밖에서 **와글와글** 떠드는 소리가 났다.	外でわいわい騒ぐ声がした。
동네가 축제 인파로 **와글와글** 떠들썩했다.	町は祭りの人出で賑わっていた。
추워서 다리가 **와들와들** 떨리기 시작했다.	寒くて足ががたがた震え始めた。
겁에 질려 **와들와들** 떨고 있었다.	恐ろしくてぶるぶる震えていた。
꽃밭이 **울긋불긋** 물들어 아름답네.	花壇が色とりどりに染まってきれいだね。
울긋불긋한 색의 옷도 잘 어울리던데.	カラフルな服もよく似合ってたけど。

46日目 046
チェック!
答えは左ページ下

□ 시름시름	□ 아삭아삭	□ 엉거주춤	□ 오죽
□ 시시콜콜	□ 아옹다옹	□ 엉겁결에	□ 와글와글
□ 아랑곳없이	□ 어물어물	□ 여차하면	□ 와들와들
□ 아른아른	□ 얼떨결에	□ 오순도순	□ 울긋불긋

動詞10

□ 737
엇갈리다
[얻깔리다]
①**行き違う**、食い違う ②**重なり合う**
関명암이 엇갈리다 明暗が分かれる

□ 738
에워싸다
囲む、取り巻く
同둘러싸다 関에워싸이다 囲まれる

□ 739
엿보다
[엳뽀다]
①**盗み見る**、覗き見る ②**うかがい知る**
関엿듣다 盗み聞きをする

□ 740
오리다
(ハサミなどで)**切り取る**、切り抜く
同오려내다

□ 741
우기다
①**意地を張る** ②**言い張る**

□ 742
우러나오다
にじみ出る、わき出る
関우러나다 しみ出る、(茶などが)出る

□ 743
우쭐거리다
偉そうに振る舞う
同우쭐하다, 우쭐대다

□ 744
움켜쥐다
握りしめる、(権力を)握る
同움켜잡다 同부여잡다 417

Q ことわざ どんな意味？ 수박 겉 핥기 スイカの皮なめ

엇갈리다の엇-は「外れて」「斜めに」「行き違いに」などの意味を表す接頭辞です。엇-については巻末付録参照。

117

길이 **엇갈려서** 못 만났다면서요?
▸行き違いで会えなかったんですって？

그 순간 기쁨과 슬픔이 **엇갈렸다.**
▸その瞬間、うれしさと悲しさが交差した。

국회의사당을 **에워싸고** 시위를 벌였다.
▸国会議事堂を囲んでデモを行った。

나를 **에워싼** 주변 환경들을 돌아봤다.
▸私を取り巻く周りの環境を振り返ってみた。

남의 사생활을 **엿보다니.**
▸人のプライバシーを覗き見するなんて。

옛사람들의 생활을 **엿볼** 수 있다.
▸先人たちの生活をうかがい知ることができる。

관심 있는 기사를 **오려서** 스크랩했다.
▸関心のある記事を切り取りスクラップした。

그림을 **오려서** 붙이는 연습이에요.
▸絵を切り抜いて貼り付ける練習です。

가지 말라고 해도 가겠다고 **우겼다.**
▸行くなと言っても行くと意地を張った。

끝까지 자기가 옳다고 **우겼다.**
▸最後まで自分が正しいと言い張った。

경험에서 **우러나오는** 여유가 있어.
▸経験からにじみ出る余裕があるよ。

친절이란 진심에서 **우러나오는** 거죠.
▸親切とは真心から出るものですよね。

우쭐거리기만 하면 미움받아.
▸偉そうにばかりしていたら嫌われるよ。

우쭐거리지 말라고 충고했다.
▸偉そうに振る舞うのをやめろと忠告した。

손에 사탕을 **움켜쥐고** 놓지 않았다.
▸手に飴を握りしめて放さなかった。

권력을 **움켜쥐면** 사람이 변한다잖아.
▸権力を握ると人が変わると言うじゃない。

A ことわざ こたえ　論語読みの論語知らず

動詞10

047

□ 745
웃돌다
[욷똘다]

上回る
反 밑돌다 下回る

□ 746
웅성거리다

ざわめく
同 웅성웅성하다, 웅성대다

□ 747
응시하다

じっと見つめる、見据える
漢 凝視--

□ 748
응하다

応じる、応ずる
漢 応--

□ 749
일러바치다

告げ口をする、言いつける
同 이르다〈르〉

□ 750
일삼다
[일삼따]

① **仕事としてする**、事とする
②(よくないことに)**没頭する**、ふける

□ 751
잇따르다〈으〉
[읻따르다]

引き継ぐ、相次ぐ
同 잇달다

□ 752
자아내다

(感情などを)**そそる**、(雰囲気などを)醸し出す
関 웃음을 자아내다 笑いを誘う

47日目 047
チェック!
答えは右ページ下

□ 行き違う
□ 囲む
□ 盗み見る
□ 切り取る
□ 意地を張る
□ にじみ出る
□ 偉そうに振る舞う
□ 握りしめる
□ 上回る
□ ざわめく
□ じっと見つめる
□ 応じる
□ 告げ口をする
□ 仕事としてする
□ 引き継ぐ
□ そそる

지지율이 80퍼센트를 **웃돌** 때가 있었다. ▸支持率が80%を上回る時期があった。
35도를 **웃도는** 무더운 날이었다. ▸35度を上回る蒸し暑い日だった。

사람들이 모여들어 **웅성거리고** 있었다. ▸人々が集まってざわめいていた。
그만두겠다는 말에 관객들이 **웅성거렸다.** ▸引退するという言葉に観客たちがざわめいた。

누가 들어오나 하고 문만 **응시했다.** ▸誰が入ってくるのかと、ドアをじっと見つめていた。
내 눈을 **응시하며** 정색하고 말했다. ▸私の目を見据えて真顔で言った。

인터뷰에는 **응하지** 않겠다고 했다. ▸インタビューには応じないと言った。
상대방의 요구에 **응하겠다는** 연락이 왔다. ▸相手の要求に応ずるという連絡が来た。

또 놀리면 선생님한테 **일러바친다.** ▸またからかったら先生に言いつけるぞ。
일러바치면 다시는 안 논대. ▸告げ口したら二度と遊ばないって。

당리당략만 **일삼는** 정당이었다. ▸党利党略ばかり事とする政党だった。
노름을 **일삼다가** 파산했대. ▸ばくちにふけって破産したそうよ。

집안에 경사가 **잇따랐다.** ▸家にめでたいことが続いた。
회사에서는 **잇따라** 문제가 생겼다. ▸会社では相次いで問題が発生した。

호기심을 **자아내기**에 충분했다. ▸好奇心をそそるには充分だった。
짙은 안개가 환상적인 분위기를 **자아냈다.** ▸濃い霧が神秘的な雰囲気を醸し出した。

47日目 047
チェック!
答えは左ページ下

□엇갈리다	□우기다	□웃돌다	□일러바치다
□에워싸다	□우러나오다	□웅성거리다	□일삼다
□엿보다	□우쭐거리다	□응시하다	□잇따르다
□오리다	□움켜쥐다	□응하다	□자아내다

動詞11

048

□ 753
자처하다
自任する(자임하다)
漢 自処--

□ 754
잡아당기다
引っ張る

□ 755
잡아떼다
①**引き離す** ②**しらを切る**
慣 시치미를/시침을 떼다 しらを切る

□ 756
재수하다
浪人する
漢 再修-- 関 재수생 浪人生
関 삼수하다 二浪する

□ 757
저물다
暮れる

□ 758
저버리다
①(約束を)**破る**
②(恩義・好意などを)**裏切る**、無にする

□ 759
절이다
漬ける、塩漬けする
関 절임 漬物、香の物

□ 760
젖히다
[저치다]
①**後ろにそらす**
②(カーテンを)**めくる**

Q ことわざ どんな意味？ 빈 수레가 요란하다 空車が騒がしい

짭아떼다は잡다(つかむ)＋떼다(引っ張る)の合成動詞。「つかんで引っ張る」→「引き離す」の意味になります。

118

평론가를 **자처하며** 텔레비전에 나왔다. ▸評論家を自任してテレビに出た。
식도락가를 **자처하며** 유튜버가 됐다. ▸食通を自任してユーチューバーになった。

왼쪽으로 좀 더 **잡아당기세요.** ▸左のほうにもう少し引っ張ってください。
무리하게 **잡아당기지** 마세요. ▸無理に引っ張らないでください。

일단 두 사람을 **잡아떼** 놓읍시다. ▸一旦2人を引き離しておきましょう。
만난 적이 없다고 딱 **잡아뗐다.** ▸会ったことがないと、しらを切った。

재수해서 원하는 대학에 들어갔다. ▸浪人して志望大学に入った。
작은딸한테는 **재수하지** 말라고 했다. ▸次女には浪人しないようにと言った。

또 한 해가 **저물어** 간다. ▸また1年が暮れてゆく。
날이 **저물어** 창밖은 깜깜했다. ▸日が暮れて窓の外は真っ暗だった。

약속을 **저버린** 사람을 어찌 믿겠어. ▸約束を破った人を信じられると思う？
정치적 신의를 **저버렸다고** 비난했다. ▸政治的な信義を裏切ったと非難した。
남의 호의를 **저버리다니.** ▸人の好意を無にするなんて。

생강을 설탕과 식초에 **절여** 두었다. ▸ショウガを砂糖と酢に漬けておいた。
무채를 소금에 살짝 **절였다가** 볶아요. ▸千切り大根を軽く塩漬けしてから炒めます。

이렇게 등을 뒤로 **젖혀** 보세요. ▸このように背中を反らしてみてください。
커튼을 **젖히니** 햇살이 방으로 들어왔다. ▸カーテンをめくると、日差しが部屋に差し込んできた。

A ことわざ こたえ 空き樽は音が高い(中身のない人ほどうるさい)

動詞11

🎧048

□ 761
제치다

①(競争者を)**追い抜く**
②(仲間から)**除く**、のける
関 밀어 제치다 押しのける

□ 762
조이다

①(緩んだものを)**引き締める**
②(すき間を)**狭める**、詰める ③**気をもむ**
関 목을 조이다/조르다 首を絞める

□ 763
조장하다

助長する
漢 助長--

□ 764
졸이다

①**煮詰める** ②(気を)**もむ**
関 조림 煮物

□ 765
종잡다

推し量る

□ 766
주리다

①**飢える**、腹をすかす
②(愛情などに)**飢える**
同 굶다, 굶주리다

□ 767
주무르다<르>

①**いじる** ②(手で)**もむ** ③**牛耳る**

□ 768
죽어나다

(仕事などが非常につらくて)**骨が折れる**

48日目 🎧048
チェック!
答えは右ページ下

□自任する	□暮れる	□追い抜く	□推し量る
□引っ張る	□破る	□引き締める	□飢える
□引き離す	□漬ける	□助長する	□いじる
□浪人する	□後ろにそらす	□煮詰める	□骨が折れる

마라톤에서 선두를 **제치고** 우승했다. ▸マラソンで先頭の選手を追い抜いて優勝した。

불량품은 **제쳐** 두세요. ▸不良品は取り除いてください。

나사가 풀어져서 다시 **조였다**. ▸ねじが緩んできたので締め直した。

조여 앉으면 한 명 더 앉을 수 있어. ▸詰めて座れば、もう一人座れるよ。

대학에 못 들어갈까 가슴을 **조였다**. ▸大学に落ちやしないかと気をもんだ。

불안을 **조장하지** 말라고 항의했다. ▸不安を助長するなと抗議した。

차별을 **조장하는** 것과 마찬가지다. ▸差別を助長するのと同じだ。

약한 불에서 국물이 없어질 때까지 **졸인다**. ▸弱火で煮汁がなくなるまで煮詰める。

하루 내내 가슴을 **졸였다**. ▸一日中気をもんでいた。

내 감정은 나도 **종잡을** 수 없다. ▸私の感情は私にも推し量れない。

무슨 말인지 **종잡을** 수 없는 말이었다. ▸何を言っているのか、見当がつかなかった。

요즘에 배를 **주리는** 사람이 있나요? ▸最近、飢える人がいますか？

애정에 **주린** 듯이 보였다. ▸愛情に飢えているように見えた。

회칙을 마음대로 **주무르면** 안 되지. ▸会則を勝手にいじっちゃだめでしょ？

엄마의 팔다리를 **주물러** 드렸다. ▸母の手足をもんであげた。

그 회사는 전무가 다 **주무른대**. ▸その会社は専務が牛耳ってるんだって。

국회가 열리면 **죽어나는** 건 보좌관들이다. ▸国会が開かれると骨が折れるのは補佐官らだ。

죽어나는 건 비정규노동자들이야. ▸骨折りを強いられるのは非正規労働者たちだよ。

48日目 048
チェック!
答えは左ページ下

□자처하다	□저물다	□제치다	□종잡다
□잡아당기다	□저버리다	□조이다	□주리다
□잡아떼다	□절이다	□조장하다	□주무르다
□재수하다	□젖히다	□졸이다	□죽어나다

1週目 2週目 3週目 4週目 5週目 6週目 7週目 8週目 9週目 10週目

形容詞07

□ 769
인색하다
[인새카다] ★ 린색하다

けちだ、けち臭い
漢 吝嗇-- 類 박하다 439

□ 770
자상하다

(性質が)**細やかだ**、心が温かくて親切だ
漢 仔詳--

□ 771
자자하다

(噂などが)**広がっている**、もちきりだ
漢 藉藉--

□ 772
장하다

あっぱれだ、立派だ、けなげだ
漢 壮--

□ 773
정정하다

(老人が)**かくしゃくとしている**
漢 亭亭--

□ 774
조촐하다

①**こぢんまりしている**
②**つつましい**

□ 775
질기다

①(品物が)**丈夫だ**
②(肉などが)**硬い** ③**粘り強い**

□ 776
징그럽다<ㅂ>
[징그럽따]

(人や生き物が)**いやらしい**、気味が悪い

Q ことわざ どんな意味?

열 길 물속은 알아도 한 길 사람 속은 모른다
十尋の水底はわかっても一尋の人の胸底はわからない

질긴 고기はゴムを噛むような感じの固い肉のこと。끈질기다(粘り強い)といった表現もついでに覚えておきましょう。

119

부자가 더 **인색하다고들** 하잖아.	▸金持ちのほうがけちだと言うじゃない。
친구들한테 너무 **인색하게** 굴지 마라.	▸友達にあまりけち臭いことをするな。
자상한 배려에 감사드립니다.	▸細やかなご配慮に感謝いたします。
모르는 것은 **자상하게** 가르쳐 주셨다.	▸知らないことを親切に教えてくださった。
회사에서도 칭찬이 **자자했다.**	▸会社でも称賛の声が広がった。
인사이동이 있을 거라는 소문이 **자자했다.**	▸人事異動があるだろうという噂でもちきりだった。
장하다고 칭찬해 주세요.	▸あっぱれだと褒めてやってください。
금메달을 딴 **장한** 선수들입니다.	▸金メダルを獲った立派な選手たちです。
유학생의 **장한** 행동에 감동했다.	▸留学生のけなげな行動に感動した。
할아버님이 아주 **정정하시네요.**	▸おじいさまはかくしゃくとしていらっしゃいますね。
90살이 넘었는데 **정정하세요.**	▸90 歳を過ぎてなお達者です。
조촐한 결혼식이 좋겠다고 했다.	▸こぢんまりとした結婚式がいいと言った。
고희는 가족끼리 **조촐하게** 보냈다.	▸古稀は家族だけでつつましく祝って過ごした。
두툼하고 **질긴** 밧줄을 보여 주었다.	▸太くて丈夫なロープを見せてくれた。
고기가 **질겨서** 못 먹겠어.	▸肉が硬くて食べられないよ。
포기하지 않고 **질기게** 물고 늘어졌다.	▸諦めず粘り強く食い下がった。
그 사람 말하는 게 좀 **징그럽지** 않니?	▸あの人、言ってることがちょっといやらしくない?
징그러운 바퀴벌레를 발견했다.	▸気持ち悪いゴキブリを発見した。

A ことわざ こたえ 測り難きは人心

形容詞07

049

□ 777
짭짤하다
①ほどよく塩辛い ②かなりよい

□ 778
찡하다
じんとする
慣 가슴이 찡하다 胸を打たれる
慣 코끝이 찡하다 涙が出る

□ 779
찬찬하다
注意深い、綿密で落ち着いている、沈着だ(침착하다)

□ 780
참신하다
斬新だ
漢 斬新--

□ 781
초라하다
みすぼらしい

□ 782
출출하다
小腹がすいている

□ 783
침침하다
①うす暗い ②(目が)かすんでいる
漢 沈沈-- 動 침침해지다
類 어둠침침하다 暗く陰うつとしている

□ 784
탁하다
[타카다]
濁っている
漢 濁--

49日目 049
チェック!
答えは右ページ下

□けちだ
□細やかだ
□広がっている
□あっぱれだ
□かくしゃくとしている
□こぢんまりしている
□丈夫だ
□いやらしい
□ほどよく塩辛い
□じんとする
□注意深い
□斬新だ
□みすぼらしい
□小腹がすいている
□うす暗い
□濁っている

도시락 반찬은 좀 **짭짤한** 게 좋아.	▶お弁当のおかずは少し塩辛いほうがいいよ。
부수입이 **짭짤하다고** 하네요.	▶副収入がかなりいいそうです。
친구의 얘기를 듣고 가슴이 **찡했다.**	▶友人の話を聞いて胸を打たれた。
그날을 생각하면 코끝이 **찡해져요.**	▶その日のことを思い出すと涙が出そうです。
찬찬하게 잘 살펴보기 바랍니다.	▶注意深くよく調べてみてください。
앉아서 **찬찬하게** 찾아보면 있을 거야.	▶座って落ち着いて探したら見つかるよ。
언니는 냉정하고 **찬찬한** 성격이에요.	▶姉は冷静沈着な性格です。
참신한 아이디어가 있으면 말해 봐.	▶斬新なアイデアがあれば言ってみて。
심사위원은 디자인이 **참신하다고** 했다.	▶審査委員はデザインが斬新だと言った。
자기 자신이 **초라하게** 느껴졌다.	▶自分自身がみすぼらしく思えた。
모자를 쓴 여자는 **초라한** 복장이었다.	▶帽子の女はみすぼらしい服装をしていた。
배가 **출출한데** 뭐 먹을 거 없어?	▶小腹がすいているんだけど何か食べる物ない?
출출해서 컵라면을 먹었다.	▶小腹がすいてカップラーメンを食べた。
건물에 가려 낮에도 방이 어둡고 **침침해.**	▶建物に遮られて昼も部屋がうす暗いよ。
나이 들면 눈이 **침침해지는** 거야.	▶年を取ったら目はかすむものだよ。
담배 연기로 방 안의 공기가 **탁했다.**	▶タバコの煙で室内の空気が濁っていた。
다리 아래로 **탁한** 강물이 흘렀다.	▶橋の下に濁った水が流れていた。

49日目 🎧049
チェック!
答えは左ページ下

□인색하다	□정정하다	□짭짤하다	□초라하다
□자상하다	□조촐하다	□찡하다	□출출하다
□자자하다	□질기다	□찬찬하다	□침침하다
□장하다	□징그럽다	□참신하다	□탁하다

7週目 力試しドリル

(　　)안에 들어갈 말로 가장 알맞은 것을 하나 고르십시오.

1. 경기가 회복되는 (　　)이/가 나타나기 시작했다.
   ①조짐　②분위기　③경향　④모양

2. 사장님과는 오래전부터 두터운 (　　)이/가 있다고 한다.
   ①만남　②친분　③사이　④애정

3. 멀리서 할머니가 지팡이를 (　　) 걸어오시는 게 보였다.
   ①가지고　②붙잡고　③짚고　④잡고

4. 가지를 소금에 살짝 (　　)볶으면 맛있어요.
   ①절였다가　②뿌렸다가　③담갔다가　④넣었다가

5. A : 이 고기는 (　　) 부위라서 푹 삶아야 돼.
   B : 좀 (　　) 밧줄을 보여 주세요.
   C : 포기하지 않는 (　　) 집념으로 이 자리까지 왔다.
   ①끈질긴　②질긴　③딱딱한　④튼튼한

줄친 부분과 의미가 같은 것을 하나 고르십시오.

---

6. 참가자들의 날카로운 질문에 진땀을 흘렸다고 한다.

①떨어졌다 ②뺐다 ③냈다 ④났다

7. 전쟁은 삶의 터전을 송두리째 빼앗아 간다.

①내용을 ②자세를 ③자리를 ④기반을

8. 그 일에 관해선 더 이상 시시콜콜 캐묻지 말아 주세요.

①엉거주춤 ②시름시름 ③꼬치꼬치 ④명확하게

解答・解説

1. ①

【日本語訳】景気回復の(兆し)が見え始めた。

①兆し　②雰囲気　③傾向　④様子

Point 조짐이 나타나다で「兆しが現れる」。경향이 나타나다という表現はありますが、회복의 경향이 나타나다とは言えません。모양이 나타나다という表現もありません。

2. ②

【日本語訳】社長とは昔から親密な(付き合い)があるという。

①出会い　②親交　③間柄　④愛情

Point 친분이 있다で「付き合いがある」。

3. ③

【日本語訳】遠くからおばあさんが杖を(ついて)歩いていらっしゃるのが見えた。

①持って　②握って　③(杖を)ついて　④つかんで、握って

Point 「杖をつく」は지팡이를 짚다。지팡이를 가지다は「杖を手に持つ」という意味になります。

4. ①

【日本語訳】ナスを塩にちょっと(漬けてから)炒めるとおいしいです。

①(塩・砂糖などに)漬けてから　②振り掛けてから

③(液体の中に)漬けてから　④入れてから

Point 「塩に漬ける」は소금에 절이다。

5. ②

【日本語訳】A：この肉は(硬い)部位だからじっくり煮込まなきゃ。B：ちょっと頑丈で(持ちが良い)ロープを見せてください。C：あきらめない(強い)執念でこのポストまで来た。

①粘り強い、しつこい　②(品物が)丈夫だ、(肉などが)硬い、粘り強い

③堅い、堅苦しい　④強靭な、柔軟でねばり強い

Point 「肉が硬い」は고기가 질기다と言います。なお、Aは②、Bは②④、Cは①②が可能。

6. ②

【日本語訳】参加者たちの鋭い質問に脂汗を流したという。

①落ちた　②流した　③出した　④かいた

Point 진땀을 흘리다/빼다で「脂汗を流す」。

7. ④

【日本語訳】戦争は生活の基盤を根こそぎ奪っていく。

①内容を　②姿勢を　③場(場所)を　④基盤を

Point 삶의 터전は「生活の基盤」という意味で、터전は기반に置き換えることができます。

8. ③

【日本語訳】そのことに関してはこれ以上根掘り葉掘りきかないでください。

①中腰で　②(長患いで)ぐずぐず　③根掘り葉掘り　④明確に

Point 시시콜콜と꼬치꼬치は、いずれも「根掘り葉掘り」の意味で使われます。

キクタン韓国語

8週目

✓ 学習したらチェック!

- ■ 50日目 名詞 28［ㅌ－ㅎ］
- ■ 51日目 名詞 29［ㅎ］
- ■ 52日目 名詞 30［ㅎ］
- ■ 53日目 副詞 05［ㅇ－ㅎ］
- ■ 54日目 動詞 12［ㅈ－ㅋ］
- ■ 55日目 動詞 13［ㅌ－ㅎ］
- ■ 56日目 形容詞 08［ㅌ－ㅎ］

푹신한 소파에서 낮잠을 잤다.

（例文の意味は 885 参照）

名詞28

□ 785
틀니
[틀리] ★ 틀이

入れ歯、義歯

□ 786
티

① **そぶり**、気配 ②～くささ、～っぽさ
関 막내티 末っ子っぽさ 音 티 ほこり、ごみ
※-티については巻末付録参照

□ 787
파스

湿布薬
関 물파스 塗る湿布薬

□ 788
파탄

破綻
漢 破綻 動 파탄하다, 파탄되다

□ 789
팔짱

腕組み

□ 790
패거리

やから、連中、徒党
漢 牌--

□ 791
편도선

扁桃腺
漢 扁桃腺 関 림프선(★ 림파선) リンパ腺

□ 792
폐렴
[페렴] ★ 폐염

肺炎
漢 肺炎 関 급성폐렴 急性肺炎

Q ことわざ どんな意味？

물이 깊어야 고기가 모인다
深い水であるこそ魚が集まる

パ스は「サロンパス」の「パス」……と考えると覚えやすいかな？

120

부분 **틀니**가 잘 안 맞아서 말이야. ▸部分入れ歯が合わなくてさ。
틀니로는 고기를 씹어 먹기가 힘들어. ▸義歯ではお肉がかみにくいよ。

화난 **티**를 내지 않고 가만히 있었다. ▸怒ったそぶりを見せずに黙っていた。
아직 중학생인데 벌써 어른**티**가 나네. ▸まだ中学生なのにもう大人っぽいね。

어깨에 **파스** 좀 붙여 줄래? ▸肩に湿布薬、貼ってくれる？
우리 집에 물**파스** 없어? ▸うちに塗る湿布薬、ない？

부부 관계가 **파탄**의 위기에 직면했다. ▸夫婦関係が破綻の危機に直面した。
재정 위기로 **파탄**할까 봐 걱정이다. ▸財政危機で破綻するかと心配だ。

팔짱을 끼고 걸어가는 연인들. ▸腕を組んで歩く恋人たち。
피곤해서 **팔짱**을 낀 채 졸았다. ▸疲れて腕組みしたままうとうとした。

건달**패거리**들이랑 어울리지 마. ▸悪い輩と付き合うな。
오토바이를 탄 **패거리**가 지나갔다. ▸オートバイに乗った連中が通り過ぎた。
20여 명이 **패거리**를 지어 싸웠대. ▸20余名が徒党を組んでけんかしたんだって。

침도 못 삼킬 정도로 **편도선**이 부었다. ▸唾も呑み込めないほど扁桃腺が腫れた。
편도선염이라며 항생제를 주었다. ▸扁桃炎だと言って、抗生物質をくれた。

폐렴과 감기는 초기 증상이 비슷해. ▸肺炎と風邪は初期症状が似ているよ。
고령자는 **폐렴**을 조심해야 한다. ▸高齢者は肺炎に気をつけないといけない。

A ことわざ こたえ 徳の高い人のところには多くの人が集まってくる

名詞28

🎧050

□793
표적

標的、的、狙い

漢 標的

□794
푸념

愚痴

動 푸념하다

□795
푼돈
[푼똔]

はした金、小銭

反 목돈 265

□796
품행

品行、行い、身持ち

漢 品行

□797
피차

お互い、相方

漢 彼比　関 피차일반, 피장파장 お互い様

□798
하객

祝賀客(축하객)、お祝い客

漢 賀客

□799
하루치

1日分、1日分の量

□800
학벌
[학뻘]

学閥

漢 学閥　関 학벌주의 学閥主義

50日目 🎧050
チェック!
答えは右ページ下

□入れ歯　□腕組み　□標的　□お互い
□そぶり　□やから　□愚痴　□祝賀客
□湿布薬　□扁桃腺　□はした金　□1日分
□破綻　□肺炎　□品行　□学閥

한 사람을 **표적**으로 삼아 공격했다. ▸一人を標的にして攻撃した。
억울하게 비난의 **표적**이 되었다. ▸悔しくも非難の的となった。
사장을 **표적**으로 삼은 건 아니었다. ▸社長に狙いを定めたわけではなかった。

또 힘들다고 **푸념**을 늘어놓기 시작했다. ▸また大変だと愚痴をこぼし始めた。
푸념해도 아무것도 바뀌지 않아. ▸愚痴っても何も変わらないよ。

너한텐 **푼돈**이라도 나한텐 큰돈이야. ▸君には、はした金だろうが僕には大金だ。
노후를 위해 **푼돈**이라도 모아야지. ▸老後のために小銭を貯めないと。

품행이 방정한 사람이라고 들었어. ▸品行方正な人だと聞いたよ。
평소 **품행**이 올발라야 신뢰도 받지. ▸日頃の行いが正しければ信頼も得られる。
품행이 나쁜 남자는 사양할래. ▸身持ちの悪い男は遠慮するわ。

싸움은 **피차**간에 이익되는 게 없어. ▸喧嘩はお互い得になることはない。
힘든 건 **피차**일반이다. ▸つらいのはお互い様だ。

결혼식에 **하객**이 많이 왔다. ▸結婚式に祝賀客がたくさん来た。
신랑 신부는 **하객** 접대로 바빴다. ▸新郎新婦は祝い客の対応で忙しかった。

일단 약은 **하루치**만 처방해 드릴게요. ▸一旦薬は 1 日分だけ処方いたします。
하루치 일당이 얼마예요? ▸1 日の日当はいくらですか？

우리 회사에서는 **학벌**은 안 따집니다. ▸我が社では学閥は問いません。
한국은 **학벌**이 중요하다고 한다. ▸韓国は学閥が重要だそうだ。

50日目 050
チェック!
答えは左ページ下

□틀니	□팔짱	□표적	□피차
□티	□패거리	□푸념	□하객
□파스	□편도선	□푼돈	□하루치
□파탄	□폐렴	□품행	□학벌

名詞29

□ 801
학창
学窓、学校
漢 学窓　関 학창 생활 学生生活

□ 802
한나절
半日、昼の半分

□ 803
할당
[할땅]
割り当て
漢 割当　関 할당량(--量)
動 할당하다, 할당되다

□ 804
함성
喊声(かんせい)
漢 喊声

□ 805
항생제
抗生物質
漢 抗生剤

□ 806
항아리
甕(かめ)
漢 缸--　同 독

□ 807
해돋이
[해도지]
日の出(일출)
関 해가 돋다 日が昇る

□ 808
해장
二日酔いをさますこと、迎え酒を飲むこと
漢 解酲　動 해장하다
関 해장국 酔いざましのスープ　関 해장술 迎え酒

Q ことわざ どんな意味？
밑 빠진 독에 물 붓기
穴のある甕に水を入れる

함성は「喊声」で、「ときの声」「雄叫びを上げる声」のこと。「歓声」は환성。함성と환성は区別して覚えておこう。

121

학창을 떠나 사회인이 되었다. ▸学窓を巣立って社会人になった。
이 노래를 들으면 **학창** 시절이 떠오른다. ▸この歌を聞くと学生時代が思い出される。

완성까지는 **한나절**이 걸릴 것 같아요. ▸完成まで半日はかかると思います。
오후 **한나절** 내내 쉬지도 않고 걸었다. ▸午後の間ずっと休憩もせず歩いた。

할당 업무량이 좀 많은 듯해요. ▸割り当ての業務量が少し多いようです。
수요에 맞게 경영 자원을 **할당**했다. ▸需要に応じて経営資源を割り振った。

경기장은 관중의 **함성**으로 가득했다. ▸競技場は観衆の喊声に包まれていた。
열렬한 **함성** 속에서 공연이 시작됐다. ▸熱烈な喊声の中、公演が始まった。

상처가 곪지 않도록 **항생제**를 먹었다. ▸傷が膿まないように抗生物質を飲んだ。
적절한 **항생제**의 복용으로 치유됐다. ▸適切な抗生物質の服用で治癒した。

된장을 담으려고 **항아리**를 샀다. ▸味噌を造ろうと甕を買った。
한국에는 **항아리** 박물관이 있대. ▸韓国には甕の博物館があるんだって。

새해 첫 **해돋이**를 보러 산에 올랐다. ▸初日の出を見ようと山に登った。
해돋이 보러 가는데 같이 갈래? ▸日の出を見に行くんだけど一緒に行く？

해장에는 콩나물국이 제일이야. ▸二日酔いをさますには、もやしスープが一番だよ。
해장술 한잔 해야지. ▸迎え酒を一杯やらないと。

A ことわざ こたえ 焼け石に水

名詞29

□ 809
행선지
行き先
漢 行先地

□ 810
행세
～のふり
漢 行世

□ 811
행주
ふきん

□ 812
향수병
[향수뼝]
ホームシック
漢 郷愁病

□ 813
허공
虚空、空(くう)、宙
漢 虚空

□ 814
허물
過ち、過失、とが
関 흠 傷、欠け　音 허물 抜け殻

□ 815
허수아비
①**かかし**　②**役立たず**
関 허수아비 정권 傀儡政権

□ 816
허탕
無駄骨、徒労
関 허탕을 치다 ①徒労に終わる ②当てが外れる

51日目　051
チェック!
答えは右ページ下

□ 学窓	□ 抗生物質	□ 行き先	□ 虚空
□ 半日	□ 甕	□ ～のふり	□ 過ち
□ 割り当て	□ 日の出	□ ふきん	□ かかし
□ 喊声	□ 二日酔いをさますこと	□ ホームシック	□ 無駄骨

다음 **행선지**는 어디로 잡을까요? ▸次の行き先はどこにしましょうか？
행선지 안내 표시를 잘 봐. ▸行き先の案内表示をちゃんと見てね。

유부남이 총각 **행세**를 했다네. ▸既婚男が未婚のふりをしてたんだって。
집주인 **행세**를 했지만 사기꾼이었다. ▸家主のふりをしていたが、詐欺師だった。

행주를 깨끗이 빨아서 말렸다. ▸布巾をきれいに洗って乾かした。
마른**행주**로 물기를 닦아 주세요. ▸乾いた布巾で水けをふき取ってください。

너, **향수병**에 걸린 거 아니야? ▸お前、ホームシックにかかったんじゃないか？
향수병이 심해져서 귀국했대. ▸ホームシックがひどくなって帰国したって。

허공을 바라보고 서 있기만 했다. ▸虚空を見つめて立ちつくしていた。
갑자기 **허공**을 짚고 쓰러졌다. ▸いきなり空を掴んで倒れた。
손에 들고 있던 열쇠를 **허공**에 던졌다. ▸手に持っていた鍵を宙に放り投げた。

이 세상에 **허물**이 없는 사람은 없다. ▸この世に過ちのない人間なんていない。
남의 **허물**은 잘 보이는 법이다. ▸人の過失はよく見えるものだ。

논밭에 **허수아비**를 세워 두었다. ▸田畑にかかしを立てておいた。
지금 사장은 **허수아비**야. ▸今の社長は役立たずだ。

자료를 찾아다녔지만 **허탕**이었다. ▸資料を探し回ったが無駄足だった。
도서관이 휴관일이어서 **허탕**을 쳤다. ▸図書館が休館日で徒労に終わった。

51日目 051
チェック!
答えは左ページ下

□학창	□항생제	□행선지	□허공
□한나절	□항아리	□행세	□허물
□할당	□해돋이	□행주	□허수아비
□함성	□해장	□향수병	□허탕

名詞30

□ 817
헐값
[헐깝]
安値、捨て値、廉価
漢 歇-

□ 818
험담
悪口、陰口、中傷(중상)
漢 険談 動 험담하다

□ 819
헛고생
[헏꼬생]
骨折り損、無駄骨
漢 -苦生 動 헛고생하다 無駄骨を折る
類 헛수고 徒労

□ 820
현기증
[현기쯩]
めまい
漢 眩気症

□ 821
혐의
[혀미]
嫌疑、容疑(용의)、疑い
漢 嫌疑

□ 822
호들갑
大げさなしぐさ
形 호들갑스럽다

□ 823
혹사
[혹싸]
酷使
漢 酷使 動 혹사하다, 혹사되다

□ 824
혼사
婚礼に関すること
漢 婚事 関 혼사가 깨지다 結婚が破談になる

Q ことわざ どんな意味？ 한강에 돌 던지기 漢江に石投げ

헛고생の헛-は、一部の名詞の前について「むなしい」「偽りの」「無駄な」などを表す接頭辞。헛-については巻末付録参照。

122

헐값에 내놓아도 사는 사람이 없네. ▸安値をつけても買って行く人はいないね。
급히 이사 가느라 집을 **헐값**에 처분했다. ▸急な引っ越しで家を捨て値で売った。
원가를 낮춰 **헐값**에 제공할 수 없을까? ▸原価を下げて廉価で提供できないかな?

결국에는 **험담**을 마구 퍼부었다. ▸挙句の果てには悪口を容赦なく浴びせた。
뒤에서 **험담**을 하지 맙시다. ▸陰口を叩くのはやめましょう。
그런 **험담** 따위는 신경 쓰지 마. ▸そんな中傷なんか気にするな。

잘못된 제보가 들어와 **헛고생**만 했다. ▸間違った情報提供に無駄骨を折った。
열심히 했는데 **헛고생**이 됐네. ▸頑張ったのに骨折り損のくたびれ儲けだったね。

급하게 달려왔더니 **현기증**이 났어. ▸急いで走ってきたらめまいがした。
빙빙 도는 듯한 **현기증**이 일었다. ▸ぐるぐる回るようなめまいに襲われた。

곧 **혐의**가 풀리리라고 생각했다. ▸すぐ嫌疑が晴れるだろうと思っていた。
시종일관 **혐의**를 강하게 부인했다. ▸始終一環して容疑を強く否定した。
혐의를 받을 만한 일은 한 적이 없다. ▸疑われるようなことはしたことがない。

뻔한 이야긴데 뭔 **호들갑**이야. ▸わかりきった話なのに何を大げさな。
찰과상 정도로 **호들갑** 떨지 마. ▸すり傷ぐらいで大げさに言わないの。

쉬지도 못하고 **혹사**를 당했다. ▸休むこともできずこき使われた。
몸을 **혹사**시킨 탓에 온몸이 쑤셔요. ▸体を酷使したせいで全身が痛みます。

작은집에 **혼사**가 있다네. ▸おじの家に結婚の祝い事があるんだって。
혼사가 성사되어서 잘됐네. ▸結婚の話がまとまって良かったね。

A ことわざ こたえ のれんに腕押し、焼け石に水

名詞30

052

□ 825
화풀이
腹いせ、八つあたり
漢火-- 動화풀이하다

□ 826
환기
喚起
漢喚起 動환기하다, 환기되다
音환기 換気

□ 827
환절기
季節の変わり目
漢換節期

□ 828
후유증
[후유쯩]
後遺症
漢後遺症

□ 829
훼방
妨害(방해)
漢毀妨 関훼방꾼(★ 훼방군) 邪魔者、妨害者
慣훼방을 놓다 邪魔をする

□ 830
훼손
毀損(きそん)
漢毀損 動훼손하다, 훼손되다

□ 831
흉
①**傷**、傷跡 ②**欠点**(결점)、あら
動흉잡다 あら探しをする 関흉터 傷跡
関흠 傷

□ 832
흥
興、面白み
漢興 形흥겹다 非常に楽しい
関흥을 깨다 興を冷ます

52日目 052
チェック!
答えは右ページ下

□安値
□悪口
□骨折り損
□めまい
□嫌疑
□大げさなしぐさ
□酷使
□婚礼に関すること
□腹いせ
□喚起
□季節の変わり目
□後遺症
□妨害
□毀損
□傷
□興

화풀이로 한 말이니까 용서해 줘. ▸腹いせで言ったことだから許してね。
왜 나한테 **화풀이**하는 거야? ▸どうして私に八つ当たりするの？

의식의 **환기**가 요구되는 시점이다. ▸意識の喚起が要求される時だ。
가끔은 주의를 **환기**할 필요가 있죠. ▸時々注意を喚起する必要がありますね。

환절기일수록 감기 조심해야 돼. ▸季節の変わり目だけに風邪に気をつけないと。
환절기니까 옷 정리나 할까? ▸季節の変わり目だから衣替えでもしようか？

교통사고는 **후유증**이 있다던데. ▸交通事故は後遺症があるそうだけど。
후유증이 생기지 않도록 노력했다. ▸後遺症が出ないように努めた。

심한 **훼방**에도 끝까지 굴하지 않았다. ▸ひどい妨害にも最後まで屈しなかった。
도움은커녕 **훼방**만 놓아서 미안하구나. ▸助けるどころか、足を引っ張ってごめんね。

문화재의 **훼손**을 막아야 한다. ▸文化財の毀損を防ぐべきだ。
명예**훼손**에 대한 위자료를 청구했다. ▸名誉毀損に対する慰謝料を請求した。

어릴 때 넘어져서 무릎에 **흉**이 생겼다. ▸小さい時にこけて膝に傷ができた。
만났다 하면 늘 **흉**만 본다네. ▸会うといつもあら探しばかりするんだって。

칭찬을 받고 **흥**이 나서 열심히 일했다. ▸褒められて興がわき、懸命に働いた。
장구를 쳐서 **흥**을 돋우었다. ▸チャング（鼓）を叩いて興を添えた。

52日目 052
チェック!
答えは左ページ下

□헐값 □험의 □화풀이 □훼방
□험담 □호들갑 □환기 □훼손
□헛고생 □혹사 □환절기 □흉
□현기증 □혼사 □후유증 □흥

1週目 2週目 3週目 4週目 5週目 6週目 7週目 8週目 9週目 10週目

副詞05

□ 833
으레
★ 의례

きまって、当然(당연히)

□ 834
자못
[자몯]

思ったよりずっと、とても

□ 835
잠자코

黙って、黙々と(묵묵히)
類 가만히 じっと、黙って

□ 836
졸지에
[졸찌에]

突然、不意に
漢 猝地-

□ 837
죄다

みな、すっかり、全部(전부)
関 죄(죄다の縮約形)

□ 838
주렁주렁

ふさふさ(と)、鈴なりに
形 주렁주렁하다

□ 839
착착

① **てきぱき**(と)、すらすら(と)
② **着々と**、どんどん

□ 840
팔팔

① **ぐらぐら**(と)　② **かっかと**
関 팔팔하다 元気で生き生きしている(俗語)
慣 팔팔 뛰다 強く否定する

Q ことわざ どんな意味?

미운 아이 떡 하나 더 준다
嫌な子には餅をもう１つあげる

잠자코は、잠자다(寝る)の잠자に、副詞を作る接尾辞-코(巻末付録参照)がついたもの。

123

월급날이면 **으레** 외식을 하곤 했다.	▸給料日にはきまって外食に出かけたものだ。
살다 보면 **으레** 있을 수 있는 일이다.	▸生きていれば当然ありうることだ。
면접 때 **자못** 긴장이 되던데요.	▸面接の時、思ったよりずっと緊張したんですが。
자식에 대한 기대가 **자못** 큰 것 같다.	▸子どもへの期待がとても大きいようだ。
오늘은 **잠자코** 있는 게 좋을 것 같다.	▸今日は黙っているのが良さそうだ。
잠자코 맡은 일을 할 뿐이었다.	▸黙々と受け持った仕事をこなすだけだった。
졸지에 빚을 떠안게 됐다.	▸突然借金を抱えることになった。
예상치 못한 사건이 **졸지에** 벌어졌다.	▸予想外な事件が不意に起こった。
증거 자료는 **죄다** 몰수되었답니다.	▸証拠資料はみな没収されたそうです。
내가 갔을 땐 눈이 **죄다** 녹았더라.	▸私が行った時には雪はすっかり溶けてたよ。
향기로운 포도가 **주렁주렁** 열렸다.	▸香り高いブドウがふさふさと実っている。
감나무에 감이 **주렁주렁**하더라.	▸柿の木に柿が鈴なりになっていたよ。
일을 **착착** 처리해 주니까 좋네.	▸仕事をてきぱきこなしてくれて嬉しいわ。
공사는 계획대로 **착착** 진행되고 있다.	▸工事は計画通り着々と進んでいる。
물이 **팔팔** 끓고 있었다.	▸お湯がぐらぐら沸いていた。
겨울엔 **팔팔** 끓는 온돌방이 최고지.	▸冬はかっかと熱いオンドル部屋が最高だ。

A ことわざ こたえ　うわべだけで可愛がるふりをする

053

□ 841
푼푼이
(お金を)**少しずつ**
※푼は昔の金銭の単位

□ 842
하마터면
★ 하마트면
危うく、すんでのところで、まかり間違えば
類 자칫하면 ややもすれば

□ 843
하염없이
[하여멉씨]
とめどなく、うつろに
形 하염없다 とめどない、むなしい

□ 844
한사코
何が何でも、命がけで、かたくなに
漢 限死-
類 기필코 414

□ 845
행여
もしや(うまい具合に)、ひょっとしたら
漢 幸- 関 행여나(행여の強調形)

□ 846
허겁지겁
[허겁찌겁]
あたふた(と)
動 허겁지겁하다 類 허둥지둥 あわてて、あたふた(と) 類 부랴부랴 633

□ 847
후들후들
がたがた、がくがく
動 후들후들하다, 후들거리다 がたがた震える

□ 848
힐끔
ちらっと
類 힐끗 ちらっと 関 힐끔힐끔 ちらちら(と)、じろじろ(と) 動 힐끔거리다 しきりにちらちら見る

53日目 053
チェック!
答えは右ページ下

□ きまって
□ 思ったよりずっと
□ 黙って
□ 突然
□ みな
□ ふさふさ
□ てきぱき
□ ぐらぐら
□ 少しずつ
□ 危うく
□ とめどなく
□ 何が何でも
□ もしや
□ あたふた
□ がたがた
□ ちらっと

푼푼이 돈을 모아 여행 갈 거야. ▸少しずつお金を貯めて旅行に行くつもりだ。
꿈을 이루기 위해 **푼푼이** 저금했다. ▸夢を叶えるために少しずつ貯金した。

하마터면 큰일 날 뻔했네요. ▸危うく大変なことになるところでしたね。
하마터면 넘어질 뻔했잖아. ▸すんでのところで倒れるところだったじゃない。
산에 갔다가 **하마터면** 죽을 뻔했다. ▸山に行ってまかり間違えば死ぬところだった。

눈물을 **하염없이** 흘리며 서 있었다. ▸涙をとめどなく流して立ち尽くしていた。
그의 뒷모습만 **하염없이** 바라봤다. ▸彼の後ろ姿だけをうつろに見つめた。

막내가 **한사코** 따라오겠다고 했다. ▸末っ子は何が何でもついてくると言った。
한사코 자신의 결백을 증명하고자 했다. ▸命がけで身の潔白を証明しようとした。
부담 주기 싫다며 **한사코** 거절했다. ▸負担をかけたくないとかたくなに拒んだ。

행여 도움이 될까 싶어서요. ▸もしや役に立つかなと思って。
행여나 그가 올까 기대했다. ▸ひょっとしたら彼が来るかと期待した。

뒤도 안 돌아보고 **허겁지겁** 도망쳤다. ▸振り返りもせず、あたふたと逃げ出した。
몹시 배고파서 밥을 **허겁지겁** 먹었다. ▸腹ぺこで脇目もふらずに食べた。

한기가 들면서 온몸이 **후들후들** 떨렸다. ▸寒気がして体ががたがた震えた。
다리가 **후들후들**해서 바닥에 주저앉았다. ▸足ががくがく震えて床に座り込んだ。

나를 **힐끔** 쳐다보고 지나쳤다. ▸私をちらっと見て通り過ぎた。
상사의 눈치를 **힐끔** 살피는 듯했다. ▸上司の顔色をちらちらと伺っているようだった。

53日目 053
チェック!
答えは左ページ下

□ 으레	□ 죄다	□ 푼푼이	□ 행여
□ 자못	□ 주렁주렁	□ 하마터면	□ 허겁지겁
□ 잠자코	□ 착착	□ 하염없이	□ 후들후들
□ 졸지에	□ 팔팔	□ 한사코	□ 힐끔

動詞12

□ 849
지우다 2
負わす、背負わす
関 지다 背負う　音 지우다[1] 消す〔初中級編742〕

□ 850
질겁하다
[질거파다]
びっくり仰天する、ぎくっとする

□ 851
집어치우다
途中でやめる、放り出す
類 때려치우다 やめる、放り出す

□ 852
짓밟다
[짇빱따]
踏みにじる、踏みつける
関 짓밟히다 踏みにじられる

□ 853
쩔쩔매다
①**てんてこ舞いする**　②**たじろぐ**

□ 854
쪼그리다
しゃがむ、うずくまる、(手足を)曲げる
同 쭈그리다　関 쪼그라들다 縮こまる

□ 855
찌푸리다
①**しかめる**　②**どんより曇る**

□ 856
찡그리다
ゆがめる、ひそめる、しかめる
慣 얼굴을 찡그리다/찌푸리다 顔をしかめる

Q ことわざ どんな意味？　**첫술에 배부르랴**　ひとさじに腹がふくれようか

짓밟다の짓-は「やたらに」「めちゃくちゃに」「容赦なく」などを表す接頭辞(巻末付録参照)。

124

미래 세대에게 짐을 **지우는** 꼴이다. ▸未来の世代に荷を負わすようなことだ。
직원에게만 책임을 **지우는** 건 문제다. ▸職員だけに責任を負わせるのは問題だ。

산더미처럼 쌓인 쓰레기를 보고 **질겁했다**. ▸ゴミの山を見てびっくり仰天した。
피를 보고 **질겁한** 모양이었다. ▸血を見てぎくっとしたようだった。

당장이라도 일을 **집어치우고** 싶다. ▸今すぐにでも仕事をやめたい。
다 **집어치우고** 떠나자고 결심했다. ▸全部放り出して旅に出ようと決心した。

어린이들의 꿈을 **짓밟지** 마세요. ▸子どもたちの夢を踏みにじらないでください。
사진을 찍는다며 꽃밭을 **짓밟는** 사람들. ▸写真を撮ると言って、花畑を踏みつける人々。

아침부터 전화가 쇄도해서 **쩔쩔맸다**. ▸朝から電話が殺到して、てんてこ舞いした。
날카로운 질문에 **쩔쩔매는** 모습이었다. ▸鋭い質問にたじろいでいる様子だった。

발을 삐어서 **쪼그리고** 앉을 수가 없다. ▸足をひねってしゃがむことができない。
방바닥에 **쪼그리고** 앉아 울었다. ▸床にうずくまって泣いた。
무릎을 **쪼그렸다** 펼 때 통증이 있다. ▸膝を曲げてから伸ばす時に痛みがある。

미간을 **찌푸린** 채 허공을 응시했다. ▸眉をしかめたまま、じっと空を見つめた。
내일도 **찌푸린** 날씨가 이어지겠습니다. ▸明日もどんよりと曇った天気が続くでしょう。

약간 표정을 **찡그리는** 게 보였다. ▸わずかに表情をゆがめるのが見えた。
눈살을 **찡그리게** 하는 그런 표현이었다. ▸眉をひそめるような、そんな表現だった。
얼굴을 **찡그린** 채 서 있었다. ▸顔をしかめて立ち尽くしていた。

A ことわざ こたえ 何事も初めからすぐには満足な結果を得られない

動詞12

□ 857 **처넣다** [처너타]	**詰め込む**、放り込む、ぶちこむ
□ 858 **처지다**	①(感情が)**沈む** ②**垂れる** ③**取り残される** 慣 어깨가 처지다 肩を落とす
□ 859 **쳐들어가다**	**攻め入る**、攻め込む、突入する 関 쳐들어오다 攻め込んでくる
□ 860 **추스르다**<르>	①(元気を取り戻して体を)**動かす**、持ち上げる ②**うまく取りまとめる** 関 마음을 추스르다 気を取り直す
□ 861 **축나다** [충나다]	①**減る**、足りなくなる ②(体が)**衰える** 関 축내다 減らす 慣 밥(그릇)을 축내다 無為徒食する
□ 862 **치밀다**	**激しくこみ上げる**
□ 863 **치우치다**	(一方に)**片寄る**、(感情・極端に)走る
□ 864 **캐묻다**<ㄷ> [캐묻따]	**しつこく尋ねる**、問い詰める

54日目 054
チェック!
答えは右ページ下

□ 負わす
□ びっくり仰天する
□ 途中でやめる
□ 踏みにじる
□ てんてこ舞いする
□ しゃがむ
□ しかめる
□ ゆがめる
□ 詰め込む
□ 沈む
□ 攻め入る
□ 動かす
□ 減る
□ 激しくこみ上げる
□ 片寄る
□ しつこく尋ねる

가방에 이것저것 **처넣었다**. ▸カバンにあれこれ詰め込んだ。
계약서를 쓰레기통에 **처넣고** 싶었다. ▸契約書をごみ箱に放り込みたかった。
감옥에 **처넣겠다고** 위협했다. ▸刑務所にぶち込むぞと脅迫した。

왠지 기분이 **처지고** 기운이 없네요. ▸なぜか気分が沈んで元気がありません。
우리 개는 **처진** 귀가 귀여워요. ▸うちの犬は垂れた耳がかわいいです。
나만 **처지는** 것 같아 불안했다. ▸自分だけが取り残されているようで不安だった。

적의 심장부에 단신으로 **쳐들어갔다**. ▸敵の心臓部に単身攻め入った。
본사에 **쳐들어가** 농성을 하자고 했다. ▸本社に突入して座り込みをしようと言った。

하루빨리 몸을 **추스르길** 바랍니다. ▸1日も早く元気になるようお祈りしています。
팀을 **추스르고** 다음을 준비했다. ▸チームを取りまとめて次に備えた。

돈만 **축나고** 얻은 건 없는 것 같아. ▸お金ばかり減って得たものはないみたい。
몸이 **축나지** 않도록 유의해라. ▸体が衰えないように気を付けてね。

부아가 **치밀어** 올라서 한마디 했다. ▸怒りがこみ上げてきてひと言言った。
가슴속에서 뜨거운 것이 **치밀어** 올랐다. ▸胸の奥から熱いものがこみ上げてきた。

어느 한쪽으로 **치우치지** 않도록 하자. ▸どちらか一方に片寄らないようにしよう。
개인적인 감정에 **치우치면** 안 된다. ▸個人的な感情に走ってはいけない。

사생활을 꼬치꼬치 **캐물으면** 곤란해. ▸プライバシーを根掘り葉掘り聞かれたら困る。
동창회에 오지 않은 이유를 **캐물었다**. ▸同窓会に来なかった理由を問い詰めた。

54日目 054 チェック!
答えは左ページ下

□ 지우다	□ 쩔쩔매다	□ 처넣다	□ 축나다
□ 질겁하다	□ 쪼그리다	□ 처지다	□ 치밀다
□ 집어치우다	□ 찌푸리다	□ 쳐들어가다	□ 치우치다
□ 짓밟다	□ 찡그리다	□ 추스르다	□ 캐묻다

動詞13

□ 865
터놓다
[터노타]
①**打ち明ける** ②**取り除く**、開ける
慣 흉금을 터놓다 胸襟を開く

□ 866
틀어박히다
[트러바키다]
引きこもる、閉じこもる

□ 867
파고들다
①**深く入り込む** ②**食い込む**
③**掘り下げる**
慣 심장을 파고들다 胸を打つ

□ 868
패하다
敗れる、負ける
漢 敗--

□ 869
팽개치다
①**放り出す**
②**ほうっておく**、ほったらかす

□ 870
퍼뜨리다
広める、言いふらす
同 퍼트리다 関 퍼지다 広がる

□ 871
포개다
①**重ねる**、積み重ねる
②(腕・脚を)**組む**

□ 872
포식하다
[포시카다]
飽食する、お腹いっぱい食べる
漢 飽食-- 名 포식

Q ことわざ どんな意味？ 가는 날이 장날 行く日が市場の日

퍼뜨리다の-뜨리다は強調を表す接尾辞で他動詞にします。
퍼지다(広がる)のように지다がついているのは自動詞です。

125

마음을 **터놓고** 이야기할 수 있는 사이야. ▸本心を打ち明けて話せる仲だよ。
방의 칸막이를 **터놓을** 수 있는 구조다. ▸部屋の仕切りを取り除ける構造だ。

서재에 **틀어박혀** 소설을 쓰고 있어. ▸書斎にこもって小説を書いているよ。
집에 **틀어박혀** 있지 말고 좀 나와라. ▸家に閉じこもっていないでちょっと出てきたら。

커다란 슬픔이 가슴속에 **파고들었다**. ▸大きな悲しみが胸の奥に深く入り込んだ。
해외 시장에 **파고들** 수 있는 전략. ▸海外市場に食い込む戦略。
사건을 **파고들어** 진실에 도달했다. ▸事件を掘り下げて真相にたどり着いた。

이번 선거에서는 **패할지도** 모른다. ▸今回の選挙では敗れるかもしれない。
우리 팀이 4 대 3으로 **패하고** 말았다. ▸うちのチームが4対3で負けてしまった。

가방을 **팽개치고** 게임을 하고 있는 아들. ▸カバンを放り出してゲームをしている息子。
골치 아파서 **팽개쳐** 둔 문제. ▸頭が痛くて放っておいた問題。
일도 **팽개치고** 어디 갔어? ▸仕事もほったらかして、どこに行ったの?

가짜 뉴스를 **퍼뜨리다간** 망신을 당해. ▸フェイクニュースを広めたりしたら恥をかくよ。
주위에 말을 **퍼뜨리지는** 않을걸. ▸周りに言いふらしたりはしないと思うよ。

수납할 때 착착 **포개서** 넣습니다. ▸収納の際、どんどん積み重ねて入れます。
다리를 **포개고** 허리를 쭉 펴는 자세. ▸脚を組んで、腰をぐっと伸ばす姿勢。

포식하는 시대에 식생활에 대해 생각한다. ▸飽食の時代に食生活について考える。
한국에서 **포식했더니** 살쪘나 봐. ▸韓国でお腹いっぱい食べてたら太ったみたい。

A ことわざ こたえ　当てが外れる、タイミングが合わない

動詞13

□ 873
푸다<우>
汲む、(飯を)よそう
※우変則については巻末付録参照

□ 874
해치다
①**害する** ②**傷つける**、殺す
漢 害-- 慣 감정을 해치다 気分を悪くする

□ 875
헐떡거리다
[헐떡꺼리다]
①**息切れする**、ぜいぜいする
②(履物などが)**ぶかぶかする**
同 헐떡대다

□ 876
헷갈리다
[헫깔리다] ★ 헛갈리다
こんがらがる

□ 877
헹구다
ゆすぐ、すすぐ

□ 878
호통치다
怒鳴る、怒鳴りつける、叱り飛ばす
同 호통을 치다

□ 879
휘청거리다
①**ふらつく**、よろよろする
②(枝が)**ゆらゆら揺れる**
同 휘청대다

□ 880
흐트러지다
乱れる
関 흐트러뜨리다 散らかす

55日目 055
チェック!
答えは右ページ下

□打ち明ける
□引きこもる
□深く入り込む
□敗れる

□放り出す
□広める
□重ねる
□飽食する

□汲む
□害する
□息切れする
□こんがらがる

□ゆすぐ
□怒鳴る
□ふらつく
□乱れる

샘물을 **퍼서** 페트병에 담았다. ▸湧水を汲んでペットボトルに入れた。
밥을 **풀까요**? ▸ご飯をよそいましょうか?

잘못하면 건강을 **해칠** 위험성이 있다. ▸間違えば健康を害する危険性がある。
우리 개는 사람을 **해치진** 않아요. ▸うちの犬は人を傷つけたりはしません。

숨을 **헐떡거리며** 뛰어왔다. ▸ぜいぜい言いながら走ってきた。
운동화가 커서 **헐떡거려요.** ▸運動靴が大きくてぶかぶかです。

뭐가 뭔지 **헷갈려서** 모르겠다. ▸何が何だかこんがらがってわからない。
문제를 일부러 **헷갈리게** 만들었다. ▸問題をわざとこんがらがるように作った。

그릇은 깨끗이 **헹궈서** 말려 줘. ▸茶碗はきれいにゆすいで乾かしてね。
점심을 먹은 뒤에 입안을 물로 **헹군다.** ▸昼食後は口を水ですすぐ。

할아버지가 **호통치시면** 무서워. ▸おじいちゃんが怒鳴ると怖いよ。
부장님이 **호통치는** 건 처음 봐. ▸部長が怒鳴りつけているのは初めて見た。
뭘 하고 있느냐고 부하에게 **호통쳤다.** ▸何をやっているんだと部下を叱り飛ばした。

충격으로 다리가 **휘청거렸다.** ▸衝撃で足がふらついた。
안경을 낀 남자가 **휘청거리며** 다가왔다. ▸メガネの男がよろよろしながら近づいてきた。
나뭇가지가 강풍에 **휘청거렸다.** ▸木の枝が強い風にゆらゆらと揺れた。

바람에 **흐트러진** 머리를 빗었다. ▸風に乱れた髪を整えた。
흐트러진 마음을 다잡고 다시 뛰자. ▸乱れた心を引き締めてまた頑張ろう。

55日目 055
チェック!
答えは左ページ下

□ 터놓다	□ 팽개치다	□ 푸다	□ 헹구다
□ 틀어박히다	□ 퍼뜨리다	□ 해치다	□ 호통치다
□ 파고들다	□ 포개다	□ 헐떡거리다	□ 휘청거리다
□ 패하다	□ 포식하다	□ 헷갈리다	□ 흐트러지다

形容詞08

056

□ 881
털털하다
大らかだ、おおざっぱだ
関 털털이 大らかで気取らない人

□ 882
투박하다
[투바카다]
ごつい、ぶっきらぼうだ
同 투박스럽다

□ 883
팽팽하다
①**ピンと張っている**
②**五分五分だ**、釣り合っている
漢 膨膨--

□ 884
포근하다
①(柔らかくて)**暖かい**　②**穏やかだ**

□ 885
푹신하다
[푹씬하다]
ふかふかしている
同 푹신푹신하다

□ 886
하찮다
[하찬타]
大したことではない、つまらない
同 대수롭지 않다　同 시시하다 555

□ 887
한적하다
[한저카다]
(場所が)**物静かだ**、ひっそりして寂しい
漢 閑寂--　反 소란스럽다 549

□ 888
허다하다
数多い、非常に多い
漢 許多--

Q ことわざ どんな意味？　공자 앞에서 문자 쓴다　孔子の前で難しい語句を使う

털털하다はプラスイメージが強いです。主に人の性格を表すときに使われます。

126

여동생은 시원시원하고 **털털한** 편이야. ▸妹はさばさばして大らかなほうだ。
아들은 꼼꼼하고 딸은 아주 **털털해**. ▸息子は几帳面で、娘はおおざっぱなんだよ。

할아버지의 **투박한** 손이 생각난다. ▸祖父のごつい手が思い出される。
남자친구는 원래 말투가 **투박해요**. ▸彼はもともと言い方がぶっきらぼうです。

회장에는 **팽팽한** 긴장감이 감돌았다. ▸会場はピンと張り詰めた緊張感が漂っていた。
찬반 의견이 **팽팽하게** 갈렸다. ▸賛成と反対の意見が五分五分に分かれた。

포근한 이불에서 푹 자고 싶다. ▸柔らかくて暖かい布団でぐっすり眠りたい。
추위가 풀려서 **포근한** 하루였다. ▸寒さが和らいで暖かい1日だった。

푹신한 소파에서 낮잠을 잤다. ▸ふかふかのソファーで昼寝をした。
침대가 **푹신해서** 잠자리가 편했어. ▸ベッドはふかふかして寝心地が良かった。

하찮게 생각했는데 큰 문제네. ▸大したことではないと思っていたけれど、大問題だね。
하찮은 일이니까 신경 쓰지 마. ▸つまらないことだから、気にしないで。

조금 들어가니 **한적한** 주택가가 보였다. ▸少し行くと物静かな住宅街が見えた。
한적한 분위기의 작은 집이었다. ▸ひっそりして寂しい佇まいの小さい家だった。

최근에는 일이 없는 날이 **허다합니다**. ▸最近は仕事がない日がけっこう多いです。
그와 같은 예는 **허다하다고** 하겠다. ▸そのような例は数多いと言える。

A ことわざ こたえ 釈迦に説法

形容詞08

🎧 056

□ 889
허황되다
荒唐無稽だ(황당무계하다)
漢 虚荒-- 同 허황하다

□ 890
헐렁하다
(服などが)**緩い**、だぶだぶだ
動 헐렁해지다 同 헐렁헐렁하다

□ 891
홀가분하다
身軽だ、軽い
動 홀가분해지다

□ 892
황당하다
(言葉や言動が)**でたらめだ**
漢 荒唐-- 類 황당무계하다 荒唐無稽だ

□ 893
후련하다
(気持ちが)**せいせいしている**、すっきりする、さばさばしている

□ 894
후하다
①(情が)**厚い** ②**手厚い** ③**寛大だ**、甘い
漢 厚-- 反 박하다 439

□ 895
흡족하다
[흡쪼카다]
十分だ、満ち足りている
漢 洽足-- 類 만족스럽다 反 미흡하다 437

□ 896
희박하다
[히바카다]
希薄だ、(可能性などが)薄い
漢 希薄--

56日目 🎧056
チェック!
答えは右ページ下

□ 大らかだ	□ ふかふかしている	□ 荒唐無稽だ	□ せいせいしている
□ ごつい	□ 大したことではない	□ 緩い	□ 厚い
□ ピンと張っている	□ 物静かだ	□ 身軽だ	□ 十分だ
□ 暖かい	□ 数多い	□ でたらめだ	□ 希薄だ

너무 **허황된** 이야기라 믿을 수 없네. ▸あまりにも荒唐無稽な話で信じられないね。
읽어 보니 전체적으로 **허황된** 내용이었다. ▸読んでみたら全体的に荒唐無稽な内容だった。

집에서는 **헐렁한** 티셔츠를 즐겨 입는다. ▸家ではだぶだぶのTシャツをよく着ている。
살이 빠지니까 구두도 좀 **헐렁해졌다**. ▸やせたら、靴も少し緩くなった。

홀가분한 마음으로 오랜만에 외출했다. ▸軽やかな気持ちで久しぶりに外出した。
운동을 했더니 몸이 **홀가분해진** 듯했다. ▸運動をしたら、体が少し軽くなったようだ。

황당하기 짝이 없는 일이 벌어졌다. ▸極めてでたらめなことが起こった。
다시는 **황당한** 말을 하지 마. ▸二度とでたらめなことを言わないで。

시험이 다 끝나서 **후련해**. ▸試験が全部終わってせいせいした。
할 말을 하고 나니 속이 **후련했다**. ▸言いたいことを言ったら、気持ちがすきっとした。
엄마는 **후련한** 표정으로 말했다. ▸母はさばさばした表情で言った。

음식도 맛있고 인심도 **후한** 곳이야. ▸料理もおいしいし、人情にも厚い所だよ。
복지도 좋고 임금도 **후하대**. ▸福利厚生もいいし、給料も手厚いって。
김 선생님은 점수가 **후하다고** 들었어. ▸金先生は点数が甘いと聞いたよ。

예산이 **흡족하지는** 않지만 잘해 보겠습니다. ▸予算は十分ではないがうまくやってみます。
내 이야기를 듣고 **흡족한** 듯 웃었다. ▸私の話を聞いて満足げに笑った。

목표 의식이 **희박한** 듯 보였다. ▸目標意識が希薄に見えた。
회복할 가능성은 **희박하답니다**. ▸回復の可能性は薄いと言っています。

56日目 056
チェック!
答えは左ページ下

□털털하다	□푹신하다	□허황되다	□후련하다
□투박하다	□하찮다	□헐렁하다	□후하다
□팽팽하다	□한적하다	□홀가분하다	□흡족하다
□포근하다	□허다하다	□황당하다	□희박하다

8週目 力試しドリル

(　　)안에 들어갈 말로 가장 알맞은 것을 하나 고르십시오.

---

1. 집주인도 아니면서 집주인 (　　)를/을 하다가 걸렸다고 한다.

①행태　②모양　③티　④행세

2. 도와주기는커녕 (　　)만 놓지 않았으면 좋겠어.

①허탕　②흉　③훼방　④험담

3. 힘들다고 푸념만 (　　) 말고 뭐든 해 봐.

①쏟지　②늘어놓지　③말하지　④중얼거리지

4. 모녀지간에 팔짱을 (　　) 가는 모습이 보기 좋았다.

①끼고　②잡고　③쥐고　④차고

줄친 부분과 의미가 같은 것을 하나 고르십시오.

---

5. 살다 보면 그런 일은 <u>당연히</u> 있는 일이야. 걱정하지 마.

①가끔 ②으레 ③행여 ④죄다

6. 잡힐까 봐 <u>허겁지겁</u> 도망치는 모습이 보였다.

①힐끔힐끔 ②졸지에 ③허둥지둥 ④후들후들

7. 사장님은 얼굴을 <u>찌푸린</u> 채 허공을 바라보고 있었다.

①구긴 ②찡그린 ③쪼그린 ④추스린

8. 이 일을 <u>하찮게</u> 생각했다간 큰코다칠 거야.

①희박하게 ②한가하게 ③대수롭지 않게 ④대단하게

解答・解説

1. ④

【日本語訳】家主でもないのに家主(のふり)をして捕まったそうだ。

①挙動　②格好、なり ③そぶり　④～のふり

2. ③

【日本語訳】助けるどころか(邪魔)さえしないでくれたらいい。

①無駄骨　②傷　③妨害、邪魔　④悪口

Point 훼방을 놓다で「邪魔をする」。

3. ②

【日本語訳】つらいと愚痴ばかり(こぼして)ないで何でもやってみろ。

①こぼして　②こぼして　③言って　④つぶやいて

Point 「愚痴をこぼす」は푸념을 늘어놓다。쏟다も「こぼす」の意味ですが、「水をこぼす」のように、容器に入っているものを「こぼす」場合に用います。

4. ①

【日本語訳】親子(母娘)で腕を(組んで)歩いていく姿がほほえましかった。

①抱えて、挟んで　②つかんで　③握って　④(身に)つけて

Point 팔짱을 끼다で「腕を組む、腕組みする」。

5. ②

【日本語訳】生きていればそんなことは当然あることだよ。心配しないで。

①時々　②当然、きまって　③もしや　④みんな

Point 「当然」にあたる副詞には당연히のほか、으레があります。

6. ③

【日本語訳】捕まるのを恐れて大急ぎで逃げる姿が見えた。

①ちらちらと　②突然　③一目散に　④がたがた

Point 허겁지겁も허둥지둥も「慌てふためくさま」を表す副詞です。

7. ②

【日本語訳】社長は顔をしかめたまま空(くう)を眺めていた。

①しわが寄った　②しかめた　③しゃがんだ　④体を動かした

Point 얼굴을 찌푸리다も얼굴을 찡그리다も「顔をしかめる」という意味です。

8. ③

【日本語訳】このことを軽く見ていたら、ひどい目にあうぞ。

①希薄に　②のんびりと　③軽く　④非常に、すごく

Point 하찮게 생각하다は「軽く見る」という意味です。대수롭다は「大したことがある」という意味ですが、主に대수롭지 않게の形で使われます。

キクタン韓国語

9 週目

✓ 学習したらチェック!

밥값이 너무 많이 나와 눈이 휘둥그레졌다.

(例文の意味は 936 参照)

慣用句01

□ 897
가슴을 적시다
胸を打つ、胸に迫る
関 적시다 濡らす　同 마음을 적시다

□ 898
가슴이 덜컥하다
(突然の驚きや恐怖で) **胸を突く**、ドキッとする
同 가슴이 철렁하다/내려앉다
副 덜컥 ぎくっと、どっと

□ 899
가슴이 뜨끔하다
(良心がとがめて) **ぎくりとする**、はっとする

□ 900
가슴이 뭉클하다
胸がじんとする、胸が熱くなる、感動する

□ 901
가슴이 미어지다
★ 가슴이 미여지다
胸が締め付けられる、胸がつぶれる

□ 902
가슴이 섬뜩하다
ぞっとする、ぎょっとする

□ 903
가슴이 아리다
胸が痛む
関 아리다 659

□ 904
가슴이 울렁거리다
(息苦しく) **動悸がする**、胸がむかむかする、胸が波打つ
類 속이 울렁거리다 胸がむかむかする

Q ことわざ どんな意味？　긁어 부스럼　掻いて吹き出物

뜨끔하다は、「急に火に触れたように熱い」というのが基本の意味で、「あつっ！」というニュアンスがあります。

127

가슴을 적시는 노랫가락이 흐른다. ▸胸を打つ歌が流れる。
슬픔에 **가슴을 적시네.** ▸悲しさが胸に迫る。

갑작스러운 사고 소식에 **가슴이 덜컥했다.** ▸突然の事故のニュースに胸をつかれた。
암은 아닐까 **가슴이 덜컥했다.** ▸がんではないかとドキッとした。

가슴이 뜨끔했지만 모른 체했다. ▸ぎくりとしながらも知らんぷりした。
그 말을 듣는 순간 **가슴이 뜨끔했다.** ▸その言葉を聞いた瞬間、はっとした。

가슴이 뭉클한 영화라고 하네. ▸胸がじんとする映画だそうよ。
건강한 모습을 보니 **가슴이 뭉클했다.** ▸元気な姿を見たら、胸が熱くなった。
마지막 장면이 **가슴이 뭉클했어.** ▸ラストシーンに感動したよ。

슬픔으로 **가슴이 미어졌다.** ▸悲しみで胸が締め付けられた。
부고를 듣고 **가슴이 미어지는** 듯했다. ▸訃報を聞いて胸がつぶれそうだった。

가슴이 섬뜩한 사건이 발생했다. ▸ぞっとする事件が起こった。
마루의 핏자국을 보고 **가슴이 섬뜩했다.** ▸床の血跡を見てぎょっとした。

옛일을 생각하면 **가슴이 아려** 온다. ▸昔のことを思うと胸が痛んでくる。
아이들이 측은해서 **가슴이 아렸다.** ▸子どもたちが不憫で胸が痛んだ。

이 약은 **가슴이 울렁거릴** 때 먹어. ▸この薬は動悸がする時に飲んでね。
배만 타면 **가슴이 울렁거려요.** ▸船に乗ると必ず胸がむかむかします。
애인을 만난 듯 **가슴이 울렁거렸다.** ▸恋人に会ったかのように胸が波打った。

A ことわざ こたえ やぶ蛇

慣用句01

□ 905
가시방석에 앉다
針のむしろに座る、非常に気まずくて不安な状況に置かれる

□ 906
가위에 눌리다
①**悪夢にうなされる** ②**金縛りにあう**
動가위눌리다

□ 907
간에 기별도 안 가다
(量が足りなくて)**食べた気がしない**、(酒や食べ物が)足りない
関기별 知らせ

□ 908
간을 빼 주다
さも親切そうにする
同간이라도/까지 빼 주다 ※간이라도 빼어 줄 듯/것처럼の形でよく使われる

□ 909
간이 오그라들다
肝が縮む、肝をつぶす
類간담이 서늘하다 肝を冷やす

□ 910
감정이 풀리다
わだかまりが解ける、怒りが静まる
同마음이 풀리다, 감정이 누그러지다

□ 911
강짜를 부리다
意地を張る、駄々をこねる
類떼를 쓰다 駄々をこねる

□ 912
걱정이 태산이다
心配事が山のようだ、心配事だらけだ
関태산 같다 ①偉大だ ②非常に大きい

57日目 057
チェック!
答えは右ページ下

□胸を打つ
□胸がじんとする
□胸が締め付けられる
□胸が痛む
□悪夢にうなされる
□さも親切そうにする
□意地を張る
□心配事が山のようだ

가시방석에 앉아 있는 것처럼 불편했다. ▸針のむしろに座っているように、居心地が悪かった。
하루 종일 **가시방석에 앉은** 기분이었다. ▸一日中針のむしろに座っているような気分だった。

밤중에 **가위에 눌리다가** 눈을 떴다. ▸夜中に悪夢にうなされて目が覚めた。
가위눌림은 처음이라 무서웠다. ▸金縛りにあうのは初めてで怖かった。

고기 100그램으론 **간에 기별도 안 가.** ▸お肉100グラムだけでは食べた気がしない。
빵만으로는 **간에 기별도 안 가겠는데.** ▸パンだけでは足りないと思うよ。

아주 **간을 빼 줄** 것처럼 하더라고. ▸さも親切そうにふるまっていたよ。
간이라도 빼 줄 듯 말하더라. ▸さも親切そうに言っていたよ。

간이 오그라들 정도로 무서웠다. ▸肝が縮むほど恐かった。
두려워서 **간이 오그라들** 지경이었다. ▸怖くて肝をつぶすほどだった。

친구에 대한 좋지 않은 **감정이 풀렸다.** ▸友達に対するわだかまりが解けた。
엄마의 **감정이 풀릴** 때까지 좀 기다려. ▸母さんの怒りが静まるまでちょっと待って。

강짜를 부리는 아이 때문에 속상하다. ▸意地を張る子どもにむしゃくしゃする。
아이가 무조건 사 달라고 **강짜를 부렸다.** ▸子どもがやたらに買ってくれと駄々をこねた。

시험 때문에 **걱정이 태산이야.** ▸試験のことで心配事が山のようだよ。
앞일을 생각하면 **걱정이 태산이네.** ▸これからのことを考えると心配だらけだわ。

57日目 057
チェック!
答えは左ページ下

□가슴을 적시다
□가슴이 뭉클하다
□가슴이 미어지다
□가슴이 아리다
□가위에 눌리다
□간을 빼 주다
□강짜를 부리다
□걱정이 태산이다

慣用句02

□ 913
경황이 없다
(慌ただしくて精神的・時間的)**余裕がない**
形 경황없다
関 여유가 없다 (心・経済的に)余裕がない

□ 914
고삐 풀린 망아지
手綱から放たれた馬、無謀者
関 고삐가 풀리다 手綱から放たれる、(統制を受けず)勝手に行動する 同 고삐 풀린 말

□ 915
구색이 맞다
(バランスよく、もしくは見た目よく)**品数が揃う**、彩りよい 漢 具色- -- 類 구색을 맞추다/갖추다 (品物を)取り揃える

□ 916
구설수에 오르다
(悪い話題として)**噂に上る**、噂の的になる、取りざたされる
漢 口舌数- ---

□ 917
귀가 따갑다
①**耳が痛い** ②**聞き飽きる**
類 귀에 못이 박히다/귀에 딱지가 앉다 耳にたこができる 関 귀가 닳도록 耳が痛いほど

□ 918
그림자를 드리우다
影を落とす
関 드리우다 垂れる、垂らす

□ 919
기분이 더럽다
★ 기분이 없다
気が滅入る、気分が悪い
類 기분이 잡치다 気を悪くする、気分を損なう

□ 920
길눈이 밝다
方向感覚が良い
反 길눈이 어둡다 方向音痴だ

Q ことわざ どんな意味？
아닌 밤중에 홍두깨 (내밀듯)
暗闇に砧の丸太棒(を突き出すかのように)

「方向音痴な人」は길치もしくは방향치。この치は음치(音痴)の치と同じです。

128

경황이 없어서 미처 연락을 못 드렸다. ▸余裕がなくて連絡ができなかった。
상을 당해서 **경황이 없었대.** ▸不幸に見舞われて余裕がなかったって。

고삐 풀린 망아지처럼 난폭하게 굴었다. ▸手綱を離した馬のように、乱暴に振る舞った。
부동산 가격이 **고삐 풀린 망아지** 같다. ▸不動産価格が糸の切れた凧のようだ。

다양한 음악 장르로 **구색이 잘 맞는다.** ▸多様な音楽のジャンルを取り揃えた。
육류와 채소가 **구색이 맞게** 차려졌다. ▸肉類と野菜が彩りよく用意された。

표절 논란으로 **구설수에 올랐다.** ▸盗作疑惑で人の噂に上った。
구설수에 올라 힘든 시기를 보냈다. ▸噂の的になって大変な時期を送った。
장관의 발언이 연일 **구설수에 올랐다.** ▸長官の発言が連日取りざたされている。

그런 말은 **귀가 따갑게** 들었어. ▸そういう言葉は耳が痛いほど聞いた。
반복되는 잔소리에 **귀가 따가워** 죽겠다. ▸繰り返される小言に聞き飽きている。

경제성장에 **그림자를 드리우기** 시작했다. ▸経済成長に影を落とし始めた。
사회에 어두운 **그림자를 드리우는** 문제. ▸社会に暗い影を落とす問題。

욕먹으면 솔직히 **기분이 더럽지.** ▸悪口を言われると、正直不愉快だな。
영화를 보고 **기분이 더러워졌다.** ▸映画を見て気が滅入ってしまった。

남편은 **길눈이 밝은** 편이다. ▸夫は方向感覚が良いほうだ。
길눈이 밝지 않아 길을 자주 헤맨다. ▸方向音痴なので道によく迷う。

A ことわざ こたえ やぶから棒、寝耳に水

慣用句02

□ 921
껌뻑 죽다
①(極端に惚れ込んだり、大切に思って)**何でも従う** ②**甘い** ③**目がない**
同 깜빡 죽다　類 사족을 못 쓰다 1027

□ 922
꼬리표가 붙다
レッテルが貼られる
同 꼬리표를 달다　類 딱지가 붙다 949

□ 923
꽁무니를 빼다
尻込みする、逃げ出す
関 꽁무니 125

□ 924
나사가 빠지다
気が緩む、たがが緩む
同 나사가 풀리다

□ 925
넋을 놓다
ぼうっとする、呆然とする
関 넋 魂

□ 926
눈 하나 깜짝 안 하다
眉一つ動かさない、平気だ、びくともしない
同 눈썹 하나 까딱하지 않다

□ 927
눈꼴이 사납다
目に余る、目障りだ、気に障る
形 눈꼴사납다　類 눈꼴이 시다 目に余る

□ 928
눈독을 들이다
目星をつける、目をつける、(手に入れようと)狙う

58日目 🎧 058
チェック!
答えは右ページ下

□ 手綱から放たれた馬
□ 噂に上る
□ 方向感覚が良い
□ レッテルが貼られる
□ 尻込みする
□ ぼうっとする
□ 目に余る
□ 目星をつける

부모 말이라면 **껌뻑 죽는** 아들이라네. ▸親の言うことなら何でも従う息子だって。
아저씨는 막내딸이라면 **껌뻑 죽는대.** ▸おじさんは末娘には甘いんだって。
오징어라면 **껌뻑 죽는** 우리 아빠. ▸イカには目がないお父さん。

무능하다는 **꼬리표가 붙어** 버렸다. ▸無能というレッテルが貼られてしまった。
패배자라는 **꼬리표가** 늘 **붙어** 다녔다. ▸負け組というレッテルが付きまとった。

불량배들이 **꽁무니를 빼고** 달아났다. ▸ごろつきが尻込みして逃げていった。
적들이 부랴부랴 **꽁무니를 뺐다.** ▸敵が一目散に逃げ出した。

어딘가 **나사가 빠진** 듯한 모습이다. ▸どこか気が緩んだような様子だ。
요즘 **나사가 빠진** 것 같다. ▸最近、たかが緩んだみたいだ。

넋 놓고 있다가 실수를 했다. ▸ぼうっとしていて、ミスを犯した。
넋 놓고 앉아서 기다릴 수만은 없지. ▸何もせずに待っているわけにはいかない。

주위의 비난에도 **눈 하나 깜짝 안 했다.** ▸周囲の非難にも眉一つ動かさなかった。
눈 하나 깜짝 안 하고 거짓말을 하네. ▸平気で嘘をつくね。
이 정도로는 **눈 하나 깜짝 안 할걸.** ▸この程度ではびくともしないと思うよ。

정말 **눈꼴이 사나워서** 볼 수가 없네. ▸あまりにも目障りで見ていられないわ。
잘난 척하는 모습이 **눈꼴사나워.** ▸偉そうな態度が目に余る。
괜히 **눈꼴사나운** 거 있지. ▸無性に気に障るんだよ。

눈독 들였던 스니커를 샀다. ▸目星をつけていたスニーカーを買った。
재능이 많으니 감독들이 **눈독을 들이지.** ▸才能があるから監督達が目をつけるんだ。
먹다 남은 생선에 **눈독을 들이는** 고양이. ▸食べ残しの魚を狙っている猫。

58日目 058
チェック!
答えは左ページ下

□고삐 풀린 망아지
□구설수에 오르다
□길눈이 밝다
□꼬리표가 붙다
□꽁무니를 빼다
□넋을 놓다
□눈꼴이 사납다
□눈독을 들이다

59日目 慣用句03

059

□ 929 **눈물이 핑 돌다**	**涙がにじむ**、涙が浮かぶ 類 눈시울이 뜨거워지다 目頭が熱くなる
□ 930 **눈물이 헤프다**	**涙もろい** 同 눈물이 많다　関 울보 泣き虫 関 씀씀이가 헤프다 金遣いが荒い
□ 931 **눈에 밟히다**	**目に浮かぶ**、目に焼き付く 同 눈에 어리다 関 눈에 아른거리다 まぶたにちらつく
□ 932 **눈을 부릅뜨다**	(目をむいて)**目を光らせる**
□ 933 **눈을 씻고 보다**	**目を皿のようにする** ※「눈을 씻고 봐도 + 否定」の形でよく使われる
□ 934 **눈이 번쩍 뜨이다**	**目が覚める**、(はっと我に返るほど)驚く
□ 935 **눈이 삐다**	**目がどうかしている** 関 삐다 くじく
□ 936 **눈이 휘둥그레지다**	**目を丸くする** 同 눈이 동그래지다

Q ことわざ どんな意味?　김칫국부터 마신다　キムチの汁から飲む

헤프다は「減りやすい」「すぐなくなる」というのが基本の意味です。

129

그 말을 듣는 순간 **눈물이 핑 돌았어.**	その話を聞いた途端、涙がにじんだ。
엄마 생각에 **눈물이 핑 돌았다.**	母のことを思うと涙が浮かんだ。
제가 의외로 **눈물이 헤픈** 편이에요.	私は意外と涙もろいほうです。
나이 들면 **눈물이 헤퍼진다잖아.**	年をとると涙もろくなると言うでしょ？
애들이 자꾸 **눈에 밟혀.**	子どもたちがしきりに目に浮かぶの。
아버지의 뒷모습이 **눈에 밟혀요.**	父の後ろ姿が目に焼きついています。
국민들이 **눈을 부릅뜨고** 지켜봐야 돼.	国民が目を光らせて見守るべきだ。
눈을 부릅뜨고 명단을 확인했다.	目を光らせて名簿を確認した。
찾는 책은 **눈을 씻고 봐도** 없었다.	欲しい本は目を皿のようにして探してもなかった。
인정이라고는 **눈을 씻고 봐도** 없어.	人情のかけらもない。
눈이 번쩍 뜨일 만큼 좋은 글이네요.	目が覚めるようないい文ですね。
눈이 번쩍 뜨이는 제안이었다.	驚くほどの提案だった。
눈이 삐어서 네가 예쁜 줄 몰라.	目がどうかしていて、あなたの美しさが分からないのよ。
아무래도 걔는 **눈이 삐었나** 봐.	どうもあの子は目がどうかしてるみたい。
밥값이 너무 많이 나와 **눈이 휘둥그레졌다.**	法外な食事代に目を丸くした。
갑작스러운 소식에 **눈이 휘둥그레졌다.**	急な知らせに目を丸くした。

A ことわざ こたえ　とらぬ狸の皮算用

慣用句03

🎧 059

□ 937
다 된 밥에 코 빠뜨리다
水を差す、(成功の一歩手前で)台無しにする
同 다 된 밥에 재 뿌리다
類 코를 빠뜨리다(鼻水を落とす)台無しにする

□ 938
달밤에 체조하다
(夜中に体操するように)**おかしな真似をする**

□ 939
닻을 올리다
幕を開ける
関 출범하다 出帆する

□ 940
더할 나위 없다
この上ない、申し分ない、もってこい
関 더없이 この上なく

□ 941
덜미를 잡히다
①**弱点を握られる** ②(悪事が)**ばれる**
※덜미は목덜미 264と同じ意味
同 덜미가 잡히다 関 덜미를 잡다 弱みを握る

□ 942
도로 아미타불
元の木阿弥
漢 -- 阿弥陀仏
同 말짱 도루묵 955

□ 943
돈을 굴리다
金を回す、金を運用する
関 굴리다 転がす

□ 944
두말하면 잔소리다
言うまでもない、議論の余地がない

59日目 🎧 059
チェック!
答えは右ページ下

□ 涙がにじむ
□ 涙もろい
□ 目を皿のようにする
□ 水を差す
□ おかしな真似をする
□ この上ない
□ 弱点を握られる
□ 言うまでもない

다 된 밥에 코 빠뜨리지 말고 가만히 있어.	▸水を差さないで、じっとしていなさい。
네가 **다 된 밥에 코 빠뜨렸잖아.**	▸君が台無しにしたじゃない。
밥 먹다 말고 뭐 하니? **달밤에 체조해**?	▸食事中に何してるの？　おかしなことして。
비 오는데 산책은 무슨, **달밤에 체조하냐**?	▸雨の中散歩だなんて、おかしな真似をしてるわね？
드디어 신시대의 **닻을 올렸다.**	▸ついに新時代の幕を開けた。
일주일 동안 계속될 축제의 **닻을 올렸다.**	▸1週間続く祭りの幕を開けた。
더할 나위 없이 반가운 소식이다.	▸この上なく嬉しいニュースだ。
나한테는 **더할 나위 없는** 조건이었다.	▸私には申し分ない条件だった。
소풍 가기에 **더할 나위 없는** 날씨네.	▸遠足にはもってこいの天気だね。
사장님한테 **덜미를 잡혀서** 꼼짝 못 해.	▸社長に弱点を握られて身動きができない。
어쩌다가 **덜미를 잡혔대**?	▸どうやってバレたの？
한순간의 실수로 **도로 아미타불**이 됐다.	▸一瞬のミスで元の木阿弥になった。
그러면 **도로 아미타불**이잖아.	▸それじゃ元の木阿弥でしょ？
돈을 굴려서 가진 돈의 2배로 불렸대.	▸お金を回して元金を2倍に増やしたって。
돈을 어떻게 **굴려야** 할지 고민이다.	▸お金をどう運用すべきか悩んでいる。
운동이 몸에 좋다는 건 **두말하면 잔소리다.**	▸運動が体に良いというのは言うまでもない。
복지의 중요성은 **두말하면 잔소리지.**	▸福祉の重要性は議論の余地がない。

59日目　059
チェック!
答えは左ページ下

□눈물이 핑 돌다
□눈물이 헤프다
□눈을 씻고 보다
□다 된 밥에 코 빠뜨리다
□달밤에 체조하다
□더할 나위 없다
□덜미를 잡히다
□두말하면 잔소리다

1週目 2週目 3週目 4週目 5週目 6週目 7週目 8週目 9週目 10週目

慣用句04

060

□ 945
둘째가라면 서럽다
右に出るものがいない

□ 946
뒤통수를 치다
①**不意打ちを食らわす**、裏切る
②**失望させる**
関 뒤통수를 맞다 裏切られる

□ 947
등골이 오싹하다
背筋が凍る、ぞっとする
同 등골이 서늘하다
関 등골 229

□ 948
따 놓은 당상
間違えのないこと、確実なこと
同 떼어 놓은 당상

□ 949
딱지가 붙다
レッテルが貼られる、レッテルがついて回る
反 딱지를 떼다 レッテルをはがす
関 딱지를 붙이다 レッテルを貼る

□ 950
땅을 치다
（後悔や悔いの感情が極限に達して地面を叩く行為から）**嘆き悲しむ**、泣く
※땅을 치며 후회하다の形でよく使われる

□ 951
똑소리가 나다
★ 딱소리가 나다
正確で抜け目がない、切り盛りが上手い

□ 952
뜬구름을 잡다
雲をつかむ、夢ばかりを追う

Q ことわざ どんな意味？
남의 밥에 든 콩이 굵어 보인다
人のご飯に入った豆が大きく見える

당상(堂上)は朝鮮時代の高級官僚。推薦されると間違いなく당상になれたので、「間違いないこと」の意味に。

130

요즘 **둘째가라면 서러울** 만큼 바쁜 사람.	▸最近右に出るものがいないほど忙しい人。
노래는 **둘째가라면 서러울** 정도야.	▸歌にかけては右に出るものがいないほどだ。
믿었던 친구가 **뒤통수를 치다니.**	▸信じていた友達が不意打ちを食らわすなんて。
거짓말로 팬들의 **뒤통수를 쳤다.**	▸嘘をついてファンを失望させた。
동업자가 **뒤통수를 쳤다네.**	▸ビジネスパートナーに裏切られたそうよ。
지금도 그때를 생각하면 **등골이 오싹해.**	▸今もその時のことを思うとぞっとする。
등골이 오싹해지는 무서운 영화야.	▸背筋が凍るような怖い映画だ。
성적이 좋아서 합격은 **따 놓은 당상이야.**	▸成績が良いから合格は間違いない。
우승은 **따 놓은 당상이에요.**	▸優勝は確実です。
낙오자라는 **딱지가 붙어서** 힘들었다.	▸落伍者というレッテルが貼られて大変だった。
이상한 사람이라는 **딱지가 붙었다.**	▸変な人というレッテルが貼られた。
언젠가 **땅을 치며** 후회할 거야.	▸いつか泣いて後悔するぞ。
이제 와서 **땅을 치며** 후회해도 소용없어.	▸今さら泣いて後悔しても無駄だ。
무슨 일을 하든 **똑소리가 나요.**	▸何をやっても正確で抜け目がない。
언니는 **똑소리 나게** 살림도 잘해요.	▸姉は家事の切り盛りが上手だ。
무슨 **뜬구름 잡는** 소리야?	▸なんとまあ雲をつかむような話なの？
뜬구름 잡지 말고 현실을 바로 봐.	▸夢ばかり追わずに現実を直視しろ。

A ことわざ こたえ　隣の芝は青い

慣用句04

060

□ 953
마음이 내키다
気が進む、気が向く、気が乗る

□ 954
말문이 트이다
①(子どもが言葉を)**話し始める** ②(外国語を)話せるようになる
関말문(-門)

□ 955
말짱 도루묵
水の泡、台無し
同도로 아미타불 942

□ 956
맛이 가다
①**味が変わる**、味が落ちる
②**正気ではない**、頭がおかしい

□ 957
맥을 짚다
①(状況を察して)**見当をつける**
②**見当がつく**
関맥 脈、気力

□ 958
맥이 빠지다
がっかりする、がっくりする、拍子抜けする

□ 959
맥이 풀리다
気が抜ける

□ 960
몸 둘 바를 모르다
身の置き所がない

60日目 060
チェック!
答えは右ページ下

□ 右に出るものがいない
□ 不意打ちを食らわす
□ 嘆き悲しむ
□ 正確で抜け目がない
□ 水の泡
□ 見当をつける
□ がっかりする
□ 身の置き所がない

별로 **마음이 내키지** 않는다. ▸あまり気が進まない。
마음이 내키는 대로 행동했다. ▸気の向くままに行動した。
마음이 내키면 뭐든지 하는 친구인데. ▸気が乗ったら何でもやる子なんだけど。

우리 애는 일찍 **말문이 트였다.** ▸うちの子は早く話し始めた。
현지에 가서야 영어 **말문이 트였다.** ▸現地に行ってやっと英語を話せるようになった。

지금까지의 노력이 **말짱 도루묵이네.** ▸これまでの努力が水の泡だね。
운동해도 그렇게 먹으면 **말짱 도루묵이야.** ▸運動してもそんなに食べたら台無しじゃん。

우유 **맛이 간** 것 같아요. ▸牛乳の味が変わったようです。
이상한 행동을 하는 걸 보니 **맛이 갔네.** ▸怪しい行動を取るところを見ると、正気じゃないね。

한국 경제에 대해 **맥을 짚어** 봅시다. ▸韓国の経済について見当をつけよう。
뭘 생각하는지 **맥을 짚을** 수가 없어. ▸何を考えているのか見当がつかない。

여행이 취소돼서 정말 **맥이 빠졌다.** ▸旅行がキャンセルになって本当にがっかりした。
무슨 일 있어? 왜 **맥 빠진** 얼굴이야? ▸何かあった？　がっくりした顔してどうしたの？
반응이 전혀 없어서 **맥이 빠졌대.** ▸反応が全然ないから拍子抜けしたって。

면접을 보고 집에 오니 **맥이 풀렸다.** ▸面接を受けて家に帰ったら気が抜けた。
시험이 끝나자 **맥이** 확 **풀려** 버렸다. ▸試験が終わるとすっかり気が抜けてしまった。

정말 **몸 둘 바를 모르겠습니다.** ▸本当に身の置き所がございません。
선생님의 칭찬에 **몸 둘 바를 모르겠다.** ▸先生のほめ言葉に身の置き所がない。

60日目　060
チェック!
答えは左ページ下

□둘째가라면 서럽다
□뒤통수를 치다
□땅을 치다
□똑소리가 나다
□말짱 도루묵
□맥을 짚다
□맥이 빠지다
□몸 둘 바를 모르다

慣用句05

061

□ 961
몸을 담다
①勤める ②身を置く
動 몸담다

□ 962
몸을 사리다
①体を惜しむ ②自重する
類 몸을 아끼다 体を惜しむ

□ 963
몸이 근질근질하다
うずうずする、(何かをしたくて)たまらない
同 오금이 쑤시다 慣 손이 근질근질하다 1037
慣 입이 근질근질하다 話したくてうずうずする

□ 964
못살게 굴다
いじめる
関 굴다 振る舞う

□ 965
못해 먹다
やっていられない
※못해 먹겠다の形でよく使われる

□ 966
몽니를 부리다
ひどい意地悪をする
類 심술을 부리다 意地悪をする

□ 967
문턱을 낮추다
ハードルを下げる、敷居を下げる
反 문턱을 높이다 ハードルを高くする

□ 968
물 건너가다
遠のく、もう終わりだ、手遅れだ

Q ことわざ どんな意味？
콩 심은 데 콩 나고 팥 심은 데 팥 난다
大豆を植えた所には大豆が生え、小豆を植えた所には小豆が出る

물 건너가다は「水を渡っていく」→「遠のく」「もう終わりだ」。三途の川を渡っていくイメージで覚えやすいかも？

131

이 회사에 **몸을 담은** 지 30년이 됐어. ▸この会社に勤めてから30年になった。
한때 환경 운동에 **몸을 담았단다.** ▸一時期、環境運動に身を置いていたのよ。

몸을 사리지 않고 촬영에 임했다. ▸体を惜しまず撮影に臨んだ。
경제 위기 이후 은행들이 **몸을 사린다.** ▸経済危機以降、銀行は自粛している。

며칠 집에 있었더니 **몸이 근질근질했다.** ▸しばらく家にいたら体がむずむずした。
여행 가고 싶어 **몸이 근질근질하다.** ▸旅行に行きたくてうずうずしている。

친구를 **못살게 굴면** 안 되지. ▸友達をいじめてはいけないよ。
제발 부탁이니까 **못살게 굴지** 마. ▸お願いだからほっといて。

힘들어서 팀장을 **못해 먹겠어요.** ▸きつくてチームリーダーなんてやっていられません。
불황이라 음식 장사도 **못해 먹겠어.** ▸不況で食べ物商売もやってられないわ。

몽니를 부리다 아빠한테 혼났어요. ▸意地悪をして父に叱られました。
막내가 **몽니를 부려요.** ▸末っ子が意地悪します。

시민 참여의 **문턱을 낮추는** 방안. ▸市民参加のハードルを下げる方案。
문화 시설의 **문턱을 낮추어야** 한다. ▸文化施設の敷居を下げなければならない。

우승은 완전히 **물 건너갔다고** 봐. ▸優勝は完全に遠のいたと思う。
연말 보너스는 **물 건너간** 분위기야. ▸年末のボーナスは出ない雰囲気だ。
이제 **물 건너간** 거 아니야? ▸もう手遅れじゃない？

A ことわざ こたえ 瓜の蔓に茄子はならぬ、蛙の子は蛙

慣用句05

□ 969
물을 먹이다
一杯食わせる、ひどい目に遭わせる
類 한 방 먹이다 1077

□ 970
물이 오르다
①**成熟する** ②**絶頂だ**、上手くなる
動 물오르다

□ 971
밑천이 드러나다
①**底がつく**、元手がなくなる
②(隠されていた物事が)**露呈する**、ぼろがでる
関 밑천 282

□ 972
바람을 넣다
そそのかす
関 꾀다 180 関 부추기다 418

□ 973
바람을 잡다
あおり立てる
関 바람잡이 サクラ

□ 974
바람이 나다
①**浮気をする** ②**調子が出る**
③**熱中する**
動 바람나다

□ 975
바람이 들다
①(大根などに)**すが入る**
②**浮つく**、浮気心を起こす

□ 976
박차를 가하다
拍車をかける

61日目 061
チェック!
答えは右ページ下

□ やっていられない
□ ひどい意地悪をする
□ ハードルを下げる
□ 一杯食わせる
□ 成熟する
□ 底がつく
□ そそのかす
□ あおり立てる

선배를 **물 먹이려고** 한 건 아니다. ▸先輩に一杯食わせようとしたわけではない。
시장에게 **물을 먹였다는** 소문이 있다. ▸市長をひどい目に遭わせたという噂がある。

한창 **물이 오를** 나이죠. ▸若盛りの年頃ですね。
연기에 **물이 오르기** 시작한 배우. ▸演技が上手になり始めた俳優。

돈을 물 쓰듯이 써서 **밑천이 드러났다.** ▸金を湯水のように使って底がついた。
얕은 지식의 **밑천이 드러나고** 말았다. ▸知識の浅さが露呈されてしまった。

자꾸 여행 가자고 **바람을 넣는다.** ▸しきりに旅行に行こうとそそのかす。
열심히 공부하는 학생에게 **바람 넣지** 마. ▸熱心に勉強する学生をそそのかすな。

투자하라고 **바람 잡는** 광고를 조심해. ▸投資しろとあおる広告に気を付けて。
해외여행을 가자고 **바람을 잡는다.** ▸海外旅行に行こうとあおり立てる。

영화에서 주인공이 **바람이 나요.** ▸映画で主人公が浮気をします。
요즘 공부에 **바람이 나서** 밤도 샌대. ▸最近勉強にやる気が出て徹夜もするんだって。
게임에 **바람이 나서** 끼니도 걸러요. ▸ゲームに熱中して食事も抜きます。

바람이 든 무로 만들어서 맛이 없어. ▸すが入った大根で作ったからおいしくない。
큰애가 요즘 **바람이 들어** 공부를 안 해. ▸長男が最近浮ついて勉強しないのよ。

농산물 수출에 **박차를 가하고** 있다. ▸農産物の輸出に拍車をかけている。
신제품 개발에 **박차를 가할** 거래요. ▸新製品の開発に拍車をかけるそうです。

61日目 061
チェック!
答えは左ページ下

□못해 먹다
□몽니를 부리다
□문턱을 낮추다
□물을 먹이다
□물이 오르다
□밑천이 드러나다
□바람을 넣다
□바람을 잡다

四字熟語01

□ 977
감지덕지
[감지덕찌]

非常にありがたがること
漢 感之徳之　動 감지덕지하다

□ 978
거두절미

単刀直入に言うこと
漢 去頭截尾　動 거두절미하다
類 단도직입적(単刀直入的)　単刀直入

□ 979
견물생심

物を見ると欲が出る
漢 見物生心

□ 980
고군분투

孤軍奮闘
漢 孤軍奮闘　動 고군분투하다

□ 981
고육지책
[고육찌책]

苦肉の策
漢 苦肉之策　同 고육책

□ 982
군계일학

鶏群の一鶴(凡人の中に一人だけ優れた人が混じっていること)
漢 群鶏一鶴

□ 983
궁여지책

窮余の一策
漢 窮余之策

□ 984
금시초문

初耳
漢 今時初聞

Q ことわざ どんな意味？

백지장(종이 한 장)도 맞들면 낫다
紙１枚も２人で持てばましだ

고육지책(苦肉之策)の「지(之)」は、「の」のことを表していますよ。

132

적은 월급이나마 **감지덕지**하지.	▸少ない給料でもありがたく思っているよ。
사 주셔서 **감지덕지** 먹었지.	▸おごっていただいてありがたく食べたよ。
거두절미하고 핵심만 말해.	▸単刀直入に核心だけ言って。
거두절미하고 본론으로 넘어가죠.	▸早速本論に移りましょう。
견물생심이라잖아.	▸物を見ると欲が出るって言うじゃない。
견물생심이라고 사고 싶어졌다.	▸見たら欲しくなるものだよ。
선배가 **고군분투** 대활약을 했다네.	▸先輩が孤軍奮闘大活躍したって。
진실을 찾아 **고군분투**해 왔다.	▸真実を求めて孤軍奮闘してきた。
회사의 **고육지책**인 듯하다.	▸会社の苦肉の策のようだ。
고육지책이라는 비판을 받았다.	▸苦肉の策という批判を受けた。
이 책은 **군계일학**이라고 칭할 만하다.	▸この本は鶏群の一鶴と称するに値する。
그의 실력은 정말로 **군계일학**이었다.	▸彼の実力はまさに鶏群の一鶴だった。
궁여지책으로 생각해 낸 게 그거야?	▸窮余の一策として考え出したのが、それなの？
궁여지책 끝에 내린 결론입니다.	▸窮余の末に下した結論です。
그 소문은 **금시초문**이야.	▸その噂は初耳だ。
월급 인상이오? **금시초문**인데요.	▸給料の引き上げですか？ 初耳ですが。

A ことわざ こたえ 何事も協力してするのが良い

四字熟語01

□ 985
기고만장
鼻高々、有頂天になること
漢 気高万丈　形 기고만장하다
類 득의만만 得意満々

□ 986
기사회생
起死回生
漢 起死回生　動 기사회생하다

□ 987
난공불락
難攻不落
漢 難攻不落

□ 988
노심초사
★ 로심초사
気をもみ心焦がすこと
漢 労心焦思　動 노심초사하다

□ 989
동고동락
[동고동낙]
苦楽を共にすること
漢 同苦同楽　動 동고동락하다

□ 990
동문서답
的外れな答え
漢 東問西答　動 동문서답하다

□ 991
동분서주
東奔西走
漢 東奔西走　動 동분서주하다

□ 992
동상이몽
同床異夢
漢 同床異夢

62日目　062
チェック!
答えは右ページ下

□ 非常にありがたがること
□ 単刀直入に言うこと
□ 物を見ると欲が出る
□ 鶏群の一鶴
□ 初耳
□ 鼻高々
□ 気をもみ心焦がすこと
□ 的外れな答え

만점을 맞았다고 **기고만장**이네.
이겼다고 **기고만장**하면 안 돼.

▸満点を取ったって鼻高々だね。
▸勝ったと有頂天になってはいけない。

기사회생의 홈런을 날렸다.
히트 상품이 나와 **기사회생**하게 됐다.

▸起死回生のホームランを打った。
▸ヒット商品が出て起死回生になった。

그 성은 **난공불락**의 요새였다.
난공불락의 게임에 도전해 보자.

▸その城は難攻不落の砦だった。
▸難攻不落のゲームに挑戦してみよう。

자식 일로 늘 **노심초사**를 한다.
합의가 무산될까 **노심초사**했다.

▸子どものことで常に心配している。
▸合意が無に帰すのではないかと気をもんだ。

동고동락을 한 지 벌써 30년이다.
회사를 만들어 10년간 **동고동락**했다.

▸苦楽を共にしてもう 30 年である。
▸会社を立ち上げ 10 年間苦楽を共にした。

면접에서 **동문서답**을 했다.
동문서답하며 핵심을 피해 갔다.

▸面接で的外れな答えをしてしまった。
▸的外れな答えをして核心から逃れた。

문제를 해결하느라 **동분서주**했다.
며칠 **동분서주**하느라 잠을 못 잤다.

▸問題を解決するため東奔西走した。
▸数日間、東奔西走して眠れなかった。

야당과 여당의 **동상이몽**으로 끝났다.
정상회담은 **동상이몽**이었나?

▸野党と与党の同床異夢に終わった。
▸首脳会談は同床異夢だったのか。

62日目 062
チェック!
答えは左ページ下

□감지덕지
□거두절미
□견물생심
□군계일학
□금시초문
□기고만장
□노심초사
□동문서답

四字熟語02

🎧063

□ 993
마이동풍
馬の耳に念仏、馬耳東風
漢 馬耳東風　諺 소 귀에 경 읽기, 우이독경(牛耳讀経) 牛の耳に経文

□ 994
막상막하
[막쌍마카]
互角
漢 莫上莫下

□ 995
명실상부
名実相伴うこと
漢 名実相符　形 명실상부하다

□ 996
무궁무진
無尽蔵
漢 無窮無尽　形 무궁무진하다

□ 997
무미건조
無味乾燥
漢 無味乾燥　形 무미건조하다

□ 998
무아지경
無我の境地、夢中になること
漢 無我之境

□ 999
무지몽매
無知蒙昧
漢 無知蒙昧　形 무지몽매하다

□ 1000
배은망덕
恩知らず
漢 背恩忘德　形 배은망덕하다
諺 은혜를 원수로 갚는다 恩をあだで返す

Q ことわざ どんな意味？
떡 본 김에 제사 지낸다
餅を見たついでに祭祀を執り行う

막상막하は、「どちらが上か下かわからない」が基本の意味。そこから、「互角」という意味を持つように。

133

우리 아들은 정말 **마이동풍**이야. ▸うちの息子はまったく馬耳東風だよ。
아무리 말해도 **마이동풍**이네. ▸いくら言っても馬耳東風だわ。

두 선수의 실력이 **막상막하**네요. ▸2人の選手の実力は互角ですね。
상대 후보와 **막상막하**의 승부를 겨뤘다. ▸相手候補と互角の勝負を競った。

명실상부 우수한 기업이라고 한다. ▸名実相伴う優秀企業だそうだ。
그 대학은 **명실상부**한 명문대래. ▸その大学は名実共に名門大学だって。

아이디어가 **무궁무진** 나온대. ▸アイデアが無尽蔵に出てくるって。
지하자원이 **무궁무진**한 건 아니야. ▸地下資源は無尽蔵にあるわけではない。

무미건조한 일상을 보내고 있다. ▸無味乾燥な日常を送っている。
무미건조했던 학창 시절이 떠올랐다. ▸無味乾燥だった学生時代を思い出した。

그는 **무아지경**으로 춤을 추었다. ▸彼は無我の境地になって踊った。
공연을 보며 **무아지경**에 빠졌다. ▸公演を見て夢中になった。

무지몽매에서 벗어나기 위해 공부했다. ▸無知蒙昧から逃れるために勉強した。
대중은 결코 **무지몽매**하지 않다. ▸大衆は決して無知蒙昧ではない。

배은망덕도 유분수지. ▸恩知らずにもほどがある。
배은망덕하다는 말은 듣고 싶지 않다. ▸恩知らずだと言われたくない。

A ことわざ こたえ 事のついでに他の用事を済ませること

四字熟語02

□ 1001
복지부동
[복찌부동]

事なかれ主義、動じないこと
漢 伏地不動　動 복지부동하다

□ 1002
부지불식
[부지불씩]

知らず知らずのうちであること
漢 不知不識　関 부지불식간(知らず知らずの間)
類 무심결에 626

□ 1003
불문곡직
[불문곡찍]

頭ごなしに
漢 不問曲直　動 불문곡직하다

□ 1004
비일비재

一度や二度でないこと
漢 非一非再　形 비일비재하다

□ 1005
산전수전

経験豊かなこと、海千山千
漢 山戦水戦

□ 1006
상부상조

(互いに)**助け合うこと**
漢 相扶相助　動 상부상조하다

□ 1007
새옹지마

塞翁が馬
漢 塞翁之馬

□ 1008
설상가상
[설쌍가상]

弱り目に祟り目、泣きっ面に蜂
漢 雪上加霜
慣 엎친 데 덮치다 泣き面に蜂

63日目　063
チェック!
答えは右ページ下

□ 互角
□ 名実相伴うこと
□ 無尽蔵
□ 恩知らず
□ 事なかれ主義
□ 頭ごなしに
□ 一度や二度でないこと
□ 弱り目に祟り目

많은 비판에도 그는 **복지부동**입니다. ▸多くの批判にも彼は動じません。
공무원의 **복지부동**한 자세가 문제다. ▸公務員の事なかれ主義な態度が問題だ。

사고를 당한 것은 **부지불식**의 일이었다. ▸事故に遭ったのは一瞬の出来事だった。
부지불식간에 일어난 일이었다. ▸知らず知らずのうちに起こったことだった。

불문곡직 소리치지 말고 좀 앉아 봐. ▸頭ごなしに怒らないでちょっと座ってみて。
아빠는 **불문곡직**하고 야단을 쳤다. ▸父は頭ごなしに怒鳴りつけた。

할 일을 잊어버리는 것도 **비일비재**다. ▸やるべきことを忘れるのも一度や二度ではない。
약속을 지키지 않는 일이 **비일비재**했다. ▸約束を守らなかったのは一度や二度ではなかった。

산전수전을 경험한 나한테도 벅찬 일이었다. ▸経験豊富な私にも手に余る仕事だった。
그는 **산전수전** 다 겪은 사업가다. ▸彼は海千山千の実業家だ。

부조금은 **상부상조**의 풍습이다. ▸香典は助け合いの風習である。
이웃들끼리 **상부상조**하며 삽시다. ▸隣り近所で助け合いながら暮らしましょう。

인생만사 **새옹지마**라잖아. ▸人生万事塞翁が馬と言うじゃない？
새옹지마라고 좋은 일도 생기겠죠. ▸塞翁が馬と言うように、良いこともありますよ。

사업 실패 후 **설상가상**으로 사고를 당했다. ▸事業失敗後、弱り目に祟り目で事故にあった。
날 더운데 **설상가상** 에어컨도 고장 났다. ▸暑いのに、弱り目に祟り目でエアコンも故障した。

63日目 063
チェック!
答えは左ページ下

□막상막하
□명실상부
□무궁무진
□배은망덕
□복지부동
□불문곡직
□비일비재
□설상가상

9週目 力試しドリル

(　　)안에 들어갈 말로 가장 알맞은 것을 하나 고르십시오.

1. 재검사를 받으라는 연락을 받고 큰 병이 아닐까 (　　).
①가슴이 덜컥했다　②억장이 무너졌다
③맥을 짚었다　④몽니를 부렸다

2. 처음 보는 사람한테 아주 (　　) 말하는데 믿을 수 있을까?
①구색이 맞게　②간을 빼줄 듯이
③가슴 뿌듯하게　④가슴을 적시듯이

3. 성적이 좋으니까 합격은 (　　) 아니야?
①두말하면 잔소리　②보따리 장사
③따 놓은 당상　④고삐 풀린 망아지

4. 며칠 잠도 못 자며 (　　) 결과를 기다렸다.
①막상막하　②복지부동　③동분서주　④노심초사

5. 그런 소문은 (　　)인데 누구한테 들었어?
①고군분투　②견물생심　③금시초문　④궁여지책

줄친 부분과 의미가 같은 것을 하나 고르십시오.

---

6. 그렇게 되면 지금까지의 노력이 <u>도로 아미타불</u>이 되는데.

① 기사회생 ② 말짱 도루묵

③ 고육지책 ④ 콩가루 집안

7. 담당자가 그만두는 바람에 <u>엎친 데 덮친 격</u>으로 큰 타격을 입었다.

① 배은망덕 ② 불문곡직 ③ 부지불식 ④ 설상가상

8. 우리 아들은 아무리 말해도 <u>소 귀에 경 읽기야</u>.

① 동상이몽이야 ② 비일비재야

③ 무아지경이야 ④ 마이동풍이야

解答・解説

1. ①

【日本語訳】再検査を受けるようにと連絡を受けて、大病ではないかと(ドキッとした)。

①ドキッとした　②胸がつぶれそうだった　③見当をつけた　④意地悪した

2. ②

【日本語訳】初めて会う人に(さも親切そうに)言っているんだけど、信じられる？

①彩りよく　②さも親切そうに　③胸いっぱいに　④胸を打つように

3. ③

【日本語訳】成績が良いから、合格は(間違いない)だろう？

①言うまでもない ②行商人　③間違えのない　④無謀者

4. ④

【日本語訳】何日も眠れず(気をもんで)結果を待った。

①互角 ②事なかれ主義　③東奔西走　④気をもみ心焦がすこと

5. ③

【日本語訳】そんな噂は(初耳)なんだけど、誰から聞いたの？

①孤軍奮闘　②ものを見ると欲が出る　③初耳　④窮余の一策

Point 「初耳」は四字熟語で금시초문(今時初聞)と言います。

6. ②

【日本語訳】そうなったら今までの努力が元の木阿弥になるんだが。

①起死回生　②元の木阿弥　③苦肉の策　④機能不全に陥った一家

Point 도로 아미타불も말짱 도루묵も「元の木阿弥」の意味で使われます。물거품(水の泡)も同じ意味です。

7. ④

【日本語訳】専務が辞めたせいで弱り目に祟り目で大打撃を受けた。

①恩知らず　②頭ごなしに　③知らず知らずの間に　④弱り目に祟り目

Point 설상가상(雪上加霜)も엎친 데 덮치다(倒れたところへ覆いかぶさる)も「泣き面にハチ」「弱り目に祟り目」の意味で使われます。

8. ④

【日本語訳】うちの息子は、いくら言っても牛の耳に念仏だわ。

①同床異夢だわ　②一度や二度ではないわ　③夢中になっているわ　④馬耳東風だわ

Point 「馬の耳に念仏」のことを、韓国語では말 귀에 경 읽기とは言わず、소 귀에 경 읽기(牛の耳に念仏)と言います。同じ意味を持つ四字熟語は、마이동풍(馬耳東風)と우이독경(牛耳読経)です。

キクタン韓国語

10週目

✓ 学習したらチェック!

저랑 죽이 잘 맞는 친구예요.

(例文の意味は 1068 参照)

慣用句06

064

□ 1009
발등을 찍히다
裏切られる、そむかれる
諺 믿는 도끼에 발등 찍힌다 飼い犬に手を噛まれる 慣 발등을 찍다 害を加える

□ 1010
밥줄이 끊어지다
飯の食い上げになる、職を失う
同 밥줄이 떨어지다
慣 밥줄을 끊다 首にする

□ 1011
벌집을 쑤셔 놓다
蜂の巣をつつく
同 벌집을 쑤시다, 벌집을 건드리다
関 쑤시다 645

□ 1012
변죽을 울리다
遠回しに言う、思わせぶりなことを言う
同 변죽을 치다

□ 1013
본말이 전도되다
本末転倒だ
関 본말전도 本末転倒

□ 1014
본색을 드러내다
本性を現す
関 본색이 드러나다 本性が現れる

□ 1015
본전도 못 찾다
元も子もなくなる、元も取れない
同 본전도 못 뽑다
関 본전 元手

□ 1016
봉을 잡다
(うまいことありついて)**ラッキーだ**(俗語)
関 봉(鳳) 鳳凰、カモ

Q ことわざ どんな意味？
남의 잔치에 감 놓아라 배 놓아라 한다
人の宴会に柿を置け、梨を置けと言う

봉을 잡다の봉は봉황(鳳凰)と同じ意味。「鳳凰をつかむ」→「ラッキーだ」の意味に。

134

믿었던 친구한테 **발등을 찍힐** 줄이야. ▸信じていた友人に裏切られるとは。
발등을 찍혔던 일이 트라우마가 됐다. ▸裏切られたことがトラウマになった。

회사가 망해 가지고 **밥줄이 끊어졌어.** ▸会社が倒産して飯の食い上げになった。
밥줄이 끊어져서 생활이 막막해요. ▸職を失って生計の道に窮しています。

벌집을 쑤셔 놓은 듯한 분위기다. ▸蜂の巣をつついたような雰囲気だ。
조용한 마을이 **벌집을 쑤셔 놓은** 듯하다. ▸静かな町が蜂の巣をつついたようだ。

아까부터 **변죽**만 **울려서** 답답해. ▸さっきから遠回しに言ってもどかしいな。
변죽 그만 **울리고** 핵심을 말해. ▸思わせぶりなことを言わないで、核心を言って。

이 문제는 **본말이 전도된** 것 같아요. ▸この問題は本末転倒のようです。
이거야말로 **본말이 전도됐다고** 하겠다. ▸これこそ本末転倒だと言える。

그는 참지 못하고 **본색을 드러냈다.** ▸彼は我慢できず本性を現した。
드디어 **본색을 드러냈군.** ▸とうとう本性を現したな。

건강을 해치면 **본전도 못 찾는** 거야. ▸健康を害すると元も子もないんだ。
본전도 못 찾을 거면 아무 말 하지 마. ▸元も取れないなら何も言わないでくれ。

저런 분과 결혼하다니 **봉 잡았어.** ▸あのような方と結婚するなんてラッキーだわ。
휴가가 2주일이라니 **봉 잡은** 거지. ▸休暇が 2 週間だなんてラッキーだね。

A ことわざ こたえ 人の頼まぬ経を読む

慣用句06

064

□ 1017
부아통이 터지다
かんしゃく玉が破裂する
同 분통이 터지다　関 부아 かんしゃく 37

□ 1018
북 치고 장구 치다
（やや皮肉なニュアンスで）**一人舞台だ**
※혼자（一人）とともに使われることが多い

□ 1019
불똥이 튀다
飛び火する、とばっちりを食う
関 튀다 飛ぶ、跳ねる

□ 1020
비위가 사납다
むかつく、気に障る

□ 1021
비위가 약하다
（食べ物の）**形やにおいに敏感だ**

□ 1022
비위가 틀리다
機嫌が悪くなる

□ 1023
빨간불이 켜지다
赤信号が灯る、危険な状態になる

□ 1024
뼈가 있다
（言葉に）**ある意図が込められている**、本音が隠されている

64日目　064
チェック!
答えは右ページ下

□ 裏切られる
□ 遠回しに言う
□ 本性を現す
□ 元も子もなくなる
□ 一人舞台だ
□ むかつく
□ 機嫌が悪くなる
□ ある意図が込められている

생각만 해도 **부아통이 터져요.** ▸考えただけでもかんしゃく玉が破裂します。
지저분한 방을 보니 **부아통이 터졌다.** ▸汚い部屋を見てかんしゃく玉が破裂した。

혼자 **북 치고 장구 치고** 다 해요. ▸全く一人舞台ですね。
사장 혼자 **북 치고 장구 친다.** ▸社長の一人舞台になっている。

불똥이 어디로 **튈지** 몰라요. ▸どこに飛び火するかわからない。
어떤 **불통이 튈지** 알 수가 없다. ▸どんなとばっちりを食うか知れたものではない。

그 말을 듣고 **비위가 사나워졌다.** ▸その話を聞いてむかついた。
비위 사나운 소리를 참지 못한다. ▸気に障る話は我慢できない。

비위가 약해서 냄새나는 음식은 못 먹어. ▸敏感だから、匂いがする物は食べられないんだ。
딸은 **비위가 약해** 가리는 게 많아. ▸娘は敏感で食べ物の好き嫌いが激しい。

특별한 이유도 없이 **비위가 틀렸다.** ▸特に理由もなく機嫌が悪くなった。
비위가 틀리면 인사도 안 한다. ▸機嫌が悪くなるとあいさつもしない。

잘 나가던 경제에 **빨간불이 켜졌다.** ▸好調だった経済に赤信号が灯った。
건강에 **빨간불이 켜지기** 전에 운동해. ▸健康に赤信号が灯る前に運動しなさい。

사원의 말에는 **뼈가 있었다.** ▸社員の言葉にはある意図が込められていた。
농담 속에 **뼈가 있다고** 하잖아. ▸冗談の中に本音が隠されていると言うじゃない。

64日目 064
チェック!
答えは左ページ下

□발등을 찍히다
□변죽을 울리다
□본색을 드러내다
□본전도 못 찾다
□북 치고 장구 치다
□비위가 사납다
□비위가 틀리다
□뼈가 있다

慣用句07

065

□ 1025
뼈에 사무치다
骨身にしみる
類뼈저리다 428
関사무치다 529

□ 1026
사돈의 팔촌
(赤の他人と同じほどの)**遠い親戚**
関사돈 395

□ 1027
사족을 못 쓰다
目がない、大好きだ
類껌뻑 죽다 921

□ 1028
산통을 깨다
台無しにする
漢算筒- --
慣산통이 깨지다 おじゃんになる

□ 1029
상다리가 부러지다
(食卓の脚が折れるほど)**ごちそうがたくさんある**
関상 ちゃぶ台

□ 1030
생사람을 잡다
無実の人に罪を着せる、濡れ衣を着せる
※생-については巻末付録参照

□ 1031
성을 갈다
絶対ない、神に誓う
※直訳は「姓を改める」。昔、「姓を改める」ことは絶対なかったということに由来する

□ 1032
세상을 등지다
①**世を捨てる** ②**亡くなる**

Q ことわざ どんな意味？ 눈 가리고 아웅 目を覆ってニャーと言う

산통は「おみくじを入れる筒」。「おみくじを入れる筒を壊す」と占いが出来ない→「台無しにする」のイメージ。

135

친구의 말 한마디가 **뼈에 사무쳤다.** ▸友達の一言が骨にしみた。
외로움이 **뼈에 사무친다.** ▸寂しさが骨身にしみる。

사돈의 팔촌까지 다 조사한다니. ▸遠い親戚のことまで洗いざらい調べるなんて。
결혼식에 **사돈의 팔촌**까지 다 왔다. ▸結婚式に遠い親戚までみんな来た。

그 친구는 고기라면 **사족을 못 쓴대.** ▸あの子はお肉に目がないんだって。
친구라면 **사족을 못 쓸** 나이지. ▸友達のことが大好きな年頃だよね。

산통을 깨지 말고 가만히 계세요. ▸台無しにしないでじっとしていてください。
이러다 **산통 깨는** 거 아니야? ▸こんなことしたら台無しにしちゃうんじゃない？

상다리가 부러질 정도로 음식을 차렸다. ▸たくさんの料理を用意した。
상다리 부러지게 저녁을 준비했다. ▸夕食の品数をたくさん準備した。

하마터면 **생사람을 잡을** 뻔했어. ▸危うく無実の人に罪を着せるところだった。
아무 말도 안 했는데 **생사람 잡지** 마. ▸何も言ってないのに、濡れ衣を着せないで。

이게 거짓말이면 내 **성을 간다.** ▸これは絶対嘘ではない。
네가 **성을 갈겠다고** 해도 못 믿어. ▸お前が神に誓うと言っても信じられない。

친구는 **세상을 등지고** 산으로 들어갔다. ▸友達は世を捨てて山に入った。
이리도 빨리 **세상을 등지다니.** ▸こんなに早く亡くなるなんて。

A ことわざ こたえ 耳を掩いて（おおいて）鐘を盗む

慣用句07

065

□ 1033
세월아 네월아 하다
ぐずぐずする、(事をとても)ゆっくり行う

□ 1034
소설을 쓰다
でたらめを言う、話をでっちあげる

□ 1035
속을 뒤집다
いらつかせる、むかむかさせる
慣 속이 뒤집히다 憎らしくてむかむかする

□ 1036
손을 씻다
足を洗う
慣 손을 털다 手を引く

□ 1037
손이 근질근질 하다
(手で何かをしたくて)**手がむずむずする**、たまらない
慣 몸이 근질근질하다 963

□ 1038
숨통이 트이다
息を吹き返す、一安心する
慣 숨통이 막히다 息が詰まる、息苦しい

□ 1039
시동이 걸리다
エンジンがかかる
慣 시동을 걸다 エンジンをかける

□ 1040
신경이 날카롭다
神経が過敏だ、神経が尖る
類 신경이 곤두서다 神経が尖る
関 신경이 날카로워지다 神経が過敏になる

65日目 065
チェック!
答えは右ページ下

□ 目がない
□ 台無しにする
□ 無実の人に罪を着せる
□ ぐずぐずする
□ でたらめを言う
□ 足を洗う
□ 息を吹き返す
□ エンジンがかかる

세월아 네월아 해서 언제 일을 끝내? ▸ぐずぐずして、いつこの仕事を終わらせるの？
늦었는데 **세월아 네월아 하며** 걷는다. ▸遅れているのにゆっくり歩いている。

소설을 쓰는 게 아니라 정말이야. ▸でっちあげの話じゃなくて本当だよ。
소설 쓰지 마. 누가 그런 말을 믿어. ▸でたらめを言うな。誰もそんな話信じないぞ。

넌 왜 내 **속을 뒤집니**? ▸あなたはどうして私をいらつかせるの？
제가 언제 엄마 **속을 뒤집었어요**? ▸私がいつお母さんをむかむかさせたの？

그만 **손을 씻고** 새 삶을 시작해야지. ▸もう足を洗って新しい人生を始めないと。
완전히 **손 씻었으니까** 걱정하지 마. ▸完全に足を洗ったから心配するな。

게임하고 싶어 **손이 근질근질하네.** ▸ゲームしたくて手がむずむずする。
글을 쓰고 싶어 **손이 근질근질해요.** ▸文章が書きたくてたまらないんです。

융자를 받아서 좀 **숨통이 트이게** 됐다. ▸融資を受けて、息を吹き返した。
큰 프로젝트가 끝나 **숨통이 트였다.** ▸大きなプロジェクトが終わり一安心した。

시험공부에 **시동이 걸려** 밤을 새웠다. ▸試験勉強にエンジンがかかって夜を明かした。
환경 운동에 **시동이 걸렸다.** ▸環境運動にエンジンがかかった。

친구의 말이 내 **신경을 날카롭게** 한다. ▸友達の言葉が私の神経を尖らせる。
아파서 **신경이 날카로워진** 것 같다. ▸病気で神経が過敏になったようだ。

65日目 🎧065
チェック!
答えは左ページ下

□사족을 못 쓰다
□산통을 깨다
□생사람을 잡다
□세월아 네월아 하다
□소설을 쓰다
□손을 씻다
□숨통이 트이다
□시동이 걸리다

慣用句08

□ 1041
신물이 나다
食べ飽きる、うんざりだ
類 질리다 うんざりだ

□ 1042
싹수가 노랗다
(人に対して)**見込みがない**
関 싹 芽　同 싹이 노랗다
反 싹수가 있다 見込みがある、将来性がある

□ 1043
쐐기를 박다
①**釘を刺す**　②**横やりを入れる**
同 못을 박다 釘を刺す
関 말참견을 하다 横やりを入れる

□ 1044
쓴소리를 하다
苦言を呈する
動 쓴소리하다　関 쓴소리를 듣다 苦言を聞く

□ 1045
악을 쓰다
わめき散らす

□ 1046
안중에 없다
眼中にない

□ 1047
애간장을 태우다
やきもきさせる、気をもませる
同 애를 태우다
慣 애간장이 타다 やきもきする

□ 1048
약이 오르다
いら立つ、腹が立つ
慣 약을 올리다 腹を立たせる、怒らせる

Q ことわざ どんな意味？

뛰어야 벼룩/뛰어 봤자 부처님 손바닥
跳んだところでノミ/走ったところで仏の手の平

「芽が黄色い」と、大きく成長する見込みがないことから、
싹수가 노랗다は「見込みがない」という意味になりました。

136

고구마라면 **신물이 나게** 먹었다.
너의 거짓말에 이제 **신물이 나.**

▸サツマイモなら食べ飽きた。
▸君の嘘にはもううんざりだ。

걔는 머리는 좋은데 **싹수가 노래.**
어릴 때부터 **싹수가 노랬잖아.**

▸あの子は頭はいいが、見込みがないって。
▸小さい時から見込みがなかったじゃない。

물가 인상은 없다고 **쐐기를 박았다.**
내 이야기에 **쐐기** 좀 **박지** 마.

▸物価の引き上げはないと釘を刺した。
▸私の話に横やりを入れないで。

할아버지는 거침없이 **쓴소리를 하신다.**
애정이 있어야 **쓴소리도 한다.**

▸祖父は、はばかりなく苦言を呈する。
▸愛情があってこそ苦言も言える。

왜 그렇게 **악을 쓰고** 그래?
이 드라마에는 **악을 쓰는** 사람이 많아.

▸なんでそんなにわめき散らすの？
▸このドラマにはわめき散らす人が多いわ。

국민의 안전은 **안중에 없나요**?
제 의견은 **안중에**도 **없네요.**

▸国民の安全は眼中にないんですか？
▸私の意見は眼中にもないですね。

부모의 **애간장을 태우는** 아이들.
오랜 가뭄에 농민들이 **애간장을 태운다.**

▸親をやきもきさせる子どもたち。
▸日照りが続き、農民が気をもんでいる。

1점 차로 져서 **약이 올라요.**
너무 **약이 올라** 잠이 안 오는 거 있죠.

▸１点差で負けて腹が立ちます。
▸あまりにも腹が立って眠れないんですよ。

A ことわざ こたえ

釈迦の手の上で踊る

慣用句08

□ 1049
어림 반 푼어치도 없다
とんでもない、とても考えられない

□ 1050
어안이 벙벙하다
あきれてものが言えない、あきれる、唖然とする

□ 1051
억장이 무너지다
(悲しみや絶望で)**胸がつぶれる**、とても悔しい
同 가슴이 무너지다

□ 1052
얼굴이 화끈하다
顔がかっとほてる、恥ずかしい

□ 1053
얼을 빼다
面食らわせる、(物事に熱中して我を忘れるほど)夢中になる
類 혼을 빼다 1085

□ 1054
열과 성을 다하다
誠意を尽くす

□ 1055
열불이 나다
腹が立つ、しゃくに障る

□ 1056
오금이 저리다
(恐怖感や恐ろしさのために)**気が動転する、**ひやりとする、はらはらする
関 오금 膝裏、ひかがみ 慣 제 발 저리다 後ろめたい

66日目 066
チェック!
答えは右ページ下

□ 見込みがない
□ わめき散らす
□ やきもきさせる
□ 腹が立つ
□ とんでもない
□ あきれてものが言えない
□ 誠意を尽くす
□ 気が動転する

지금은 **어림 반 푼어치도 없는** 일이야. ▸今はとても考えられないことだよ。
어림 반 푼어치도 없는 소리 하지 마. ▸とんでもないこと言うな。

어안이 벙벙해 아무 말도 못 했다. ▸あきれてものも言えなかった。
어안이 벙벙한 얼굴로 나를 쳐다보았다. ▸あきれた顔で私を見た。
예상 밖의 우승에 **어안이 벙벙했다**. ▸思わぬ優勝に唖然とした。

헤어지자는 말에 **억장이 무너졌다**. ▸別れ話に胸がつぶれそうだった。
아이들을 생각하면 **억장이 무너진다**. ▸子どもたちのことを考えると悔しくてたまらない。

아이의 한마디에 **얼굴이 화끈했지** 뭐. ▸子どもの一言で顔がかっとほてったよ。
주변의 시선에 **얼굴이 화끈했다**. ▸周りの視線に恥ずかしくなった。

첫날부터 교관이 우리들의 **얼을 빼** 놓았다. ▸初日から教官が私たちを面食らわせた。
관객들은 **얼을 빼고** 그의 춤을 바라봤다. ▸観客は夢中になって彼の踊りを見つめた。

열과 성을 다해 일하겠습니다. ▸誠意を尽くして働きます。
저분은 뭐든지 **열과 성을 다해요**. ▸あの方は何にでも誠意を尽くします。

너라면 **열불이** 안 **나겠어**? ▸あなたなら腹が立たない？
열불이 나도 좀 참아. ▸しゃくに障っても少し我慢しろ。

너무나 무서워 **오금이 저렸다**. ▸あまりにも怖くて気が動転した。
생각만 해도 **오금이 저려** 온다. ▸考えただけでもひやりとする。
경찰을 보면 괜히 **오금이 저린다**. ▸警察を見ると無性にはらはらする。

66日目 066
チェック!
答えは左ページ下

□싹수가 노랗다
□악을 쓰다
□애간장을 태우다
□약이 오르다
□어림 반 푼어치도 없다
□어안이 벙벙하다
□열과 성을 다하다
□오금이 저리다

慣用句09

🎧 067

□ 1057
오리발을 내밀다
とぼける、しらを切る
関 잡아떼다 755

□ 1058
오지랖이 넓다
おせっかいだ、出しゃばりだ

□ 1059
용을 쓰다
もがく、頑張る
動 용쓰다

□ 1060
이골이 나다
すっかり慣れる、慣れっこになる
類 이력이 나다 (経験を得て)熟達する

□ 1061
이를 악물다
★ 어금이를 악물다
歯を食いしばる
類 어금니를 악물다 奥歯を食いしばる

□ 1062
이목을 끌다
人目を引く、注目を集める、関心を引く
類 주목을 끌다 注目を集める
類 관심을 끌다 関心を引く

□ 1063
입도 뻥긋 못하다
ぐうの音も出ない、何も言えない
同 찍소리도 못하다

□ 1064
입이 짧다
食が細い、好き嫌いが激しい

Q ことわざ どんな意味？
누이 좋고 매부 좋다
姉(妹)さんにもよく、その夫にもよい

「食が細い」を입이 짧다（直訳は「口が短い」）と表現するのは面白いですね。

137

증거가 있는데 **오리발을 내밀어**?	▸証拠があるのにとぼけるの？
제가 언제 **오리발을 내밀었다고** 그래요?	▸私がいつしらを切ったと言うんですか？
오지랖이 넓은 사람은 어디나 있어.	▸おせっかいな人はどこにでもいるよ。
오지랖 넓은 거 빼고는 다 괜찮아.	▸出しゃばりなところさえなければ良い人だ。
기를 쓰고 **용을 써도** 헛일이야.	▸全力を尽くしてもがいても無駄だよ。
아무리 **용을 써도** 형한테는 못 이겨요.	▸いくら頑張っても兄には勝てません。
농사일에는 **이골이 난** 분이에요.	▸農作業にはすっかり慣れている方です。
추위에는 **이골이 난** 것 같아요.	▸寒さには慣れっこになったようです。
이를 악물고 살아야지.	▸歯を食いしばってやっていかないと。
외로움을 견디려고 **이를 악물었다.**	▸寂しさに耐えるために歯を食いしばった。
이목을 끄는 새 제품이 나왔다네.	▸人目を引く新しい製品が出たそうよ。
북미정상회담은 세계의 **이목을 끌었다.**	▸米朝首脳会談は世界の注目を集めた。
남들 앞에서는 **입도 뻥긋 못하면서.**	▸人前では口もきけないくせに。
싸움이 날까 봐 **입도 뻥긋 못했어.**	▸喧嘩になりそうで口を挟めなかった。
저도 어릴 땐 **입이 짧았어요.**	▸私も幼い時は食が細かったです。
우리 딸은 **입이 짧아** 걱정이야.	▸うちの娘は好き嫌いが多くて心配だわ。

A ことわざ こたえ　両方とも得になって良い、ウィンウィン

慣用句09

067

□ 1065
잔뼈가 굵다
(長い間、一定の場所や環境で働き)**精通する**、経験豊かだ

□ 1066
장군 멍군
五分五分だ、倒し倒され
類 엎치락뒤치락 倒し倒され

□ 1067
좀이 쑤시다
むずむずする、うずうずする
同 엉덩이가 근질근질하다
関 쑤시다 645

□ 1068
죽이 맞다
馬が合う、気が合う
類 마음이 맞다 気が合う

□ 1069
줄을 대다
コネを使う、コネをつける
関 연줄[-쭐] コネ

□ 1070
쥐뿔도 없다
何もない、これぼっちもない
慣 쥐뿔도 모르다 何も知らない

□ 1071
진을 빼다
くたびれる、精根を使い果たす
慣 진이 빠지다 疲れ果てる

□ 1072
코빼기도 안 내밀다
顔を出さない
同 코빼기도 안 비치다/보이다

67日目 067
チェック!
答えは右ページ下

□ とぼける
□ おせっかいだ
□ ぐうの音も出ない
□ 食が細い
□ 五分五分だ
□ 馬が合う
□ 何もない
□ くたびれる

경제 분야에서 **잔뼈가 굵은** 분이란다. ▸経済分野に精通している方だよ。
저분은 영화계에서도 **잔뼈가 굵어요.** ▸あの方は映画界にも精通しています。

결과는 **장군 멍군**이었다. ▸結果は五分五分だった。
결승전에서는 **장군 멍군**을 반복했다. ▸決勝戦では倒し倒されの繰り返しだった。

여행을 가고 싶어 **좀이 쑤셔요.** ▸旅行したくてむずむずします。
비밀을 말하고 싶어 **좀이 쑤셔.** ▸秘密を話したくてうずうずする。

저랑 **죽이** 잘 **맞는** 친구예요. ▸私と馬が合う友達です。
주변에 **죽이 맞는** 사람들이 많아. ▸周りに気が合う人が多い。

요새도 **줄을 대서** 취직하는 사람이 있어? ▸今もコネで就職する人がいるの？
줄 대지 말고 실력을 키워야지. ▸コネを使わないで実力をつけないと。

쥐뿔도 없으면서 말만 많아요. ▸何もないのに口数だけは多いです。
너에 대한 믿음이라고는 **쥐뿔도 없다.** ▸君に対する信頼なんてこれっぽっちもない。

하루 종일 시험 보느라 아주 **진을 뺐다.** ▸一日中試験ですっかりくたびれた。
사소한 일로 **진 빼지** 마. ▸些細なことで精根を使い果たすな。

왜 모임에는 **코빼기도 안 내밀어**? ▸なぜ集まりには顔を出さない？
코빼기도 안 내밀더니 이제 와서 뭐야. ▸顔も出さなかったのに今更何よ。

67日目 067
チェック!
答えは左ページ下

□오리발을 내밀다
□오지랖이 넓다
□입도 뻥긋 못하다
□입이 짧다
□장군 멍군
□죽이 맞다
□쥐뿔도 없다
□진을 빼다

1週目 2週目 3週目 4週目 5週目 6週目 7週目 8週目 9週目 10週目

慣用句10

□ 1073
콩가루 집안
(もめごとや手前勝手な振る舞いで)**機能不全に陥った一家**
慣 콩가루가 되다 一家や組織がつぶれる

□ 1074
통이 크다
①**太っ腹だ** ②**度量が大きい**
反 통이 작다 度量が小さい

□ 1075
파김치가 되다
へとへとになる、ぐったりする
同 녹초가 되다

□ 1076
풀이 죽다
しょげる、落ち込む
関 의기소침하다 意気消沈する

□ 1077
한 방 먹이다
一発食らわす
類 물을 먹이다 969
関 한 방 먹다 一発食らう

□ 1078
한술 더 뜨다
①**一層ひどくなる** ②**更に欲を出す** ③**先回りする**
関 뜨다 300

□ 1079
한풀 꺾이다
峠を越す、勢いが衰える
同 한풀 죽다

□ 1080
허를 찌르다
不意をつく、虚をつく

Q ことわざ どんな意味？
가지 많은 나무에 바람 잘 날이 없다
枝の多い木は風が止むことがない

콩가루 집안の콩가루は「きな粉」。きな粉は大豆を粉々にしたもの→「家族や組織が機能不全に陥る」ことの比ゆに。

138

저 집은 완전히 **콩가루 집안**이야. ▸あの家は完全に機能不全だ。
콩가루 집안을 다룬 드라마라네. ▸機能不全に陥った家族を扱ったドラマだって。

마음이 넓고 **통이 큰** 친구입니다. ▸心が広くて度量が大きい人なんです。
쩨쩨한 사람보다 **통 큰** 사람이 좋아요. ▸けちな人より太っ腹な人が好きです。

파김치가 돼서 집에 돌아왔다. ▸へとへとになって帰宅した。
하루 종일 돌아다녔더니 **파김치가 됐어**. ▸一日中歩き回っていたらぐったりだよ。

왜 그렇게 **풀이 죽었니**? ▸なんでそんなにしょげているの？
경기에 진 선수들이 **풀이 죽어** 있다. ▸試合に負けた選手たちが落ち込んでいる。

녀석에게 **한 방 먹이는** 데 성공했다. ▸奴に一発食らわせるのに成功した。
녀석을 **한 방 먹일** 방법이 없을까? ▸奴をぎゃふんといわせる方法はないかな。

왜 당신이 **한술 더 떠** 야단쳐요? ▸どうしてあなたがよりきつく叱るのよ？
엄마는 **한술 더 떠** 유럽으로 가자네. ▸母はさらにヨーロッパに行こうって。
경쟁사는 **한술 더 떠** 경품을 내걸었다. ▸競合他社は先回りして景品を出した。

무더위가 **한풀 꺾인** 것 같아요. ▸蒸し暑さが峠を越したようです。
드라마의 인기가 **한풀 꺾였다**. ▸ドラマの人気が衰えた。

허를 찌르는 공격을 할 줄이야. ▸不意をつく攻撃をするなんて。
상대방의 **허를 찔렀다**. ▸相手の不意をついた。

A ことわざ こたえ 子だくさんの家には心配事が尽きない

慣用句10

□ 1081
허리띠를 졸라매다
倹約する、(財政・会計を)引き締める

□ 1082
허울 좋다
見かけが良い
関 허울 うわべ、見かけ

□ 1083
혀를 내두르다
舌を巻く

□ 1084
혈안이 되다
血眼になる、躍起になる

□ 1085
혼을 빼다
迷わせる、魂を抜き取る
慣 혼이 빠지다 度肝を抜かれる

□ 1086
홍역을 치르다
大変な目にあう
関 홍역 はしか

□ 1087
활개를 치다
のさばる、横行する
関 활개 鳥の翼、人間の両腕・両足

□ 1088
획을 긋다
画する、転機を迎える
※한 획을 긋다の形でよく使われる

68日目 068
チェック!
答えは右ページ下

□ 機能不全に陥った一家
□ しょげる
□ 一層ひどくなる
□ 峠を越す
□ 倹約する
□ 大変な目にあう
□ のさぼる
□ 画する

허리띠를 졸라매고 돈을 모았어요. ▸倹約してお金を貯めました。
정부는 **허리띠를 졸라맸다**. ▸政府は財政を引き締めた。

그건 **허울 좋은** 핑계죠. ▸それは見せかけの口実ですよ。
허울만 **좋지** 실속은 하나도 없어. ▸見かけは立派で、中身は全くない。

직원들의 친절함에 **혀를 내둘렀다**. ▸職員たちの親切さには舌を巻いた。
요리 솜씨가 **혀를 내두를** 정도다. ▸料理の腕前は舌を巻くほどだ。

경찰은 범인을 잡으려고 **혈안이 됐다**. ▸警察は犯人を捕まえようと血眼になった。
공장을 유치하려고 **혈안이 되어** 있었다. ▸工場を誘致しようと躍起になっていた。

멋진 춤으로 관객들의 **혼을 뺐다**. ▸素敵なダンスで観客を迷わせた。
공연은 관객의 **혼을 빼기에** 충분했다. ▸公演は観客を迷わせるのに十分だった。

이상한 소문으로 **홍역을 치렀다네**. ▸変な噂で大変な目にあったそうよ。
막말로 한차례 **홍역을 치렀다**. ▸暴言で一度大変な目にあった。

가짜 뉴스가 **활개를 치는** 세상. ▸フェイクニュースが横行する世の中。
불량배들이 동네를 **활개 치며** 다닌다. ▸ごろつきが町をのさばっている。

역사에 한 **획을 긋는** 사건이었다. ▸歴史を画する事件だった。
인생에 한 **획을 그은** 중요한 여행이었어. ▸人生の転機を迎えた大切な旅行だった。

68日目 🎧068
チェック!
答えは左ページ下

□콩가루 집안
□풀이 죽다
□한술 더 뜨다
□한풀 꺾이다
□허리띠를 졸라매다
□홍역을 치르다
□활개를 치다
□획을 긋다

四字熟語03

□ 1089
승승장구
順調にいくこと、順調なこと
漢 乗勝長駆　動 승승장구하다

□ 1090
시시비비
是々非々
漢 是是非非

□ 1091
신출귀몰
神出鬼没、(いたるところに)出没すること
漢 神出鬼没　動 신출귀몰하다

□ 1092
신토불이
地産地消、身土不二(生まれ育った土地の農産物こそ自分の体質に合う)
漢 身土不二

□ 1093
아비규환
阿鼻叫喚
漢 阿鼻叫喚

□ 1094
안하무인
傍若無人
漢 眼下無人

□ 1095
어부지리
漁夫の利
漢 漁夫之利

□ 1096
우후죽순
[우후죽쑨]
雨後の筍
漢 雨後竹筍

Q ことわざ どんな意味?
고래 싸움에 새우 등 터진다
クジラの喧嘩にエビの甲羅が裂ける

신토불이には「体にいいもの」「オーガニック」のニュアンスがあります。

139

우리 팀이 **승승장구**의 기세로 몰고 나갔다.	▸我々のチームは順調に勢いよく進んだ。
사업이 **승승장구**하는 비결이 뭔가요?	▸事業が順調な秘訣は何ですか？
이번 일은 반드시 **시시비비**를 가려야 해.	▸今回のことは必ず是非を問うべきよ。
이제 와서 **시시비비**를 밝혀 뭐 하게.	▸今さら是々非々を明らかにして何になるの？
얘는 **신출귀몰**의 재주가 있나 봐.	▸この子ったら神出鬼没の才能があるみたい。
신출귀몰하던 범인을 잡았다고 한다.	▸神出鬼没の犯人を捕まえたそうだ。
국산 농산물을 먹는 게 **신토불이**인가?	▸国産農産物を食べるのが地産地消かしら？
요즘 **신토불이** 운동이 일어나고 있어요.	▸最近、地産地消の運動が起きています。
사고로 **아비규환**의 수라장이 되었다.	▸事故で阿鼻叫喚の修羅場と化した。
달아나는 사람들로 **아비규환**이었다.	▸逃げる人々で阿鼻叫喚だった。
태도가 **안하무인**이라며 비판했다.	▸傍若無人な態度だと批判した。
안하무인으로 행동하지 마세요.	▸傍若無人に振る舞わないでください。
실력이 아니고 **어부지리**로 이긴 거야.	▸実力ではなく漁夫の利で勝ったんだ。
두 후보의 싸움으로 **어부지리**를 얻었다.	▸両候補の争いで漁夫の利を得た。
작년부터 건물이 **우후죽순** 생겨났다.	▸昨年から建物が雨後の筍のように建った。
최근에 **우후죽순**으로 카페가 들어섰다.	▸最近、雨後の筍のようにカフェができた。

A ことわざ こたえ　弱いものがとばっちりを食らう

四字熟語03

□ 1097
유비무환
備えあれば憂いなし
漢 有備無患

□ 1098
의기양양
[의기양양/의기양냥]
意気揚々
漢 意気揚揚　形 의기양양하다

□ 1099
이실직고
[이실직꼬]
ありのままに告げること、
ありのままに言うこと
漢 以実直告　動 이실직고하다

□ 1100
인과응보
因果応報
漢 因果応報

□ 1101
인지상정
人情の常
漢 人之常情

□ 1102
일맥상통
[일맥쌍통]
一脈相通ずること
漢 一脈相通　動 일맥상통하다

□ 1103
일사천리
[일싸철리]
一瀉千里(物事が速やかにはかどること)
漢 一瀉千里

□ 1104
일언반구
一言半句(わずかな言葉)、一言
漢 一言半句　※일언반구도 없다(一言半句もない)の形で使われる

69日目　069
チェック!
答えは右ページ下

□ 順調にいくこと
□ 地産地消
□ 傍若無人
□ 雨後の筍
□ 備えあれば憂いなし
□ ありのままに告げること
□ 人情の常
□ 一瀉千里

유비무환의 자세가 중요해요. **유비무환**이라니까 미리 준비해 놓자.	▸備えあれば憂いなしの心構えが重要です。 ▸備えあれば憂いなしだから事前に準備しておこう。
남동생은 **의기양양**한 표정을 지었다. 승리한 팀은 **의기양양**하게 행진했다.	▸弟は意気揚々とした表情を見せた。 ▸勝利したチームは意気揚々と行進した。
그는 범죄사실을 **이실직고**했다. **이실직고**하면 용서해 줄게.	▸彼は犯罪事実をありのままに告げた。 ▸ありのままに言えば許してやるよ。
세상에는 **인과응보**의 법칙이 있다. **인과응보**를 다룬 드라마가 많이 있다.	▸世の中には因果応報の法則がある。 ▸因果応報を扱ったドラマがたくさんある。
힘들 땐 도망가고 싶은 게 **인지상정**이지. 승진하고 싶은 건 **인지상정**이죠.	▸つらい時は逃げたいと思うのが人情の常でしょ。 ▸昇進したいと思うのは人情の常でしょ？
불교와 유교는 **일맥상통**하는 부분이 있다. 수학과 음악은 **일맥상통**하는 면이 많아.	▸仏教と儒教は一脈相通ずる部分がある。 ▸数学と音楽は一脈相通ずる面が多いよ。
회의가 **일사천리**로 끝났다. 제품 생산에서 판매까지 **일사천리**였다.	▸会議は一瀉千里で終わった。 ▸製品の生産から販売まで一瀉千里に進んだ。
일언반구도 없이 집을 나가 버렸다. **일언반구**의 상의도 없이 돈을 빌리다니.	▸一言もなく、ただ家を出てしまった。 ▸一言の相談もなしに金を借りるなんて。

69日目 069
チェック!
答えは左ページ下

□승승장구
□신토불이
□안하무인
□우후죽순
□유비무환
□이실직고
□인지상정
□일사천리

四字熟語04

□ 1105
일편단심
一途な心
漢 一片丹心

□ 1106
일확천금
一攫千金
漢 一攫千金

□ 1107
자격지심
[자격찌심]
自責の念
漢 自激之心

□ 1108
자수성가
自力で成功すること
漢 自手成家　動 자수성가하다

□ 1109
적반하장
[적빤하장]
盗人猛々しいこと、居直ること、逆切れ
漢 賊反荷杖　諺 방귀 뀐 놈이 성낸다 居直る(屁をひったやつが腹を立てる)

□ 1110
전전긍긍
戦々恐々
漢 戦戦兢兢　動 전전긍긍하다

□ 1111
종횡무진
縦横無尽
漢 縦横無尽

□ 1112
좌지우지
思うままにすること、牛耳ること
漢 左之右之　類 좌우하다 左右する　動 좌지우지하다 左右する　動 좌지우지되다 左右される

Q ことわざ どんな意味?
까마귀 날자 배 떨어진다/오비이락
カラスが飛びて梨落ちる/烏飛梨落

적반하장は「盗人猛々しいこと」という意味ですが、話し言葉では「居直ること」「逆ギレ」の意味でもよく使われます。

🎧 140

일편단심인 내 마음을 몰라주다니.	▸一途な私の気持ちをわかってくれないなんて。
아내를 **일편단심**으로 사랑해요.	▸妻だけを一途に愛しています。
오빠는 늘 **일확천금**의 꿈을 꾸었다.	▸兄はいつも一攫千金を夢見ていた。
일확천금을 노리다간 사기당하기 쉬워.	▸一攫千金を狙っていたら詐欺に遭いやすい。
시합에서 진 뒤, **자격지심**에 빠졌다.	▸試合で負けた後、自責の念に駆られた。
괜히 **자격지심**을 느끼지 마세요.	▸無駄に自責の念に駆られないでください。
작은아버지는 **자수성가**했어요.	▸おじは自力で成功しました。
자수성가한 분인데 학교를 세웠대요.	▸自力で成功した方で、学校を建てたんですって。
본인이 잘못하고도 **적반하장**이네.	▸自分が過ちを犯したのに盗人猛々しい。
사과는커녕 **적반하장**의 태도를 보였다.	▸謝るどころか居直るような態度を見せた。
뭐가 무서워 그렇게 **전전긍긍**이야?	▸何が怖くてそんなに戦々恐々としているの?
감원 때문에 사원들이 **전전긍긍**했다.	▸人員削減で社員たちは戦々恐々としていた。
무대를 **종횡무진** 누비며 노래를 불렀다.	▸舞台を縦横無尽に駆け巡りながら歌った。
세계를 무대로 **종횡무진** 활약하는 BTS.	▸世界を舞台に、縦横無尽に活躍しているBTS。
우리의 미래를 **좌지우지**하는 선거가 될 것이다.	▸我々の未来を決める選挙になるだろう。
한때 인사는 전무님이 **좌지우지**했다.	▸一時、人事は専務が牛耳った。

A ことわざ こたえ

瓜田李下(偶然なできことであらぬ疑いがかけられる)

四字熟語04

🎧 070

□ 1113
좌충우돌
右往左往
漢 左衝右突　動 좌충우돌하다　関 좌우충돌

□ 1114
중구난방
がやがや騒ぐこと
漢 衆口難防

□ 1115
천생연분
[천생년분]
天が定めた縁、良縁
漢 天生緣分

□ 1116
타산지석
他山の石
漢 他山之石
類 반면교사 反面教師

□ 1117
파란만장
波乱万丈
漢 波乱万丈　形 파란만장하다

□ 1118
허무맹랑
[허무맹낭]
でたらめ、空しいこと
漢 虚無孟浪　形 허무맹랑하다

□ 1119
황당무계
荒唐無稽
漢 荒唐無稽　形 황당무계하다

□ 1120
횡설수설
しどろもどろに言うこと、でたらめを言うこと、管を巻くこと
漢 横説竪説　動 횡설수설하다

70日目　🎧 070
チェック!
答えは右ページ下

□ 一途な心
□ 自責の念
□ 自力で成功すること
□ 盗人猛々しいこと
□ 戦々恐々
□ 右往左往
□ がやがや騒ぐこと
□ しどろもどろに言うこと

초보 엄마의 **좌충우돌** 이야기예요. ▸新米ママが右往左往する話です。
좌충우돌하며 20대를 보냈다. ▸右往左往しながら20代を過ごした。

학생들이 **중구난방**으로 떠들었어요. ▸学生ががやがや騒いでいました。
불만이 **중구난방**으로 터져 나왔다. ▸不満がどっさり出てきた。

하늘이 맺어준 **천생연분**이라니까. ▸天が定めた縁だってば。
천생연분을 만나려면 어떻게 해야 돼? ▸良縁に恵まれるにはどうすればいい?

이번 실수를 **타산지석**으로 삼자. ▸今回のミスを他山の石にしよう。
실패한 경험은 **타산지석**이 될 거야. ▸失敗の経験は他山の石になると思う。

파란만장의 역사를 가진 도시입니다. ▸波乱万丈の歴史を持つ都市です。
파란만장한 삶의 한 단편을 엿보았다. ▸波乱万丈な人生の一幕を垣間見た。

그런 **허무맹랑**한 소문을 누가 믿어? ▸そんなでたらめな噂を誰が信じるの?
그의 얘기는 전부 **허무맹랑**하게 들린다. ▸彼の話はすべて空しく聞こえる。

내용은 다소 **황당무계**하지만 재미있어. ▸内容は多少荒唐無稽だが面白い。
황당무계한 사건이 일어났다. ▸荒唐無稽な事件が起こった。

앞뒤가 안 맞는 **횡설수설**을 늘어놓았다. ▸つじつまが合わないでたらめを並べ立てた。
면접 때 긴장해서 **횡설수설**했다. ▸面接の時、緊張してしどろもどろになった。

70日目 070
チェック!
答えは左ページ下

□ 일편단심
□ 자격지심
□ 자수성가
□ 적반하장
□ 전전긍긍
□ 좌충우돌
□ 중구난방
□ 횡설수설

10週目 力試しドリル

(　　)안에 들어갈 말로 가장 알맞은 것을 하나 고르십시오.

1. 여동생이 뭐 때문에 (　　) 통 전화가 없네.
①봉을 잡았는지　②변죽을 울렸는지
③비위가 틀렸는지　④비위가 약했는지

2. 연애 따윈 이제 (　　) 다시는 하고 싶지 않아.
①싹수가 노래서　②신물이 나서
③손이 근질근질해서　④쓴소리를 해서

3. 걔는 실력이 아니라 (　　)로/으로 당선된 거야.
①어부지리　②중구난방　③종횡무진　④일확천금

4. 이 동네는 몇 년 새에 (　　) 카페가 들어섰네.
①신출귀몰　②우후죽순　③의기양양　④승승장구

줄친 부분과 의미가 같은 것을 하나 고르십시오.

---

5. 그 친구는 고기라면 <u>사족을 못 쓴대</u>.

①변죽을 울린대 ②껌뻑 죽는대

③상다리가 부러진대 ④북 치고 장구 친대

6. 자기가 잘못하고도 아주 <u>적반하장</u>이네.

①방귀 뀐 놈이 성내는 격 ②우물 가서 숭늉 찾는 격

③개천에서 용 난 격 ④소 잃고 외양간 고치는 격

7. 사장님 앞에서는 <u>입도 뻥끗 못하더니</u> 뒤에서는 말이 많네.

①한술 더 뜨더니 ②한 방을 먹이더니

③찍소리도 못하더니 ④코빼기도 안 내밀더니

8. 이번 일은 <u>타산지석으로</u> 삼아야 합니다.

①일편단심으로 ②승승장구로

③유비무환으로 ④반면교사로

解答・解説

1. ③

【日本語訳】妹はなんで(機嫌が悪くなったのか)、全く電話がないね。

①ラッキーだったのか　②思わせ振りなことを言ったのか
③機嫌が悪くなったのか　④敏感だったのか

2. ②

【日本語訳】恋愛なんてもう(うんざりだから)二度としたくない。

①見込みがないから　②うんざりだから　③手がむずむずして　④苦言を呈して

Point 신물이 나다は「虫酸が走る」「飽き飽きする」といった意味です。입에서 신물이 나도록(口が酸っぱくなるまで)も覚えておきましょう。

3. ①

【日本語訳】あいつは実力じゃなくて(漁夫の利)で当選したのさ。

①漁夫の利　②がやがや騒ぐこと　③縦横無尽　④一攫千金

4. ②

【日本語訳】この辺りは数年の間に(雨後の筍のように)カフェが立ち並んだ。

①神出鬼没　②雨後の筍　③意気揚々　④順調だ

5. ②

【日本語訳】あいつは肉に目がないんだって。

①遠回しに言ったらしい　②目がないって
③ごちそうがたくさんあるんだって　④一人舞台だって

Point 사족을 못 쓴다も껌뻑 죽는다も「目がない」の意味で使われます。

6. ①

【日本語訳】自分が間違ったことをしておいて逆切れだね。

①逆切れ　②木に縁りて魚を求むようなこと　③トンビが鷹を生むようなこと
④後の祭りのこと

Point 적반하장(賊反荷杖)は「盗人がかえって猛々しく食ってかかる」という四字熟語ですが、日常会話では「逆切れ」の意味で使われます。また、방귀 뀐 놈이 성낸다は直訳すると「おならをした奴が腹を立てる」ですが、「逆切れ」の意味でよく使われる諺です。

7. ③

【日本語訳】社長の前では口もきけないくせに、陰では文句が多いね。

①一層ひどくなって　②一杯食わせたのに
③口もきけないくせに　④顔も出さなかったのに

Point 입도 뻥끗 못하다も찍소리도 못하다も「口もきけない」という意味で使われます。

8. ④

【日本語訳】今回のことは他山の石にしなければなりません。

①一途な心に　②順調なことに　③備えあれば憂いなしに　④反面教師に

キクタン韓国語

巻末付録

1 우変則

푸다 873(汲む)は우変則です。어で始まる語尾などが付く場合、語幹末のㅜが脱落します。

例 푸+어→퍼
푸+었어요→펐어요

POINT 우変則用言は푸다のみ(주다や꾸다などは正則用言)。

2 接頭辞

接頭辞とは、名詞や動詞、形容詞などの前について「ある意味」を付け加えるものです。上級レベルの主なものを見ていきましょう。なお、どのような単語にどの接頭辞がつくかについてはある程度決まった組み合わせがあるので、例を参照してください。

개-

1 野生の、質のよくない+名詞

例 개나리【개+나리[ユリ]】レンギョウ
개살구【개+살구[アンズ]】マンシュウアンズ
개떡【개+떡[餅]】家庭で、小麦などで簡単に作る餅

POINT 개떡 같다で「つまらない、くだらない」の意味。

2 つまらない、無駄な+名詞

例 개꿈【개+꿈[夢]】つまらない夢
개죽음【개+죽음[死]】無駄死に

3 ひどい、大変な+名詞

例 개고생【개+고생[苦労]】大変な苦労
개망신【개+망신[恥さらし]】大恥

POINT 개망신을 당하다 で「大恥をかく」。

군-

余計な、余分の＋名詞

例 군말/군소리 063【군＋말[言葉]/소리[音]】無駄口
군살 062【군＋살[肉]】ぜい肉
군걱정【군＋걱정[心配]】余計な心配

POINT 군걱정을 끼치다で「余計な心配をかける」。

드-

とても、非常に＋形容詞

例 드넓다【드＋넓다[広い]】非常に広い、広々としている
드높다【드＋높다[高い]】非常に高い、高らかだ
드세다【드＋세다[強い]】なかなか強い、手強い、強情だ

막-

1 いい加減な、手あたり次第の＋名詞

例 막말【막＋말[言葉]】出まかせ、でたらめな言葉
막일【막＋일[仕事]】荒仕事
막노동 241【막＋노동[労働]】建設現場の労働、肉体労働

2 無操作に、むちゃに＋動詞

例 막가다【막＋가다[行く]】乱暴に振る舞う
막되다【막＋되다[なる]】自分勝手で乱暴だ、無作法だ
막살다【막＋살다[暮らす、生きる]】
行き当たりばったりの暮らしをする

没、非、不＋漢字語の名詞

例 몰지각【몰＋지각[知覚]】分別がないこと
몰인정【몰＋인정[人情]】不人情、薄情
몰상식 268【몰＋상식[常識]】非常識

POINT 몰지각하다, 몰인정하다, 몰상식하다は形容詞。

빗-

1 斜めの、傾いた＋名詞

例 빗금【빗＋금[線]】斜線
빗면【빗＋면[面]】斜面

POINT 빗발(雨脚)は비＋발からなる合成語。

2 傾いて、反れて、誤って＋動詞

例 빗나가다 423【빗＋나가다[出ていく]】外れる、反れる
빗디디다【빗＋디디다[踏む]】踏み誤る

생-
生

1 生、熟していない、加工していない＋(一部の)名詞

例 생쌀【생＋쌀[米]】生米、火が通っていない米
생밤【생＋밤[栗]】生栗
생굴【생＋굴[カキ]】生ガキ
생맥주【생＋맥주[ビール]】生ビール
생계란【생＋계란[卵]】生卵
생머리【생＋머리[髪]】ストレートの髪
생방송【생＋방송[放送]】生放送

2 産みの＋名詞

例 생모【생＋모[母]】産みの母
생부모【생＋부모[父母]】産みの親

POINT 생부모より친부모のほうがよく使われます。

3 無理な、無駄な＋名詞

例 생트집【생＋트집[言いがかり]】無理な言いがかり
생고생 452【생＋고생[苦労]】無駄な苦労
생걱정【생＋걱정[心配]】余計な心配
생고집【생＋고집[意地]】片意地
생떼【생＋떼[わがまま]】ないものねだり

POINT 생트집을 잡다で「無理な言いがかりをつける」、생고집을 피우다/부리다で「片意地を張る」、생떼를 쓰다で「ないものねだりをする」。あわせて覚えておきましょう。

4 生きながら(出会う不幸)、生き＋名詞

例 생지옥【생＋지옥[地獄]】生き地獄
생이별【생＋이별[離別]】生き別れ

실-

細い、薄い＋名詞(風・雪・雨など)

例 실바람【실＋바람[風]】そよ風
실비【실＋비[雨]】霧雨(이슬비とも)
실버드나무【실＋버드나무[柳]】しだれ柳(실버들とも)
실핏줄【실＋핏줄[血管]】毛細血管

알-

1 (外を包んだものを取り外した)裸の、むき出しの＋名詞

例 알전구【알＋전구[電球]】裸電球
알몸【알＋몸[体]】裸、裸一貫

2 玉状の小さな＋名詞

例 알사탕【알＋사탕[飴]】あめ玉
알약【알＋약[薬]】丸薬、錠剤

3 本物、実質的な＋名詞

例 알부자【알＋부자[金持ち]】堅実な金持ち
알거지 503【알＋거지[乞食]】無一文

양-
養

養う、育ての＋名詞

例 양부모【양＋부모[父母、親]】育ての親
양아들【양＋아들[息子]】養子

연−
延

延べ＋名詞

例 연건평【연＋건평[坪]】延べ坪
연인원【양＋인원[人員]】延べ人数

연−

1 薄い＋名詞(色など)

例 연분홍【연＋분홍[ピンク]】薄いピンク
연보라【연＋보라[紫]】薄い紫
연노랑【연＋노랑[黄色]】薄い黄色

2 薄い、淡い＋形容詞

例 연노랗다【연＋노랗다[黄色い]】薄黄色い
연붉다【연＋붉다[赤い]】薄赤い
연푸르다【연＋푸르다[青い]】薄青い

왕−
王

非常に大きい、程度がはなはだしい＋名詞

例 왕개미【왕＋개미[アリ]】クロオオアリ
왕만두【왕＋만두[餃子]】肉まん
왕고집【왕＋고집[意地]】ひどい頑固者

POINT 왕따(イジメ、のけ者)は、왕＋따돌림(のけ者にすること)の따からなる造語です。

잔−

小さい、細い、細かい＋(一部の)名詞

例 잔돈【잔＋돈[金]】小銭
잔꾀/잔머리【잔＋꾀[知恵]/머리[頭]】浅知恵
잔말/잔소리【잔＋말[ことば]/ 소리[声]】小言、無駄口
잔재주【잔＋재주[才能]】小才、小細工
잔심부름【잔＋심부름[お使い]】雑事の使い走り

POINT 잔は、잘다(小さい、細い、細かい)の現在連体形。 また、잔꾀/잔머리를 굴리다で「猿知恵を働かせる」の意味です。

짓-

やたらに、めちゃくちゃに、容赦なく、ひどく＋動詞

例 짓누르다【짓＋누르다[抑える]】やたらに押さえつける
짓이기다【짓＋이기다[こねる、もみ叩く]】すりつぶす
짓밟다 852【짓＋밟다[踏む]】踏みにじる
짓찧다【짓＋찧다[搗く]】搗き砕く（何度も強く搗く）

참-

本当の、真の、良質の＋名詞

例 참교육자【참＋교육자[教育者]】真の教育者
참사랑【참＋사랑[愛]】真の愛情
참뜻【참＋뜻[意味]】本当の意味
참숯【참＋숯[炭]】良質の炭

해/햇-

初物の、新＋名詞

例 해콩【해＋콩[豆]】新物の豆
해쑥【해＋쑥[ヨモギ]】（春の）初ヨモギ
햇감자【햇＋감자[ジャガイモ]】新ジャガイモ
햇양파【햇＋양파[玉ねぎ]】新玉ねぎ
햇과일【햇＋과일[果物]】初物の果物
햇병아리【햇＋병아리[ひよこ]】生まれたばかりのひよこ

POINT 해は激音や濃音で始まる単語につきます。ただし「新米」は해쌀ではなく、햅쌀と言います。また、햇は激音や濃音以外で始まる単語につきます。なお、햇병아리には入社したばかりの「新米」の意味もあります。

헛-

1 むなしい、偽りの、無駄な＋名詞

例 헛일【헛＋일［仕事］】無駄なこと
헛꿈【헛＋꿈［夢］】虚しい夢
헛걸음【헛＋걸음［歩み］】無駄足
헛기침【헛＋기침［咳］】空咳
헛소리【헛＋소리［声］】（病人の）うわごと、虚言
헛소문【헛＋소문［噂］】根も葉もない噂
헛수고【헛＋수고［苦労］】無駄骨、徒労、くたびれ儲け

2 無駄に、むなしく、誤って＋動詞

例 헛돌다【헛＋돌다［回る］】空回りする
헛살다【헛＋살다［暮らす、生きる］】
　　生きがいもなく虚しく暮らす
헛듣다【헛＋듣다［聞く］】聞き違える
헛디디다【헛＋디디다［踏む］】踏み違える、踏み誤る

POINT 「踏み誤る」を表す韓国語には빗디디다と헛디디다がありますが、헛디디다のほうがよく使われます。

홀-

揃いでない単独の＋名詞

例 홀수【홀＋수［数］】奇数
홀몸【홀＋몸［体］】独り身
홀아비【홀＋아비［父親］】男やもめ
홀어미【홀＋어미［母親］】寡婦、未亡人
홀시아버지【홀＋시아버지［舅］】ひとりになった舅

POINT 홀로は「一人で」「独りぼっちで」という意味の副詞です。

3 接尾辞

接尾辞とは、名詞や動詞、形容詞などの語幹について「ある意味」を付け加えるものです。上級レベルの主なものを見ていきましょう。なお、どのような単語にどの接尾辞がつくかについてはある程度決まった組み合わせがあるので、例を参照してください。

−개

1 一部の動詞の語幹に付いて、「〜するもの」という簡単な道具の意味を表す

例
지우개【지우다[消す]+개】消しゴム
집개【집다[つかむ]+개】トング
날개【날다[飛ぶ]+개】翼
깔개【깔다[敷く]+개】敷物
덮개【덮다[覆う]+개】覆うもの、蓋、カバー

2 一部の動詞の語幹に付いて、ある特性を持っている子どもを表す

例
코흘리개【코 흘리다[鼻水を垂らす]+개】
鼻水を垂らしている子ども、はな垂れ
오줌싸개【오줌 싸다[おしっこを漏らす]+개】
粗相をした子ども、小便たれ

−꾸러기

名詞に付いてそのような特性や性質が強い人を表す

例
잠꾸러기【잠[睡眠]+꾸러기】寝ぼすけ、よく寝る人
장난꾸러기【장난[いたずら]+꾸러기】いたずらっ子
욕심꾸러기【욕심[欲]+꾸러기】欲張り
심술꾸러기【심술[強情]+꾸러기】つむじ曲がり
말썽꾸러기【말썽[もんちゃく]+꾸러기】問題児、厄介者

POINT −꾸러기は、主に子どもに用います。

–맞이

「～を迎えること」の意味を表す

例 달맞이【달[月]+맞이】月見
봄맞이【봄[春]+맞이】春を迎えること
손님맞이【손님[お客様]+맞이】お客様の出迎え、お迎え

–발

「勢い」「効果」などの意味を付け加える

例 말발【말[ことば]+발】話の効果、言葉の勢い
약발【약[薬]+발】薬の効果
화장발【화장[化粧]+발】化粧のノリ

POINT この–발は[빨]と発音します。なお、화장발이 잘 받다で「化粧のノリが良い」。

–배기

1 ～歳の子

例 한 살배기【한 살[1歳]+배기】1歳の子
두 살배기【두 살[2歳]+배기】2歳の子

2 魚の卵、中身のある

例 알배기 생선【알[卵]+배기】子持ちの魚
알배기 은어【알[卵]+배기】子持ちのアユ

3 特定の物や場所を強調する

例 진짜배기【진짜[本物]+배기】本物
공짜배기【공짜[ただ]+배기】ただの物
알짜배기【알짜[選り抜き]+배기】最も肝心なもの

–뱅이

その性質や習性などの持ち主をさげすんで言う言葉

例 게으름뱅이【게으름[怠け]+뱅이】怠け者
가난뱅이【가난[貧乏]+뱅이】貧乏人
주정뱅이【주정[酔い]+뱅이】酔っぱらい

−보

1 一部の名詞に付いて、その性質を持っている人を表す

例 느림보【느림[のろのろ]＋보】行動がのろい人、のろま
꾀보【꾀[知恵]＋보】利口者、知恵者
겁보【겁[臆病]＋보】臆病者、弱虫
잠보【잠[睡眠]＋보】寝ぼすけ、よく寝る人

POINT 잠꾸러기(−꾸러기を参照)が子どもに対してのみ使われるのに対して、잠보は大人にも使われます。なお、「愚か者」「バカ」の바보も바＋보です(ただし、바は語源不明)。

2 一部の動詞の語幹に付いて、その性質を持っている人を表す

例 먹보【먹다[食べる]＋보】食いしん坊
울보【울다[泣く]＋보】泣き虫

−붙이

「〜類」「〜族」「〜系」などの同族・同類を表す

例 쇠붙이【쇠[鉄]＋붙이】鉄類
금붙이【금[金]＋붙이】金製品
피붙이【피[血]＋붙이】血縁
일가붙이【일가[一家]＋붙이】親戚、一族

−집

前に来る名詞の「大きさ」や「厚さ」などを表す

例 몸집【몸[体]＋집】体つき、体格(체격)
살집【살[肉]＋집】肉付き
물집 277【물[水]＋집】水ぶくれ
흠집【흠[傷]＋집】傷跡、欠点(결점)

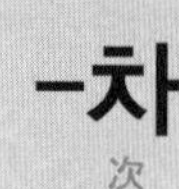

漢字語の名詞に付いて、「～のため(に)」の意味を表す

例 연구차【연구[研究]＋차】研究のため
사업차【사업[ビジネス]＋차】ビジネスのため

-코

一部の漢字語などに付いて副詞をつくる

例 결단코【결단[決断]＋코】決して
맹세코【맹세[盟誓]＋코】誓って
기필코 414【기필[期必]＋코】必ず
무심코【무심[無心]＋코】思わず

-통
通

1 ～通(一部の名詞に付いて、そのことに精通していることを表す)

例 미국통【미국[アメリカ]＋통】アメリカ通
정보통【정보[情報]＋통】情報通
경제통【경제[経済]＋통】経済通

2 ～通り(道の名前)

例 종로통【종로[鐘路]＋통】鐘路通り

-티

一部の名詞に付いて、「～くささ」「～っぽさ」の意味を表す

例 학자티【학자[学者]＋티】学者風
막내티【막내[末っ子]＋티】末っ子っぽい
노티【노[老]＋티】年寄りくさい

POINT 티를 내다で「そぶりを見せる」。

キクタン韓国語

索引

가나다順

五十音順

索引

本書で学んだ語彙をガナダ順（見出し語）と五十音順（メイン訳）で掲載しました。数字は掲載番号です。韓国語と日本語の両方からチェックして、覚えられたか確認しましょう。思い出せなかった単語は掲載ページを見てみましょう。

㋕

た

MEMO

聞いて覚える韓国語単語帳

キクタン

韓国語【上級編】

書名	キクタン韓国語【上級編】
発行日	2020年4月21日(初版)
発行日	2022年6月20日(第2刷)
著者	金京子、神農朋子、オ・ヨンミン
編集	株式会社アルク 出版編集部
編集協力・校正	杉山明枝、河井佳
アートディレクション	細山田光宣
デザイン	柏倉美地(細山田デザイン事務所)
イラスト	加納徳博
ダウンロード音声 ナレーション	李美賢、イ・ミンジョン、菊地信子
音楽制作・音声編集	Niwaty
録音	ガレットスタジオ
DTP	新井田晃彦(有限会社共同制作社)、洪永愛
印刷・製本	図書印刷株式会社
発行者	天野智之
発行所	株式会社アルク 〒102-0073 東京都千代田区九段北4-2-6 市ヶ谷ビル Website : https://www.alc.co.jp/

・落丁本、乱丁本は弊社にてお取り替えいたしております。
Webお問い合わせフォームにてご連絡ください。
https://www.alc.co.jp/inquiry/

・製品サポート: http://www.alc.co.jp/usersupport/

PC: 7020028
ISBN: 978-4-7574-3399-1